民族地区

基本公共教育政策变迁研究

RESEARCH ON THE CHANGES
OF BASIC PUBLIC EDUCATION POLICY
IN ETHNIC REGIONS

李政蓉◎著

中国经济出版社
CHINA ECONOMIC PUBLISHING HOUSE
·北京·

图书在版编目（CIP）数据

民族地区基本公共教育政策变迁研究 / 李政蓉著. --北京：中国经济出版社，2023.10
ISBN 978-7-5136-7466-9

Ⅰ. ①民… Ⅱ. ①李… Ⅲ. ①民族地区-地方教育-发展-研究-中国 Ⅳ. ①G522.3

中国国家版本馆 CIP 数据核字（2023）第 180047 号

责任编辑　李若雯　邓婉莹
责任印制　马小宾

出版发行　中国经济出版社
印 刷 者　北京艾普海德印刷有限公司
经 销 者　各地新华书店
开　　本　710mm×1000mm　1/16
印　　张　16.25
字　　数　248 千字
版　　次　2023 年 10 月第 1 版
印　　次　2023 年 10 月第 1 次
定　　价　88.00 元
广告经营许可证　京西工商广字第 8179 号

中国经济出版社　**网址** www.economyph.com　**社址** 北京市东城区安定门外大街 58 号　**邮编** 100011
本版图书如存在印装质量问题，请与本社销售中心联系调换（联系电话：010-57512564）

序 Preface

教育是百年大计，教育是民族之基、民族之魂。基本公共教育是基本公共服务的重要内容，小到事关一个人的成长发展，大到事关一个国家和民族的崛起。党的二十大报告明确指出："坚持以人民为中心发展教育，加快建设高质量教育体系。"高质量的教育体系能够助力民族地区实现教育的高质量发展，基本公共教育作为公共服务的重要内容之一，是社会公平正义的具体体现，也能不断满足人民日益增长的美好生活需要。

秉承中国式现代化是物质文明和精神文明相协调的现代化，中央和地方政府制定了一系列基本公共教育政策，通过基本公共教育提升人民群众获得幸福生活的能力，丰富人民群众的精神世界。我国是统一的多民族国家，各民族地区在自然地理、社会经济、人文习俗等方面形成了各具特色的发展环境，民族地区基本公共教育相关事业历来受到党和国家的高度重视。处于民族区域自治制度下的内蒙古自治区、新疆维吾尔自治区、西藏自治区、广西壮族自治区和宁夏回族自治区为民族地区公共政策变迁的研究提供了有意义的样本选择。然而，以上述五个自治区为代表的民族地区，基本公共教育发展水平比较低，质量不高，与全国平均水平相比存在一定差距。这对高质量发展目标下继续优化民族地区基本公共教育政策提出了新的挑战与要求。

以民族地区为例，研究基本公共教育政策变迁历程及其政策演进机理，不仅是对公共政策理论在中国情景的完善与补充，更是在政策变迁中阐释演进机理，有助于对地方及中国治理实践产生借鉴和启示。希望广大专家学者加入民族地区政策变迁研究的行列，与作者一道，为深爱的祖国，为探寻民族地区教育高质量发展提供可行的路径建议。

郭　喜

2022 年 12 月于明德楼

目录 Contents

导　论

目前公共政策研究中，公共服务政策较少得到关注①，而基本公共教育政策又是公共服务政策领域中十分重要的一类。公共政策应该是一个动态化变迁的过程。因此，关注民族地区基本公共教育政策变迁，笔者将一直以来重点关注的两个研究议题相结合，也算是为后续研究打开了一个虽小但是相对新颖的突破口。在动笔之前笔者参考了大量的文献，将公共政策置于相对动态化的视角下，研究依然有不少可以挖掘的地方，最终确定了这一研究主题。自以为，研究民族地区基本公共教育政策变迁，既有以史为鉴的谦虚，还有立足当下的踏实，亦有展望未来的抱负，是于宏观站位探时代之所需，议民生之所求，亦是"把论文写在祖国大地上"。为此，本书首先需要对研究进行一些前期铺垫，在选取科学研究方法的基础上，构建逻辑性的研究内容，在后续章节中对提出的问题进行递进式分析。

一、研究背景与研究意义

（一）研究背景

教育，尤其是基本公共教育，历来受到党和国家的高度关注。习近平总书记在中国共产党第二十次全国代表大会上的报告《高举中国特色社会主义伟大旗帜 为全面建设社会主义现代化国家而团结奋斗》中指出，"教

① 吕芳. 公共服务政策制定过程中的主体间互动机制——以公共文化服务政策为例[J]. 政治学研究,2019(3):108-120,128.

育是国之大计、党之大计”①，并对办好人民满意的教育做出新的重大部署。这一具有重要意义的报告凸显教育以及基本公共教育的重要性。同时，民族地区基本公共教育受到了党和国家的重点关注。《中华人民共和国国民经济和社会发展第十四个五年规划和2035年远景目标纲要》提出：“推进基本公共教育均等化……提高民族地区教育质量和水平。”② 民族地区基本公共教育的高质量发展，对于不断增强各族人民获得感、幸福感和安全感具有重要意义。回顾过去，党和国家在不同历史时期均出台了一系列政策来促进民族地区基本公共教育的发展，确保各族人民平等地享有接受良好教育的机会，提升民族地区基本公共教育质量和水平。在国家宏观政策的指导和战略规划下，各民族地区也紧跟党中央的指引，出台并实施了一系列符合各地实际情况的基本公共教育政策，促使民族地区的基本公共教育得到了长足发展。

公共政策能够反映政府在应对危机和挑战时的思路，研究公共政策变迁是对一个历史时期内相关政策的系统性和历史性回顾。政策变迁是“以史为鉴”知晓当时政策制定的情景，是“立足当下”结合政策实际，亦是“把握未来”继续完善政策。基本公共教育政策是基本公共服务的重要内容，是国家重点关注的领域，有着基本公共服务的基本属性和基本内涵，其重要性体现在以下四个方面。

其一，基本公共教育政策的发展价值。公共政策已经超越其解决某个具体问题的功能和本身具有的公共价值意义，成为政治主体在实现自身利益、目标和价值时可利用的工具或载体③。教育自古以来便是百年大计，事关一个国家和民族的可持续发展，能体现并诠释基本公共服务的应有之义，从而产生更为丰富的公共政策理解。

---

① 习近平：高举中国特色社会主义伟大旗帜 为全面建设社会主义现代化国家而团结奋斗——在中国共产党第二十次全国代表大会上的报告[EB/OL].（2022－10－25）[2023－01－15]. http://www.gov.cn/xinwen/2022－10/25/content_5721685.htm.

② 中华人民共和国国民经济和社会发展第十四个五年规划和2035年远景目标纲要[EB/OL].（2021－03－13）[2021－07－15]. http://www.gov.cn/xinwen/2021－03/13/content_5592681.htm.

③ 张锁庚. 从问题导向、过程导向到主体导向——公共政策研究的新视角[J]. 南京社会科学，2008(3)：44－49.

其二，教育现代化的要求。教育是提高国民素质、促进社会经济发展、实现民族振兴、增强我国人力资本竞争力、提升我国“硬实力”与“软实力”的长远且重要的动力与途径。有利于增强国家与民族的核心凝聚力，促进社会稳定与健康发展，最终实现人的全面发展和社会进步①。

其三，民族地区对基本公共教育的现实需求。国务院在2015年《关于加快发展民族教育的决定》中指出：“民族教育发展面临一些特殊困难和突出问题，整体发展水平与全国平均水平相比差距仍然较大。”② 从民族发展理论视角来看，教育能极大地提升民族地区各族人民的素质，促进民族地区社会经济发展与各族人民生活水平的提高，是从根本上逐步缩小民族地区与其他地区之间发展差距的一项重要的基本公共服务。

其四，铸牢中华民族共同体意识。教育发展可以为铸牢中华民族共同体意识提供物质力量和精神力量，物质力量能够改善教育的基础设施资源，促进教育结构优化改革、教育资源分配合理、教育环境有序公平；精神力量能够提升教育的教化力量，民族地区在推进基本公共教育过程中，能够不断强化和铸牢中华民族共同体意识③。基本公共教育通过满足不同教育层次和不同类型的教育需求，在潜移默化中塑造人的价值观，在教育学习中践行社会主义核心价值观，增强民族自豪感和自信心，促使各族人民在思想上和实践中铸牢中华民族共同体意识。

可见，在此背景下研究基本公共教育政策具有重要意义。目前，尽管学术界已经就民族教育政策各个方面展开了广泛研究，但是对基本公共教育政策及其变迁的研究相对较少，尤其是对民族地区基本公共教育政策鲜有关注；更鲜有基于公共政策理论，通过架构理论分析框架和研究体系对民族地区某一具体的政策变迁进行回顾的研究。

一方面，应聚焦民族地区基本公共教育政策这一单一的政策领域。基

① 胡祖才．努力推进基本公共教育服务均等化[J]．教育研究，2010，31(9)：8-11.

② 国务院关于加快发展民族教育的决定[EB/OL]．(2015-08-17)[2021-07-15]．http://www.gov.cn/zhengce/content/2015-08/17/content_10097.htm.

③ 袁同凯，朱筱煦．发展民族地区教育事业 铸牢中华民族共同体意识[J]．西北师大学报(社会科学版)，2020，57(1)：22-29.

本公共服务包含了除基本公共教育以外的很多类别，并且民族地区不同类别的基本公共服务在发展水平、层次性和优先性上存在差异，各个领域的基本公共服务政策发展也有所不同。因此，从整体上对基本公共服务政策进行分析，不仅会对政策变迁演进逻辑造成偏差，而且无法具体、深入、科学和全面把握某一项基本公共服务政策变迁的情况。

另一方面，尽管有单独分析基本公共教育政策变迁的研究，但其是以其他地区的基本公共教育政策变迁来理解民族地区基本公共教育政策，不利于在政策变迁中正确把握政策规律，这对后续完善民族地区基本公共教育政策造成了一定影响，容易脱离民族地区实际，使得后续推进基本公共教育政策缺乏针对性的思路和方法，不利于具体的政策实践和完善。

基于以上研究背景，可以发现民族地区基本公共教育政策变迁理论研究尚存一定空间。实践中，小到未来民族地区基本公共教育发展，大到铸牢中华民族共同体意识和国家发展，基本公共教育政策都具有重要作用。据此，有以下几个问题仍需反思：

哪一个公共政策变迁理论适用于民族地区基本公共教育政策变迁的解释？基于适用的政策变迁理论，民族地区基本公共教育政策经历了哪几个阶段，体现出了哪些政策样态？经历不同阶段的变迁历程，民族地区基本公共教育政策带来的政策效果是什么？有哪些因素影响了政策效果的发挥？有哪些动因导致民族地区基本公共教育政策发生了变迁？在民族地区基本公共教育政策变迁的整个历程中，呈现出了哪些脉络？基于以上分析，能够从哪些方面对已有政策变迁理论进行民族地区情景化的补充和完善？

通过对以上问题的深入思考，本研究基于公共政策变迁视角，借鉴政策科学、民族学、政治学、管理学等相关理论成果，从保障全体公民生存和发展基本需要的基本公共服务政策入手，以基本公共教育这一具体政策为例，选取内蒙古、广西、宁夏、新疆和西藏 5 个民族自治区作为主要研究对象，构建民族地区基本公共教育政策变迁的理论分析框架并进行多维探析。运用文本分析法、TOPSIS 法和半结构访谈，从政策变迁的历史过程、实践效果、影响因素、变迁动因、变迁脉络等方面进行多层次细致的分析，揭示民族地区基本公共教育政策变迁的演进逻辑，阐释西方政策变迁分析理论在民族地区政策变迁中的适用性，进而在此基础上构建符合民族地区情景下的“间断－均衡”理论分析框架，为民族地区其他公共政策变迁提供有益参考。最后，按照“理论指导实践”的思想，从不同层面为未来完善民族地区基本公共服务政策提出优化路径。本研究聚焦事关一个国家、一个民族发展的教育事业，在政策变迁视角下“把论文写在祖国的大地上”，试图通过以小见大的方式展现民族地区的发展脉络与规律。

（二）研究意义

1. 理论意义

民族地区基本公共教育政策涉及民族地区各族人民最基本的生活诉求，事关民族地区的稳定、繁荣和发展。如何完善民族地区基本公共教育政策，合理发挥基本公共教育的作用，对政府做好民族工作、维护好民族关系、铸牢中华民族共同体意识是一个重大考验。政策变迁最能体现一个国家和地区在不同时期对于某一具体事物的关注和态度，也能够加深对该事物发展的理解并把握未来发展方向。因此，以民族自治区为例，研究基本公共教育政策变迁，可以为理解民族地区公共政策变迁提供具有典型价值的样本。具体而言，其研究的理论意义体现在两个方面。

第一，探讨民族地区基本公共服务某一具体领域的政策变迁，能够为研究民族地区公共政策、民族地区基本公共服务、民族发展脉络、民族地区政府治理等方面的议题提供新视角。基本公共教育政策变迁在民族地区公共政策中的理论研究还不够系统，本书运用公共政策相关理论并结合民族学研究内容，探究民族地区基本公共教育政策变迁何时变、如何变、为何变等问题，建立了完整展现民族地区基本公共教育政策变迁的“理论—实践—理论”分析框架。除了对政策变迁过程进行深入理解，还有助于在政策变迁的历史长河中，深刻了解国家在民族关系、民族地区发展、民族事务治理等方面的价值取向和逻辑演进，为民族学研究民族地区公共政策、民族关系、民族事务治理等领域提供有益的理论借鉴。

第二，研究民族地区基本公共教育政策变迁，能丰富政策变迁理论的中国化研究，为民族地区具体政策实践提供强有力的理论支撑。政策变迁理论大多源于西方，尽管总体来看这些政策变迁理论在世界范围内被广泛运用，但是受制度环境的差异、社会经济发展阶段不同、社会结构迥异等影响，对这些理论的应用不能完全照搬。因此，立足国情研究民族地区基本公共教育政策变迁，对于西方政策变迁理论的本土化、理解我国民族地区公共政策变迁规律、构建符合我国民族地区公共政策变迁分析框架具有重要的理论意义。

2. 实践意义

除去理论上具有拓新意义的几个方面，本研究在具体实践中有如下三个方面的意义。

第一，有利于民族地区基本公共教育均等化水平提升，从而提高民族地区基本公共教育的质量和水平。我国地域广阔，各民族地区在地理环境、社会经济、社会结构等方面的发展差异明显，使得各民族地区基本公共教育需求有所偏好，体现在相关政策中则是各民族地区在中央宏观政策指导下的“因地制宜”。因此，从基本公共教育政策的视角出发，结合政策效果的实际评价，能够切实了解政策导向下民族地区基本公共教育的建设成效，了解各民族地区基本公共教育目前仍然存在的短板，有利于在未来从整体上缩小民族地区与其他地区的基本公共教育差距，提升民族地区基本公共教育水平和质量，不断提高各族人民群众的获得感、幸福感和安全感。

第二，有利于深化民族地区服务型政府建设。服务型政府建设的重要职能之一便是提供公共服务，不断满足人民日益增长的美好生活需要。民族地区基本公共教育资源利用水平、基本公共教育供给质量、基本公共教育需求层次等，都受到民族地区的社会结构、地理位置、经济水平以及文化环境等的影响，这就对民族地区地方政府提供公共服务的能力和水平提出了更高要求，也使得在民族地区如何推行合理有效的基本公共教育政策成为重要议题。因此，对民族地区基本公共教育政策变迁进行研究，有助于提出有针对性的优化路径，为提升民族地区地方政府公共服务能力、推进治理体系和治理能力现代化提供有益帮助。

第三，有利于铸牢中华民族共同体意识。从新中国成立的百废待兴，到改革开放的起航复兴，历经几十年风雨历程，党带领各族人民进入新时代，社会各个方面和人民生活均发生了翻天覆地的变化。研究民族地区基本公共教育政策变迁不仅能贯彻习近平总书记关于“全面实现小康，一个民族都不能少的”的重要指示，也能在时代变迁中充分发挥基本公共教育在稳定祖国边疆、维护民族团结和国家安全稳定等方面的作用。在发挥基本公共教育潜移默化的作用中，铸牢中华民族共同体意识，为实现中华民族伟大复兴发挥助力作用。

二、相关研究综述

（一）政策变迁相关研究

对政策变迁的关注最早源于西方，因此关于政策变迁的研究一方面聚焦于政策变迁理论的探讨，另一方面分析政策变迁理论在具体政策领域的运用。从政策变迁理论的本身构建来看，20 世纪 50 年代，查尔斯·林德布洛姆（Charles Lindblom）提出了以“渐进主义”为基础的政策变迁模型，该模型从互动的渐进视角重新考察了政策变迁的具体过程[①]。这种动态化的变迁视角为后续政策变迁理论提供了借鉴。随着社会发展需要，研究政策变迁对指导社会发展的作用越来越大，西方公共政策研究开始逐步重视这一领域，更多学者基于制度主义途径、理性选择途径等将政策变迁的各种理论和知识进行整合，形成完整的理论分析框架并指导具体实践。其中，颇具影响力的政策变迁理论主要有布莱恩·琼斯（Bryan Jones）和弗兰克·鲍姆加特纳（Frank Baumgartner）提出的“间断－均衡”理论（punctuated equilibrium theory）、约翰·金登（John W. Kingdon）提出的多源流理论（multiple－streams frame work）和保罗·A. 萨巴蒂尔（Paul A. Sabatier）等提出的倡议联盟框架（advocacy coalition framework）。

---

① 黄晨. 政治学的“行动－过程”视角——重思林德布洛姆及其方法论意义[J]. 政治学研究,2015(5):32－45.

这些政策变迁理论在世界范围内各个政策领域中被广泛验证与使用。例如，“间断－均衡”理论在美国预算[①]、环境政策[②]及欧盟国家公共政策[③]等各种不同类型的政策领域均得到了验证，展现了强大的生命力。多源流理论在研究危机时期经济政策导致的治理变化[④]、非洲国家政策实施领域[⑤]以及欧盟政策决策中[⑥]得到运用与拓展。倡议联盟框架在东欧国家和欧盟动态政治中得到了不同情景下的验证[⑦]。这些政策变迁理论从不同维度揭示了不同政策领域以及制度差异情景下的政策变迁规律，通过几十年的发展历程得到了相应验证和不断完善。

西方成熟的政策变迁分析框架为国内学者研究不同领域的政策变迁提供了理论借鉴。聚焦国内，大部分学者基于“间断－均衡”理论、多源流理论和倡议联盟框架三个分析框架对我国各个领域的政策变迁进行了研究，从一定程度上验证了这些政策变迁理论在我国的适用性。例如，李健等将“间断－均衡”理论运用于1950—2017年我国社会组织政策变迁历程分析，揭示其呈现出非线性、偶然性突变、不确定性交织特征[⑧]。黄扬等基于多源流理论，对网络舆情与规制政策变迁的关联机制进行了全景式剖析[⑨]。宋心然运用倡议联盟框架分析中国网约车监管政策的变迁，发现

① JONES B D, BAUMGARTNER F R, TRUE J L. Policy punctuations: US budget authority, 1947－1995[J]. The journal of politics, 1998, 60(1): 1－33.

② SPETH J G. Punctuated equilibrium and the dynamics of US environmental policy[M]. New Haven: Yale University Press, 2008.

③ PRINCEN S. Punctuated equilibrium theory and the European Union[J]. Journal of European public policy, 2013, 20(6): 854－870.

④ SAURUGGER S, TERPAN F. Do crises lead to policy change? The multiple streams framework and the European Union's economic governance instruments[J]. Policy sciences, 2016, 49(1): 35－53.

⑤ RIDDE V. Policy implementation in an African state: an extension of Kingdon's Multiple－Streams Approach[J]. Public administration, 2009, 87(4): 938－954.

⑥ ACKRILL R, KAY A, ZAHARIADIS N. Ambiguity, multiple streams, and EU policy[J]. Journal of European public policy, 2013, 20(6): 871－887.

⑦ SABATIER P A. The advocacy coalition framework: revisions and relevance for Europe[J]. Journal of European public policy, 1998, 5(1): 98－130.

⑧ 李健，成鸿庚，贾孟媛．间断均衡视角下的政社关系变迁：基于1950—2017年我国社会组织政策考察[J]．中国行政管理，2018(12)：66－71.

⑨ 黄扬，李伟权．网络舆情推动下的网约车规制政策变迁逻辑——基于多源流理论的案例分析[J]．情报杂志，2018，37(8)：84－91.

政策变迁在多种力量博弈中的变迁规律[①]。这些学者为政策变迁理论与中国实际结合提供了参考，但是对于相关理论在具体运用中的后期完善缺乏探讨。

在此基础上，有学者对西方理论在中国情景中的运用进行了调整。如文宏通过兰州出租车政策案例分析，在价值倾向、领导态度和公众需求方面对“间断－均衡”的动因进行了调整[②]。濮岚澜运用多源流理论对高校贷款政策变迁进行了分析，认为来自不同层级的作用压力和问题凸显等汇集的问题流发挥了对政策的主要推动作用[③]。王刚等运用倡议联盟框架对12个典型邻避案例进行了分析，认为政策联盟是政策过程中的核心，制度依赖和信念底线对政策子系统产生了重要影响[④]。这些学者将西方理论与中国实际相结合，并在此基础上进行了相应调整，为“西学中用”和中国本土化理论的发展与创新提供了可以参考的经验，但是在一定程度上缺少了前期适用性与差异性的分析。

还有学者将政策变迁与政策效果相结合进行分析，但大多聚焦于科技政策领域。如周振江等将深圳科技创新政策发展的不同阶段同专利数等客观数据相联系，证明了深圳科技创新政策变迁发挥的积极作用[⑤]。徐喆等对我国科技政策的演变进行了分析，并建立计量模型考察了我国1985—2014年科技政策对创新绩效的影响[⑥]。这些学者将对政策变迁的过程关注拓展到结果导向，展现了政策变迁与政策效果之间的关系，也使得对政策变迁的理解由揭示规律到关注结果更加完整，但是鲜有将政策效果同民族

---

① 宋心然．中国网约车监管政策变迁研究——以倡议联盟框架为分析视角[J]．中国行政管理,2017(6):103－107.

② 文宏．间段均衡理论与中国公共政策的演进逻辑——兰州出租车政策(1982—2012)的变迁考察[J]．公共管理学报,2014,11(2):70－80,142.

③ 濮岚澜．我国学生贷款政策变迁研究[J]．教育发展研究,2007(9):9－14,23.

④ 王刚,王誉晓．倡议联盟框架的理论验证与应用改进——基于典型邻避案例的分析[J]．公共管理与政策评论,2020,9(5):58－72.

⑤ 周振江,何悦,刘毅．深圳科技创新政策体系的演进历程与效果分析[J]．科技管理研究,2020,40(3):27－31.

⑥ 徐喆,李春艳．我国科技政策演变与创新绩效研究——基于政策相互作用视角[J]．经济问题,2017(1):11－16,102.

地区基本公共教育政策变迁相联系。

（二）基本公共教育政策变迁相关研究

基本公共教育政策变迁相关研究有着多种视角与维度，既有将基本公共教育政策置于基本公共服务政策视野中，还有关注某一领域的政策变迁，或是关注相对微观的政策变量，亦有基于不同理论视角对政策变迁历程开展分析。

第一，从基本公共服务视角进行研究。基本公共服务政策变迁在一定程度上包含并影响着基本公共教育政策变迁。因此，有学者从基本公共服务整体视角出发，揭示出我国基本公共服务政策变迁历程。范逢春采取文本分析法、时间序列分析法与批评话语分析法，揭示出新中国成立以来基本公共服务政策呈现出从城乡兼顾、城乡失衡到城乡统筹的政策发展轨迹①。杨波以三维分析框架和政策工具为分析手段，通过文本分析法发现基本公共服务政策（2006—2018 年）演进脉络经历了从“全覆盖”到“群众满意”的政策变迁过程②。姜晓萍等从政策目标入手，发现党的十八大以来我国基本公共服务政策呈现出“普惠化—均等化—优质化”的梯度递进规律③。这些学者的研究从基本公共服务的整体性出发，对基本公共服务政策历史过程和具体阶段特点做了大致回顾，为我们从整体上把握基本公共教育政策变迁奠定了研究基础。

第二，聚焦基本公共教育政策变迁，根据《“十三五”推进基本公共服务均等化规划》，关注基本公共教育某一具体领域政策变迁。诸如，龙翠红等揭示我国义务教育政策变迁经历了一个从偏向差异化向注重均等化转变的过程④。刘天等对我国改革开放 40 年来义务教育均衡发展政策进行

---

① 范逢春．建国以来基本公共服务均等化政策的回顾与反思：基于文本分析法的视角[J]．上海行政学院学报，2016，17(1)：46－57.

② 杨波．论基本公共服务均等化的演进特征与变迁逻辑——基于 2006—2018 年政策文本分析法[J]．西南民族大学学报(人文社会科学版)，2019，40(5)：196－202.

③ 姜晓萍，郭宁．我国基本公共服务均等化的政策目标与演化规律——基于党的十八大以来中央政策的文本分析法[J]．公共管理与政策评论，2020，9(6)：33－42.

④ 龙翠红，易承志．基本公共服务均等化、义务教育均衡发展与公共政策优化——我国义务教育政策变迁与路径分析[J]．湘潭大学学报(哲学社会科学版)，2017，41(6)：14－20.

了研究，发现经历了普及教育城乡有别、撤点并校发展和城乡一体化发展三个阶段[①]。徐晓新等从家庭视角出发，认为流动儿童义务教育政策经历了“空白—限制—支持”三个阶段[②]。冯元等认为我国特殊教育政策变迁的历史演进分为渐进性、激进性、断裂性三个制度变迁阶段，呈现出边缘停滞、复苏发展、提升转型的阶段特征[③]。尽管这些学者对基本公共教育政策的研究仅仅停留在政策演进阶段的阐述上，但是为理解具体政策领域变迁脉络提供了借鉴。

第三，关注基本公共教育政策相对微观的政策变量，对注意力和政策工具的变迁进行了研究。李家深等对 1987—2012 年教育部工作要点的注意力转移趋势进行了分析，发现注意力对教育公平问题的关注呈现稳中求变、低起点、快提升的特点[④]。曹燕对我国 1979—2016 年的 357 份基础教育政策文本进行了文本计量及内容分析，发现政策工具应用在变迁过程中存在结构性失衡的特点[⑤]。黄萃等以新中国成立以来少数民族双语教育政策为研究对象，发现政策工具的使用具有明显的阶段性和差异性特征[⑥]。这些学者打开了基本公共教育政策变迁研究的微观视角，但是对政策变量微观层面的关注却不够全面，在一定程度上也未揭示出导致产生如此变迁样态背后的作用机理。

第四，拓宽了基本公共教育政策变迁研究的理论维度。蒋雅俊基于历史制度主义视角，发现我国改革开放以来学前教育政策变迁经历了路径依

① 刘天，程建坤．改革开放 40 年我国义务教育均衡发展的政策变迁、动因和经验[J]．基础教育，2018，15(6)：22－31.

② 徐晓新，张秀兰．将家庭视角纳入公共政策——基于流动儿童义务教育政策演进的分析[J]．中国社会科学，2016(6)：151－169，207.

③ 冯元，俞海宝．我国特殊教育政策变迁的历史演进与路径依赖——基于历史制度主义分析范式[J]．教育学报，2017，13(3)：92－101.

④ 李家深，李文军．教育公平政策注意力的演进及走向探析——基于《教育部工作要点》的研究[J]．广西社会科学，2013(2)：185－188.

⑤ 曹燕．政策工具视角下的基础教育公平：回顾与前瞻——基于 1979—2016 年基础教育公平政策的文本分析[J]．教育科学，2017，33(4)：24－31.

⑥ 黄萃，赵培强，苏竣．基于政策工具视角的我国少数民族双语教育政策文本量化研究[J]．清华大学教育研究，2015，36(5)：88－95.

赖、渐进式改革与制度分裂历程①。吕武基于多源流理论视角，发现改革开放以来我国学前教育政策动力依次经历了政治源流、问题源流、政策与问题源流、政治源流四个相对独立的时期②。赵利堂等基于倡议联盟框架，认为新中国成立以来，我国民办职业教育历经改造合并、艰难发轫、发展规模和提升内涵四个阶段③。虽然多样化的研究视角能提供政策变迁多元化的理解，但是对相关理论的借鉴一定程度上缺乏对中国情景的适用性。

由于基本公共教育具有一定的中国特色，因此国外关于基本公共教育政策变迁研究，大多选取基本公共教育某一领域并同政策效果相联系，涉及的相关内容研究更为多元且丰富。Chatterjee 等对印度 2005—2011 年小学教育政策进行了回顾，并从基础设施升级、教师素质、教育成本、入学率和学习成果等方面对政策产出进行了跟踪和评估④。Hornberger 通过对安第斯山脉沿线国家的政策文件和相关从业人员访谈记录进行文本分析法，探讨了标准化教育转变为多元化教育对构建具有多种语言和多元文化的国家认同的影响⑤。Ovando 简要讨论了双语语言教育政策的不同历史时期，着重研究了决定美国双语语言政策的历史力量的各种解释，认为不断变化的政治、社会和经济力量发生的作用强度高于任何一贯的意识形态，从而改变了国家对语言多样性的反映⑥。这些学者从不同维度对基本教育领域的政策进行了相应分析，从政策产出、意识形态变化和政策变迁驱动因素等方面为后续研究提供了借鉴。

---

① 蒋雅俊. 改革开放以来学前教育政策的变迁:历史制度主义视角[J]. 教育发展研究,2019,39(8):33-40.

② 吕武. 改革开放以来我国学前教育政策嬗变的动力变迁及其优化路径——基于多源流理论的考察[J]. 现代教育管理,2018(2):45-50.

③ 赵利堂,谢长法. 我国民办职业教育政策变迁的内在逻辑——基于倡导联盟框架(ACF)的视角[J]. 教育发展研究,2016,36(23):15-21.

④ CHATTERJEE I, LI I, ROBITAILLE M C. An overview of India's primary school education policies and outcomes 2005-2011[J]. World development, 2018, 106:99-110.

⑤ HORNBERGER N H. Bilingual education policy and practice in the Andes: ideological paradox and intercultural possibility[J]. Anthropology & education quarterly, 2000, 31(2): 173-201.

⑥ OVANDO C J. Bilingual education in the United States: historical development and current issues[J]. Bilingual research journal, 2003, 27(1): 1-24.

（三）民族地区基本公共教育政策相关研究

尽管正式从国家层面提出基本公共服务及基本公共教育的相关概念和理念是在2006年[①]，但是早在新中国成立伊始，党中央便针对民族地区教育事业出台了一系列政策举措，体现出基本公共教育政策的意涵。有学者着重研究了这一阶段与民族地区基本公共教育相关的政策变迁规律与历程。

龙立军基于“间断–均衡”视角，发现新中国成立70年来我国民族教育政策符合“间断–均衡”变迁规律，与我国民族团结进步事业以及民族地区经济社会发展的历程呈现出较强的吻合性[②]。阿木古楞等发现内蒙古民族教育政策70年来经历了以“国家体制建立”为导向的起步与探索期、以“区域经济建设”为导向的调整与发展期和以“平等个性发展”为导向的繁荣与成熟期三个阶段[③]。王世忠等从历史逻辑、理论逻辑和实践逻辑揭示出1921年以来中国共产党民族教育政策的治理逻辑[④]。这些学者从民族教育视角展现的政策变迁历程，为完整分析民族地区基本公共教育政策变迁历程提供了借鉴。

在上述研究的基础上，有学者关注民族地区基本公共教育某一领域政策变迁。康翠萍等研究发现，新中国成立以来，我国民族地区学前教育政策演变历程具有普遍增进的发展趋势，但也表现出了一定的特殊性[⑤]。袁梅等对我国70多年民族基础教育政策进行了回顾与分析，发现我国民族基础教育政策发展大致经历了普及初等教育、健全民族基础教育、实现“两

① 杨波．论基本公共服务均等化的演进特征与变迁逻辑——基于2006—2018年政策文本分析[J]．西南民族大学学报（人文社会科学版），2019，40（5）：196–202.

② 龙立军．间断平衡理论视角下70年中国少数民族教育政策变迁分析[J]．云南民族大学学报（哲学社会科学版），2020，37（1）：22–31.

③ 阿木古楞，苏德．新中国成立70年内蒙古民族教育政策的逻辑进路与时代走向[J]．民族教育研究，2019，30（5）：37–44.

④ 王世忠，王明露．中国共产党民族教育政策的三重逻辑[J]．中南民族大学学报（人文社会科学版），2021，41（10）：80–88.

⑤ 康翠萍，邓锐．民族地区学前教育政策回顾与新时代发展构想[J]．中南民族大学学报（人文社会科学版），2019，39（6）：72–77.

基”、深化民族团结进步教育、促进特色发展五个阶段[①]。孙远杰等认为我国少数民族基础教育发展历经了优先小学教育（1949—1977年）、普及义务教育（1978—2000年）和发展民族团结教育（2000年至今）三个阶段[②]。谢德新等认为改革开放以来民族职业教育政策变迁经历了恢复、调整、适应和快速发展四个阶段[③]。这些学者关注民族地区基本公共教育的某一领域，大多聚焦于基础教育层面，基本上能够对这些政策领域的具体演进阶段进行划分，但是缺少了对政策变迁过程演进逻辑的阐述，并且对变迁阶段的回顾不够完整，阶段划分较为笼统。

还有学者对民族地区基本公共教育政策某一具体领域的政策要素、取得成效和问题进行了研究，并且关注产生的政策效果。一方面，关注民族地区基本公共教育政策某一具体领域的要素、影响、问题等方面。郭人豪从民族心理距离的视角对多民族地区义务教育均衡政策体系进行分析，发现决策者和执行者的民族心理距离分别影响政策教育思路和转化效度，政策对象的民族心理距离则影响对政策的认同度[④]。赵彦俊等基于政策视角对民族地区学前教育政策取得的成绩和存在的问题进行了研究，并从财政投入、师资力量和人才引进等方面提出了完善建议[⑤]。康翠萍等对民族地区双语教师队伍进行了探析，发现师资总量不足、教师质量不高、教师培训体系缺失等仍然是长期困扰民族地区双语教育的问题[⑥]。这些学者的研究虽然涉足基本公共教育政策的某一具体领域，但是关注的内容对于基本公共教育服务体系而言较为单一。

---

① 袁梅，张良，田联刚．民族基础教育政策变迁历程、逻辑及展望[J]．西南民族大学学报(人文社会科学版)，2020，41(5)：219－225.

② 孙杰远，韩小凡．70年少数民族基础教育发展的“中国经验”[J]．民族教育研究，2019，30(6)：5－14.

③ 谢德新，邱佳．回顾与研判：改革开放以来我国民族职业教育政策的变迁逻辑与趋势展望[J]．中国职业技术教育，2019(16)：49－55.

④ 郭人豪．多民族地区民族心理距离对教育政策过程的影响——以贵州省义务教育均衡政策为例[J]．民族教育研究，2021，32(2)：108－114.

⑤ 赵彦俊，卢政婷．我国发展少数民族学前教育的成就、问题与建议——基于政策的视角[J]．民族教育研究，2015，26(1)：5－11.

⑥ 康翠萍，余双双．少数民族双语教育教师队伍建设探析[J]．中南民族大学学报(人文社会科学版)，2018，38(6)：52－56.

另一方面，关注民族地区基本公共教育相关政策领域的政策效果。如白贝迩基于民族地区教育政策生命周期过程，构建了政策制定、政策执行、政策效果的纵向维度和客观实在、价值引领与主体感受的横向标准的评估指标①，虽然提出了较为完整的评估体系，但是缺少了相应的案例分析与测度。谢治菊等从客观效果、主观福祉、伦理价值三个维度构建了民族教育政策实践效果评估体系②，但依然缺少了在实践中的具体运用与分析。李雪峰等对民族地区农村普惠性学前教育政策进行了绩效评估，发现民族地区普遍存在教育经费投入不足、政策制定目标简单化、政策支持硬件化等问题③。杨胜才等对广西双语政策的绩效进行了分析，发现需要从教师教学能力和政策满意度两个方面提升双语教育政策的实施绩效④。虽然这些学者关注了民族地区基本公共教育政策效果，但是并未同政策变迁相结合。

国外学者往往从民族或种族的视角出发研究与教育政策之间的联系，即基于民族关系或种族平等的视角去探讨基本公共教育政策。如 Cincotta - Segi 通过对老挝语言教育的官方政策的话语分析，揭示了老挝民族中心地位存在于教育政策中的持久性，揭示出民族与教育之间有着不可分割的联系⑤。Driessen 研究了荷兰关于减少少数族裔在教育方面劣势的政策，发现尽管这些正在执行的政策取得了一定成效，但是对改善少数族裔相对地位的程度有限⑥。Roger 等对南非 1995—2006 年的教育政策进行了研究，揭

---

① 白贝迩．民族地区教育政策评估指标体系的建构——基于政策生命周期理论与教育政策评估标准双维度[J]．青海民族研究，2021，32(1)：47 – 52.

② 谢治菊，朱绍豪．民族教育政策实施效果评估：理论基础、指标设计与应用反思[J]．民族教育研究，2017，28(5)：5 – 11.

③ 李雪峰，王慧，贾晋．民族地区农村普惠性学前教育政策绩效评估——基于四川省“一村一幼”计划的实证研究[J]．民族教育研究，2020，31(4)：123 – 131.

④ 杨胜才，柳劲松，苏美玲．广西壮族自治区双语教育政策绩效研究[J]．云南民族大学学报(哲学社会科学版)，2017，34(5)：146 – 151.

⑤ CINCOTTA – SEGI A R. "The big ones swallow the small ones" or do they? Language – in – education policy and ethnic minority education in the Lao PDR[J]. Journal of multilingual & multicultural development, 2011, 32(1): 1 – 15.

⑥ DRIESSEN G. The limits of educational policy and practice? The case of ethnic minorities in the Netherlands[J]. Comparative education, 2000, 36(1): 55 – 72.

示了在多元民族环境下教育政策呈现出向民主过渡的突出特征①。这些学者的研究同民族关系或民族问题相联系，从侧面说明基本公共教育是否公平、质量是否较高将影响民族关系，并关系到一个多民族国家的安全稳定与民族团结。

（四）对已有研究的评价

根据对已有研究的梳理，民族地区基本公共教育政策变迁相关研究已经取得一定的进展和成果，但是依然存在以下不足。

第一，鲜有研究将民族地区基本公共教育政策变迁置于政策变迁理论分析框架中。已有研究虽然关注了基本公共服务以及基本公共教育政策，但是依然缺乏合理的理论分析框架和研究体系②，大多停留在对演进阶段的描述和特征分析，而未运用相应的理论分析框架挖掘背后的变迁规律，对基本公共教育政策变迁缺乏全面系统的理论分析。虽然有些研究运用了相关理论分析框架，但也缺少前期适用性的探索和后期差异性的调整，因而在一定程度上忽视了理论运用的制度环境，在理论创新方面也有所减弱。尽管政策变迁理论源于西方，但政策变迁相关理论在国内不同政策领域得到了验证，其中包括基本公共服务政策的某一领域，这为本书提供了理论依据与经验借鉴。

第二，对民族地区基本公共教育乃至其他公共政策变迁形态研究不足。不少学者关注了民族地区基本公共教育相关政策变迁，但是未对政策变迁形态进行总结性分析，尤其对何时变、如何变、为何变、有何效果、有何脉络等问题的研究不够深入和细致。从单一政策变迁阶段入手，不利于对民族地区基本公共教育政策变迁形成较为完整和系统的把握，也难以深刻反映在时代背景激荡下，政策变迁历程所呈现出不同维度的变迁规律。

第三，将民族地区基本公共教育政策作为研究对象的较少，大多研究民族教育政策变迁。尽管民族教育政策中包含一部分民族地区基本公共教

---

① ROGER D，RUKSANA O，BUCHLER M. Education policy studies in South Africa，1995 – 2006［J］. Journal of education policy，2010，25（1）：95 – 110.

② 孙建军. 我国基本公共服务均等化供给政策研究［M］. 北京：知识产权出版社，2012：3.

育政策内容，但是单从民族政策视角研究，无法对民族地区基本公共教育的具体内涵及重要作用产生深刻理解与认识。现有研究较少关注民族地区某一项基本公共服务政策变迁，并且大多限于对某一个当下历史时期的政策文本，容易忽视在政策变迁过程中的脉络，因而难以深入理解与把握某一具体政策，也不利于为民族政策研究提供更多的多学科视角，从而不利于从多维度进一步完善民族地区基本公共教育政策。

第四，对基本公共教育政策变迁研究鲜有从主观和客观维度揭示政策变迁发生后带来的政策效果。现有研究虽然聚焦民族地区基本公共教育政策领域，对政策效果进行评估，但关注的政策效果不系统、不全面、不具体，并未对基本公共教育政策的各个维度进行考虑。关注政策变迁之后的政策效果，大多见于科技政策，而在基本公共教育政策领域比较少见，大多仅停留在政策文本分析层面来探讨政策变迁的阶段、特点、动因等内容，而未考虑政策效果产生的实际影响。通过定量分析对民族地区基本公共教育均等化水平进行客观描述，并且将政策变迁同政策效果相结合；通过半结构访谈获取人民群众对政策效果的主观感受，更能进一步有针对性地反映政策变迁中存在的不足，从而在客观数据与主观感受中加深对民族地区基本公共教育政策由理论到实践的转换。

综上所述，现有研究对于民族地区基本公共教育政策变迁具有一定的积累，但是较为分散，需要进行进一步整合和系统化研究，并有较深的挖掘空间。

三、研究内容、研究思路与研究方法

（一）研究内容与研究思路

如前所述，研究民族地区基本公共教育政策变迁具有重要意义，而且对教育政策的认识应该是动态化的，而非静态化的[①]。对前述核心问题的主线贯彻便是“民族地区基本公共教育政策何时变、如何变、为何变”，本书在接下来的内容里，除了对这三个“变”进行详细的分析，还将围绕

① 吴遵民．教育政策学入门[M]．上海：上海教育出版社，2010：23.

三个“变”的主线对政策变迁样态、作用机理、变迁效果、驱动动因、演进逻辑等方面具体展开论述。本研究具体分为以下几个部分：

第一章辨析核心概念，基于民族学、公共政策学、政治学等学科中的经典理论，为这一具有交叉学科意义的研究主题奠定理论根基，并根据西方经典政策变迁“间断－均衡”理论，对该理论分析框架的适用性进行探讨，构建民族地区基本公共教育政策变迁的理论分析框架。

第二章主要运用文本分析法，从宏观图卷和微观缩影两个视角、中央层面和民族地区层面两个政策维度，呈现出民族地区基本公共教育政策的变迁历程。在宏观图卷和微观缩影中对中央层面和民族地区层面政策体现出的变迁样态分析，从治理路径、府际关系和有限理性等维度，探讨影响政策样态的作用机理，实现政策变迁样态由表及里的理解转换。

第三章着重运用定量分析法和半结构访谈，关注政策变迁的实践效果。通过构建评价政策变迁效果的指标体系，在对民族地区基本公共教育相关数据进行搜集、整理、剔除的基础上，采用 TOPSIS 法、熵值法等从政策变迁阶段对比、各民族地区对比、中央与民族地区对比的差异性视角，对政策变迁的实践效果进行水平测度。将半结构访谈与政策效果相联系，在客观测度和主观访谈中将政策变迁阶段同政策效果相结合，加深对理论到实践转换的理解。

第四章分析影响民族地区基本公共教育政策效果的因素，结合前期对政策文本分析、TOPSIS 均等化水平测度和半结构访谈，从政策因素、配套措施因素和环境因素等不同层面，剖析影响民族地区基本公共教育政策效果发挥的因素。

第五章分析促进民族地区基本公共教育政策变迁的背后动因，并将动因划分为外部动因和内部动因，阐述驱动民族地区基本公共教育政策变迁的原因所在，较为全面地理解民族地区基本公共教育政策呈现“间断－均衡”的动力因素。

第六章揭示民族地区基本公共教育政策变迁的演进脉络，分别从政策变迁本身、政策客体、政策主体、政策变迁的动因等方面总结政策变迁的演进逻辑，实现由“表象”到“内在”的完整分析。根据这些分析结果，对先前构建的以“间断－均衡”为主要理论框架的适用条件进行调整，对“间断－均衡”理论分析框架在不同制度体系下的运用实现一定程度的修缮，进一步从实践回归理论。

第七章根据对前期分析的深入理解和把握，从不同维度提出未来进一步完善民族地区基本公共教育政策优化路径，以期通过不同手段完善相关政策，从而进一步提高民族地区基本公共教育均等化水平，提升基本公共教育质量，并为民族地区其他公共政策制定与完善提供启示。

基于以上主要内容，本书形成如下研究思路，如图 0.1 所示。

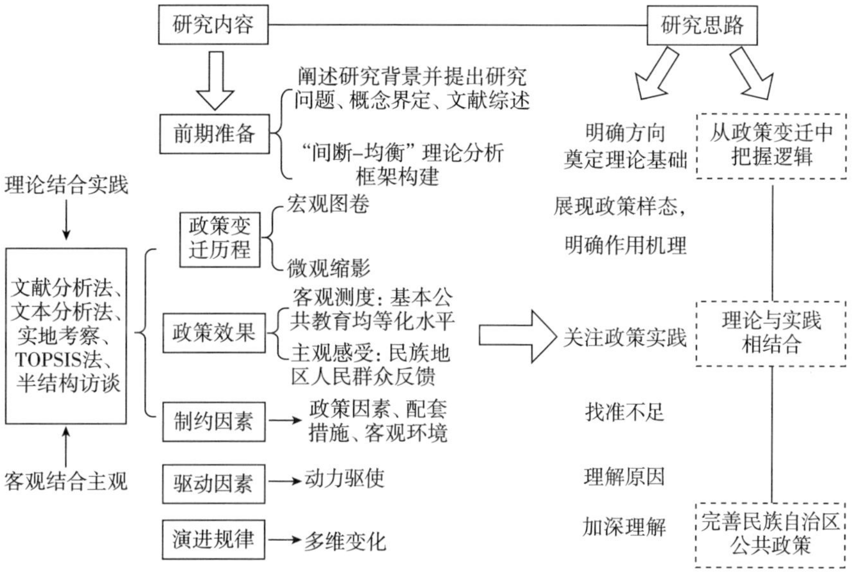

图 0.1　民族地区基本公共教育政策变迁研究思路

资料来源：笔者绘制。

（二）研究方法

1. 文献分析法

文献分析法主要指在文献中获得相关知识和有效信息，是本研究的一个重要方法。本书根据研究议题的目的和需要，通过大量文献查阅、梳理和分析，在形成逻辑的基础上发现与研究议题之间的内在联系，从而为本研究提供支持。本书运用的是广义上的文献，包括期刊、书籍、新闻、政策文本等方面的文献。

文献分析法主要涉及政策变迁历史背景、基本公共教育等概念、民族学和政策变迁等相关理论基础，主要包括对期刊和书籍文献的分析，从已有研究中奠定理论基础。本书通过书籍、期刊、新闻和政策文本相结合的文献分析法，深入研究民族地区基本公共教育政策变迁的历史阶段与演进逻辑，重点研究并分析民族地区基本公共教育政策何时变、如何变和为何变等问题，为后续优化民族地区基本公共教育的路径选择提供参考借鉴。

2. 文本分析法

文本分析法能够探究政策背后的意图，是进行政策研究的重要方法。“文本分析是对微观视域与宏观历史的综合研究，能够在不同视域维度发掘文本深层结构和文本演进的内在逻辑过程，揭开不可能长时间观察历时较长的政策过程‘黑箱’，从而对政策变迁产生深刻理解。”① 本书运用文本分析法，通过 NVivo 软件，对基本公共教育政策文本进行不同层面的分析。与教育相关的政策文本不仅有助于分析政策内容，还能够解构政策所要表达的意愿和本质②。因此，本书基于政策文本分析，对中央政策变迁、民族地区政策变迁、各民族地区政策变迁等宏观层面，以及对注意力、政策工具、政策主题等微观层面进行研究，从不同维度展现我国民族地区基本公共教育政策变迁历程和政策样态，从中探寻政策样态变化的作用机理。

3. 实地考察

实地考察是民族学研究的重要方法，通过实地考察能获得丰富的第一手资料，经过头脑的多层加工，实现对知识从感性认识上升到理性认识，进而得出正确的结论，具有历史性和时代性相结合的特点③。基本公共教育作为具有极强实践意义和塑造意义的基本公共服务领域，是各族人民需

① 黄萃．政策文献量化研究[M]．北京：科学出版社，2016：71.

② 吴遵民．教育政策学入门[M]．上海：上海教育出版社，2010：23.

③ 宋蜀华，白振声．民族学理论与方法[M]．北京：中央民族大学出版社，1998：171.

要接受的一项基本公共服务，在实践调查或客观数据搜集中，相比其他领域考察的客观性和现实性更强，在数据上对基本公共教育不同维度的指标来源较为丰富、数据容易获得，因此更容易得到比较客观的政策变迁效果，从而对政策变迁产生更切合实际的具体理解和分析。

笔者在内蒙古呼和浩特生活过较长时间，也曾经去过西藏拉萨、林芝、山南、日喀则等地。除了结合本人的实地考察，还同本书依托的课题组内具有西藏和新疆学习生活经验的成员进行了深入沟通和交流，不仅极大地降低了相关资料的可搜集难度，还扩大了民族地区基本公共教育政策考察的经验范围。具体考察内容集中在对民族地区基本公共教育政策的理解、主观感受、存在问题和未来期待上，本书主要将政策带来的实际感受同理论分析相融合。通过实地考察，加深对基本公共教育政策在实践中的理解，从而结合历史发展与现实状况，构建起深入中国情景乃至民族地区情景的基本公共教育政策变迁“间断－均衡”理论分析框架。

4. 半结构访谈

半结构访谈同实地考察相关联，是实地考察过程中进行研究的一种具体方法，它是根据一个围绕想要了解的核心问题拟列出的访谈提纲，进行相对开放的非正式访谈。通过半结构式访谈，能够拉近政策主体和政策客体之间的距离并建立关系，加深对政策情景、政策发展情况、政策效果、政策制约因素等方面的理解。但针对本研究的议题主线及问题回应而言，该方法并不作为主要的研究方法，主要是作为对更好地理解第三章政策实践效果、第四章影响因素以及第五章驱动政策变迁动因的方法补充和一手材料完善。

本书主要围绕民族地区基本公共教育政策效果和制约因素内容设计访谈提纲，并对驱动因素有所涉及。结合已有文献、实地考察和专家意见，对访谈提纲进行了多次调整和修改。笔者先后于 2020 年 12 月、2021 年 3 月和 5 月对内蒙古呼和浩特市、新疆乌鲁木齐市和西藏拉萨市的部分人员进行了访谈，实践过程中的访谈形式有面对面访谈和电话访谈，访谈的人群包括长期生活在民族地区的学生、参加工作后驻扎在民族地区的教师及专门研究民族地区基本公共服务政策的相关专家。多元化的群体样本，使得本书能够在客观数据与主观感受的双向间接“对话”中，更加精准和科学地识别民族地区基本公共教育政策的发展现状和存在的不足。访谈材料均在访谈对象的同意下进行了记录。

此外，在半结构访谈的基础上，本书还结合定量分析法对政策效果的客观数据进行分析。利用标准化、熵值法、TOPSIS 法等数学方法对民族地区基本公共教育政策效果的客观数据进行分析，在客观数据中展现民族地区在不同政策变迁阶段和不同民族地区的政策效果。通过定性分析与定量方法结合更能避免主观与客观带来的偏差，在客观维度和主观感受中全面科学地对政策效果取得的成效、不足和制约因素进行分析，从而实现对民族地区基本公共教育政策变迁历程较为完整和深入的理解。

四、研究内容的创新点与不足

（一）创新点

第一，基于“间断 - 均衡”理论揭示了民族地区基本公共教育政策变迁规律，并且根据实证分析结果，对已有“间断 - 均衡”理论分析框架进行了民族地区情景下的调整。

尽管国内有学者运用政策变迁相关理论，对我国不少领域政策变迁进行了分析与阐释，但对民族地区基本公共教育政策变迁分析，大多缺少相应的理论分析框架，而仅仅通过政策数量和政策背景变化对政策变迁进行阶段性描述，停留在政策变迁的“表面”而未深入挖掘政策变迁背后的演进逻辑。西方公共政策相关理论发展较早，形成了相对完善的理论体系，并在政府实践中不断完善，因此研究教育相关政策，有必要借鉴或引入西方成熟的公共政策理论，能够为我国教育政策研究提供有价值的经验借鉴[①]。

本书基于“间断 - 均衡”理论构建了民族地区基本公共教育政策变迁的分析框架，并对该理论的适用性进行了分析，在实证分析之后对该理论

---

① 吴遵民．教育政策学入门［M］．上海：上海教育出版社，2010：21.

在不同制度环境中的具体运用进行了调整和补充。一是借鉴政策范式理论，补充了判断“间断点”即政策何时变的依据，政策总目标变化即为政策发生“间断”。二是从制度结构、互动机制、驱动动因等方面发现该理论在不同制度情景中运用的差异，在此基础上进行了本土化的尝试性调整，并为民族地区其他公共政策变迁研究提供了有益借鉴。三是从宏观层面和微观层面对民族地区基本公共教育政策变迁形态的认识拓展，即民族地区基本公共教育政策变迁是“间断－均衡”中的螺旋式上升发展。

第二，以基本公共教育为例，关注民族地区的基本公共服务政策变迁，而非从民族教育政策的视角出发进行研究，展现民族地区基本公共教育政策“动态化”的过程，对基本公共服务政策在民族地区的研究进行了有益补充。

现有研究对于教育政策的理解，大多处于一个静态的视角，而将其视作动态化的过程则为少数①。本书从政策变迁的视角出发，将民族地区基本公共教育政策置于动态化的维度分析。国内对于民族地区基本公共教育政策的研究，更多的是从民族教育政策入手。民族教育政策固然包括了一部分民族地区的基本公共教育政策，但是基本公共教育政策涉及的范围更广，并且基本公共教育政策是上至中央下至地方的全国性政策，与其他地方相比，民族地区基本公共教育政策拥有共同性与差异性。以政策变迁展现民族地区基本公共教育政策在某一具体领域、不同政策层面、不同历史时期的联系，能够从宏观上在一般与差异的比较中，较为深入地理解和把握民族地区基本公共教育政策，同时也能在政策变迁中窥探各民族地区各具特色的发展脉络与政策规划格局。

第三，将民族学同其他学科进行融合，在一定程度上拓宽了民族学同其他学科的交叉边界。民族学与其他学科交叉融合研究日益加速，随着现实问题日益复杂，单依靠一门学科来解决现实问题很难奏效，往往需要借鉴和汲取其他学科的知识与技术，才能实现本学科的发展，而这也是未来

① 吴遵民．教育政策学入门[M]．上海：上海教育出版社，2010：22－23.

民族学研究的基本内容和发展趋势①。

本书以民族地区公共政策变迁为研究视角，同时加入了公共政策学、公共管理学、社会学等其他学科的研究范式，在多学科交叉的范式中回应了民族地区基本公共教育政策变迁，解答了何时变、如何变、为何变、有何效果、有何脉络等一系列问题。不仅在一定程度上拓展了民族学公共政策的研究视角，还将其他学科的研究方法、研究理论等引入民族学。比如，在结果检验和影响因素两章中，将政策文本分析法、TOPSIS 法同实地调研的半结构访谈法相结合，在三者互为补充的分析中，从客观数据和主观层面揭示出民族地区基本公共教育政策效果和制约因素，提升了研究的科学性。在与其他学科的交叉中，有机地将多学科融合，在协同中创新，在融合中发展，既从不同维度为解决同样的问题提供了多维的视角和方法，又深化了本研究的学科积淀，更为民族学同其他学科交叉研究提供了有益借鉴。

（二）不足

——理论分析方面，尽管"间断－均衡"理论具有较为鲜活的生命力，近年来世界范围内研究者使用的频率逐渐上升，本书也提出了民族地区情景下的"间断－均衡"框架，但仅选取了基本公共服务中的基本公共教育政策进行分析，仍有待通过对其他民族地区公共政策的具体实践进行深入研究和考察，以完善该分析框架。

——数据分析方面，尽管本书对政策文本进行了多次补充和筛选，但由于民族地区基本公共教育政策涵盖范围广、内容较多，依然可能存在遗漏。本书选取了相应的指标构建基本公共教育评价体系，但由于数据资料的获取难度和限制，还应在理论与实践的紧密联系中，继续寻求具体化、可操作的指标。此外，由于研究时间和主客观条件的限制，访谈的对象范围仍然可以进一步扩大，选择更多的对象进行更深入的调查。

---

① 祁志伟．民族学研究前沿热点分布及其发展趋势——基于国家民委民族研究项目（2014—2018）的分析［J］．广西民族研究，2018（5）：61－69.

第一章　民族地区基本公共教育政策变迁的理论分析框架

已有关于民族地区基本公共教育政策变迁的研究，缺少通过理论分析框架来阐明政策变迁的各个问题。这样容易忽视政策变迁各个阶段之间的动态关联①，也难以深入理解政策变迁的内在逻辑。基于此，本书将通过梳理核心概念，并整合不同学科领域的理论，构建民族地区基本公共教育政策变迁的理论分析框架。

第一节　核心概念界定与辨析

对研究议题的核心概念进行界定和辨析，能够聚焦和把握研究的核心问题，本书选定民族地区与民族自治区、基本公共服务与基本公共教育、民族地区基本公共教育政策以及政策变迁几个核心概念进行辨析。

一、民族地区与民族自治区

“民族地区”包括的范围很广，我国民族地区包括5个自治区、30个自治州、120个自治县（旗）②。根据第七次全国人口普查数据，各少数民

① 萨巴蒂尔．政策过程理论[M]．彭宗超，等，译．北京：生活·读书·新知三联书店，2004：9.

② 民族自治地方[EB/OL]．(2021－12－01)[2021－12－01]．https://www.neac.gov.cn/seac/ztzl/mzzzdf/index.shtml.

族人口为12547万人，占总人口数的8.89%[①]。相较于其他地方，民族地区聚集了更多的少数民族人口，如内蒙古、广西、西藏、宁夏、新疆5个自治区，还有少数民族人口相对集中的青海、贵州和云南3省。

民族自治区是民族地区的重要组成部分，民族自治区作为贯彻和实行民族区域自治的重要载体，成为政策变迁的研究地区具有重要意义。1949年，《中国人民政治协商会议共同纲领》明确规定："各少数民族聚居的地区，应实行民族的区域自治，按照民族聚居的人口多少和区域大小，分别建立各种民族自治机关。"《中华人民共和国民族区域自治法》（以下简称《民族区域自治法》）提出："各少数民族聚居的地方实行区域自治。民族自治地方分为自治区、自治州、自治县。"因此，民族地区既具有行政区域意义，即实行民族区域自治的民族自治地方，也指一个超过行政区划中特定的"民族自治地方"的较大范围的区域[②]。从省级行政单位来看，内蒙古、广西、西藏、宁夏、新疆5个自治区属于民族地区。

可见，民族自治区便是民族地区。我国公共政策制定具有"高层驱动"特点[③]，可以理解为政策是自上而下的；并且，基本公共服务政策中的基本公共教育政策也是由国家统一规划指导，再由下一级政府出台完善细则。尽管云南、青海、贵州等地有民族自治地方，但是基本公共教育相关政策主要依据省级行政单位。本书所探讨的民族地区基本公共教育政策的效力层级，是省级行政单位及其以上，既有中央层面的政策，也有本书选取的民族自治区层面的政策。基于此，本书研究的民族地区以内蒙古、广西、西藏、宁夏、新疆5个民族自治区为例，是行政区域意义上实行民族区域自治制度的省级行政单位，从公共政策的效力级别上也最能代表民族地区基本公共教育政策变迁的基本情况。

---

① 第七次全国人口普查主要数据情况[EB/OL].（2021－05－11）[2021－07－11].http://www.stats.gov.cn/ztjc/zdtjgz/zgrkpc/dqcrkpc/ggl/202105/t20210519_1817693.html.

② 左宏愿.民族地区政治稳定理论探析：内涵、特征与影响因素[J].广西民族研究，2011(2)：17－23.

③ 苏利阳，王毅.中国"央地互动型"决策过程研究——基于节能政策制定过程的分析[J].公共管理学报，2016，13(3)：1－11，152.

二、基本公共服务与基本公共教育

根据《“十三五”推进基本公共服务均等化规划》，基本公共服务包括人民基本生存与发展的公共教育、劳动就业创业、社会保险、医疗卫生、社会服务、住房保障、公共文化体育和残疾人服务等诸多领域。因此，基本公共教育属于基本公共服务范畴，理解基本公共教育，首先要对公共服务和基本公共服务的概念进行辨析。

公共服务的概念由西方学者提出，最早涉及公共服务理念的是“经济学之父”亚当·斯密（Adam Smith），他提出国家应该在一些私人无法涉及且关系到人民基本生存和需求的地方，提供诸如国防、社会安全、非营利性社会服务等公共服务，并且确保这些公共服务被每个公民平等享有①。保罗·萨缪尔森（Paul A. Samuelson）提出公共物品理论，使得公共服务的相关界定主要集中在公共物品。其中，萨缪尔森在《公共支出的纯理论》中丰富并完善了“公共物品”的概念和理论，他认为：“纯公共品必须是社会中所有成员平等消费的商品，并且每个公民消费这种商品时不能减少和阻碍其他任何人对该产品的消费。”② 如国防、外交、灯塔、社会秩序等，而这些纯公共物品在社会中比较少见。詹姆斯·布坎南（James M. Buchanan）丰富并完善了萨缪尔森的公共物品理论，他认为介于纯公共物品和纯私人物品之间，还存在一种混合的“俱乐部产品”，即准公共物品③。如义务教育、公共道路、公共交通、医疗保健、文化服务、公园等，这些在生活中最为常见。由此可以认为，公共服务的范围主要是指政府和公共组织所提供的纯公共物品、准公共物品以及个别特殊私人物品的总和。

随着社会经济的发展，公共服务的内涵和涵盖领域日益发生变化，从其内涵延伸出来的基本公共服务开始出现在人们的视野中。基本公共服务是我国特有的一种说法，同西方国家的公共服务有相似之处。《“十三五”

---

① 斯密．国富论[M]．张兴，等译．北京：北京出版社，2007：138－149.

② SAMUELSON P A. The pure theory of public expenditure[J]. The review of economics and statistics, 1954: 387－389.

③ BUCHANAN J M. An economic theory of clubs[J]. Economica, 1965, 32(125): 1－14.

推进基本公共服务均等化规划》指出："基本公共服务是由政府主导、保障全体公民生存和发展基本需要、与经济社会发展水平相适应的公共服务。"[①] 因此，基本公共服务涉及的范围和内容是公共服务中最基本的部分，它关乎人类最基本的生存权和发展权。

当前，学术界对基本公共服务概念的界定尚有争论。陈昌盛认为，基本公共服务是根据国家现阶段发展总体水平并建立在一定社会共识基础上，全体公民都应公平和普遍享有的最基本服务[②]，这一定义基本符合国家规划中的思想内涵。陈海威认为，"基本公共服务是诸多公共服务中有保障和平等属性的服务，是指一定经济社会条件下，为了保障全体公民最基本的人权，全体公民都应公平、平等和普遍享有的公共服务"[③]。该定义重点强调了保障和平等，但需要指出的是，平等是指享有机会上的平等，而非绝对的平等。也有学者认为，与最低消费层次相关的服务即为基本公共服务[④]。这一定义在某一程度上从需求侧解释了为什么需要有基本公共服务，以及为什么要提供基本公共服务，即它与最低生活需求息息相关。

由此可见，学者们关于基本公共服务的概念界定尚未统一，但都从某个侧面反映了基本公共服务应该具备的基本要求：与社会经济发展水平相适应，并且能够保障人们生存与发展最基本的权利。因此，基本公共服务内容和范围相比公共服务较小，并且是动态变化的，即"与经济社会发展水平和阶段相适应"，是政府为不断满足人民日益增长的美好生活需要，为维护国家经济发展和社会稳定，落实公民基本的生存权与发展权，以公平正义为价值取向而提供的产品和服务的总称。长期来看，基本公共服务的动态发展会不断地将目前的公共服务转化为基本公共服务，并且会实现公共服务全覆盖。

其中，基本公共教育作为基本公共服务领域的重点，始终受到国家的

---

① 国务院关于印发"十三五"推进基本公共服务均等化规划的通知[EB/OL].（2017-03-01）[2021-11-10]. http://www.gov.cn/zhengce/content/2017-03/01/content_5172013.htm.

② 陈昌盛，蔡跃洲. 中国政府公共服务：基本价值取向与综合绩效评估[J]. 财政研究，2007(6):20-24.

③ 陈海威. 中国基本公共服务体系研究[J]. 科学社会主义，2007(3):98-100.

④ 刘尚希. 基本公共服务均等化：现实要求和政策路径[J]. 浙江经济，2007(13):24-27.

重视，在基本公共服务政策中处于优先发展位置。从现有研究来看，国内关于“基本公共教育”这一概念并未有明确和统一的定义，大多从基本公共服务概念延伸而来。如蒋云根认为，教育公共服务以教育公平为导向，通过对公共教育资源进行合理与优化配置，满足受教育群体的基本教育需求①。这一定义基本涵盖了基本公共服务的内涵，但忽视了动态变化的事实。从《国家基本公共服务体系“十二五”规划》到《“十三五”推进基本公共服务均等化规划》，对基本公共教育服务体系的描述则体现了基本公共教育的动态变化，在学前教育、义务教育、高中阶段教育的基础上增加了继续教育，并且每个阶段的重点工作和保障措施随着时代变化而更新。在动态化中，基本公共教育的内涵和覆盖面逐步扩大，涵盖的如留守儿童、残障人士、贫困地区儿童等不同类型人群也越来越多，涉及的具体工作内容涵盖了教育发展的各个环境，而这无一例外地体现出基本公共教育作为基本公共服务的应有之义。

本书根据基本公共服务动态发展的理念和内涵，并结合《“十三五”推进基本公共服务均等化规划》中完善基本公共教育制度的目标——“加快义务教育均衡发展，保障所有适龄儿童、青少年平等接受教育，不断提高国民基本文化素质”②，将基本公共教育界定为：政府主导、多元主体参与，随着政治、社会、经济发展水平而变化，满足公众最基本教育需求的公共服务。

三、民族地区基本公共教育政策

目前学界对于民族地区基本公共教育政策，尚无一个相对明确的概念。因此，要理解民族地区基本公共教育政策，首先要明确公共政策的基本内涵。由于公共政策被纳入科学研究视野的时间并不长，各学者研究涉及或强调的内容互有差异。总体而言，公共政策可以被认为是国家、政

① 蒋云根．我国现阶段教育公共服务存在的问题及对策研究[J]．天津行政学院学报，2008(1)：53－58.

② 国务院关于印发“十三五”推进基本公共服务均等化规划的通知[EB/OL]．(2017－01－23)[2021－11－10]．http://www.gov.cn/zhengce/content/2017－03/01/content_5172013.htm.

府、执政党及其他政治团体，在特定时期为实现一定目标所采取的政治行动，它是一系列法令、措施、办法和条例等的总称①。从公共政策内涵理解，似乎民族地区基本公共教育政策，便是针对发展民族地区基本公共教育出台的相关文件，同民族教育政策有相似之处。但是，仍然需要辨析民族地区基本公共教育政策和民族教育政策。

民族教育政策是指党和国家为了发展民族教育事业制定的行动准则，在层级上包括中央制定的政策，也包括民族地区为贯彻和执行中央政策而制定的政策，具体政策内容包含义务教育、高中阶段教育和职业教育、高等教育、少数民族干部培养、对口支援、师资队伍建设、招生考试等②。民族地区基本公共教育政策，在具体政策内容上重点强调民族地区教育领域相对基础部分，关注当下民族地区人民群众需求相对较多的教育服务，体现出基本公共教育均等化的意涵。根据《“十三五”推进基本公共服务均等化规划》，基本公共教育服务包括义务教育、高中阶段教育、普惠性学前教育、继续教育四个重点内容③。两者的具体共性与差异如表 1.1 所示。

表 1.1　民族教育政策与民族地区基本公共教育政策辨析

	民族教育政策	民族地区基本公共教育政策
政策意图	发展民族地区教育，完善民族教育体系，维护民族团结	关注民族地区各族人民群众最基本的教育需求，构建民族地区基本公共教育服务体系，推进基本公共教育均等化，维护民族地区社会稳定
政策环境	聚焦多民族聚集的民族地区	聚焦多民族聚集的民族地区
政策主体	党和中央、民族地区的政策制定主体	党和中央、民族地区的政策制定主体
政策客体	民族地区教育发展的各个阶段以及针对少数民族发展的教育政策	民族地区基本公共教育体系，包括义务教育、高中阶段教育、普惠性学前教育、继续教育四个方面，以及促进这四个方面发展的政策

资料来源：笔者总结。

① 陈振明．公共政策学——政策分析的理论、方法和技术[M]．北京：中国人民大学出版社，2004：2 – 13.

② 金东海．少数民族教育政策研究[M]．兰州：甘肃教育出版社，2002：19 – 26.

③ 国务院关于印发“十三五”推进基本公共服务均等化规划的通知[EB/OL]．(2017 – 01 – 23)[2021 – 11 – 10]. http://www.gov.cn/zhengce/content/2017 – 03/01/content_5172013.htm.

可见，民族地区基本公共教育政策同民族教育政策有相似之处又有所区别。它们有着相似的政策意图，处于同样的政策环境，有着相同的政策主体，在政策客体上大同小异，侧重点存在差异。其一，就政策意图而言，最终目的在于发展民族地区教育事业，促进民族团结与社会发展。其二，就政策环境而言，均处于多民族聚集的民族地区。其三，就政策主体而言，均是中央和民族地区的政策制定主体。其四，就政策客体而言，民族教育政策基本包括了教育体系的各个阶段，并包括针对少数民族发展的少干计划、对口支援政策等。民族地区基本公共教育政策就涉及的教育阶段而言范围小于民族教育政策，不涉及民族地区高等教育。但是从其他范围来看，则要大于民族教育政策，基本包括了人人都应公平享有的基本公共教育，关注人民基本生存与发展在教育方面的各个细节，并且产生了与其他政策领域的协同联动。

由此，根据以上对民族地区公共政策理解和对民族教育政策的辨析，结合基本公共教育的内涵，本书认为民族地区基本公共教育政策，是在考虑民族地区共性与特性环境下，由中央和地方的国家行政机关制定、出台、实施为满足民族地区各族人民群众基本公共教育需求，提升民族地区基本公共教育服务均等化水平，推动民族地区教育事业发展出台的一系列政策、法规、条例、办法的总称。

四、政策变迁

政策环境的变化会促使政策随之发生改变，这便要求政府及时检视政策变迁历程[①]，在环境变迁过程中不断完善相应的公共政策，研究政策变迁的重要性由此凸显。关于政策变迁的概念，美国学者詹姆斯·P. 莱斯特（James P. Lester）认为，政策变迁是在新旧政策交替中，现有新政策不断取代旧政策的过程[②]。布莱恩·豪格伍德（Brian W. Hogwood）和盖伊·彼德斯（Guy Peters）认为，外在环境和内在因素引起的影响，使得公共政

① 杨代福. 西方政策变迁研究:三十年回顾[J]. 国家行政学院学报,2007(4):104－108.

② 斯图尔特,赫奇,莱斯特. 公共政策导论[M]. 韩红,译. 北京:中国人民大学出版社,2004:165.

策长期处于多次的“次循环”或“再循环”，在不断革新中对政策产生影响①。如果将政策变迁放在人类社会发展的大背景下，可以认为政策变迁是围绕集体行动或人为安排秩序，具有人类社会基本特征的、相对正式的制度变迁模式②。可见，政策变迁随着人类社会和相关问题发展而演进，并呈现出不断更替的状态。

诸多学者认为公共政策应处于不断变迁过程中，并且政策变迁体现出了不同的变迁方式。如鲍姆加特纳和琼斯认为，政策变迁有渐进的、稳定的政策变迁和激进的革命性的政策变迁③。萨巴蒂尔根据政策变迁的主题和范围，将政策变迁区分为来自政府计划核心方面的主要政策变迁和其他次要的政策变迁④。彼得·霍尔（Peter Hall）根据政策变迁的程度，认为政策变迁分为政策工具的设置变化、实现政策总体性目标所采用的政策工具变化、特定领域政策的总体性目标的变化三个序列变化⑤。可见，不同学者对政策变迁有着各自的理解，但总体而言对政策变迁认识的共同点在于认同政策变迁是一个动态的过程，在这个动态过程中会展现出或渐进、或稳定、或突变、或延续等规律的变迁形态。

综上所述，政策变迁是一个动态过程，它随着社会经济的发展而不断自我革新，既是对上一阶段政策的延续，也是对下一阶段政策的革新，揭示政策变迁阶段、变迁特征、变迁动因、变迁脉络等演进逻辑，是对具有长时间跨度政策的规律性解释。因此，民族地区某一项基本公共政策变迁，便是随着民族地区社会经济发展、基本公共教育、各族人民群众需求等不断变化体现出的政策变迁形态，并揭示民族地区某一项具体政策长时间变迁逻辑的规律性解释。

---

① HOGWOOD B W, PETERS B G. The dynamics of policy change: policy succession[J]. Policy sciences, 1982, 14(3): 225-245.

② 陈潭. 公共政策变迁的过程理论及其阐释[J]. 理论探讨,2006(6):128-131.

③ 鲍姆加特纳,琼斯. 美国政治中的议程与不稳定性[M]. 曹堂哲,等译. 北京:北京大学出版社,2011:9.

④ 萨巴蒂尔. 政策过程理论[M]. 彭宗超,等译. 北京:生活·读书·新知三联书店,2004:153-154.

⑤ HALL P A. Policy paradigms, social learning, and the state: the case of economic policymaking in Britain[J]. Comparative politics, 1993: 275-296.

第二节　相关理论基础简述

本书选取民族发展理论、政策过程理论以及任何事物发展都无法忽视的制度变迁理论，构成本研究的理论基础。

一、民族发展理论

民族地区基本公共教育政策事关民族地区发展和民族教育事业发展。民族发展观是马克思主义民族理论核心观点的一部分，系统阐述了民族形成、发展、融合和消亡的过程①。马克思主义民族理论作为研究民族发展问题最一般规律的科学，揭示了民族发展的一般规律、为什么发展以及如何发展等问题。在实现中华民族伟大复兴的历史进程中，随着国内国际环境复杂变化、马克思主义民族理论在中国的传播，党的历代领导集体把马克思主义民族理论和中国民族发展问题具体实际相结合，形成了中国特色社会主义民族理论。这是中国共产党在历史实践中形成的一系列关于认识民族产生和民族发展等的规律②，民族发展理论是中国特色社会主义民族理论的重要组成部分。

民族发展是综合全面的发展，是民族经济、政治、社会关系、文化、人口素质以及生态环境等各个方面的协调发展③。民族发展是民族社会形态整体和系统的转变，在我国革命、建设、改革各个历史时期，都体现并实现了对民族发展的重要实践，并在实践中推动着民族发展理论的不断创新与完善。在民族发展理论的指引下，我国在民族区域自治制度、民族关系、发展民族地区教育事业等方面形成了一系列成功实践的发展理论，并且在不同的历史时期针对民族发展提出了具有时代性的理论和具体实践，诸如坚持改革开放、增强民族地区自我发展、实施西部大开发战略、推动

① 刘国新．马克思主义民族发展观的逻辑内涵和实践创新[J]．贵州民族研究，2019，40(8)：8－14.

② 青觉．马克思主义民族理论的新飞跃——习近平新时代中国特色社会主义民族理论研究[J]．中央民族大学学报(哲学社会科学版)，2017，44(6)：12－20.

③ 马尚云．民族发展的整体系统观[J]．内蒙古社会科学(文史哲版)，1990(1)：37－42.

人口较少民族发展等相关的民族发展理论和实践。

党的十八大以来，以习近平同志为核心的党中央高度重视民族地区当下实际和未来发展，关心各族人民群众切实需求与对美好生活的期待和向往。“各民族要一起推动中华民族发展，像石榴籽一样紧紧抱在一起。”① 发展不仅是一个民族的发展，更是一个国家的发展，“发展才是硬道理”始终占据着首要位置。“要围绕服务国家战略需要，聚焦人民群众所急所需所盼，着力构建优质均衡的基本公共教育服务体系，加快缩小区域、城乡差距。”② 这一论断表明了在民族地区发展基本公共教育的重要性。习近平总书记在2021年召开的中央民族工作会议上指出：“要完善差别化区域支持政策，支持民族地区全面深化改革开放，提升自我发展能力。”③ 基本公共教育在有形与无形之中，通过满足最低层次的教育需求，向人们提供更高层次发展的空间和机会，提升了人力资本水平，促进了人类的发展，进而提升民族地区的自我发展能力。与此同时，民族地区在生产水平提升的过程中会增加各自生产技术、生产资源、人力资本的交换与贸易往来，从另一个方面促使民族交往交流交融程度不断加深，推动一个民族向前发展。

二、政策过程理论

教育政策是公共政策分析的研究内容，就是利用公共政策分析理论和方法对教育政策进行研究④。其中，政策过程是分析长时间跨度的公共政策研究的重要领域之一，政策过程理论主要用于研究与阐释政策变迁过程中呈现出的特点和变迁规律。对政策过程理论的研究以20世纪50年代为

① 习近平：各民族要一起推动中华民族的发展[EB/OL].(2019-07-16)[2021-05-10]. http://www.xinhuanet.com/politics/leaders/2019-07/16/c_1124758540.htm.

② 习近平主持召开中央全面深化改革委员会第十六次会议强调 全面贯彻党的十九届五中全会精神 推动改革和发展深度融合高效联动[EB/OL].(2020-11-03)[2021-12-01]. http://jhsjk.people.cn/article/31916195.

③ 习近平出席中央民族工作会议并发表重要讲话[EB/OL].(2021-08-28)[2021-12-01]. http://www.gov.cn/xinwen/2021-08/28/content_5633940.htm.

④ 孙绵涛. 教育政策分析：理论与实务[M]. 重庆：重庆大学出版社，2011：23-24.

开端，在西方政策领域经历了长期而丰富的发展，并形成了政策过程阶段理论、金登提出的多源流理论以及萨巴蒂尔等提出的倡议联盟框架等颇具影响力的政策过程理论，这些经典理论的出现为满足现实环境中对政策变迁进行科学分析提供了多种选择和解释。这些政策变迁理论各有侧重点，形成了对政策变迁不同维度的理解，如表 1.2 所示。

表 1.2 经典政策变迁理论比较

	理论源起	核心概念	政策变迁过程
“间断-均衡”理论	借鉴了古尔德在生物学提出的“间断均衡论”，即生物的进化是一个长期处于平衡状态，但中间偶尔夹杂着爆发性的大规模灭绝或替代的过程	政策形象、政治子系统和宏观系统、注意力、正负反馈机制、制度摩擦	政策形象在政策议定场所互动；正负反馈机制作用；注意力转移等作用下政策发生变迁
多源流理论	借鉴了科恩和奥尔森的“垃圾桶模型”	问题流、政策流、政治流、政策窗口、政策企业家	当多源流发生变化并交汇，政策企业家的助推，使政策之窗打开，政策变迁发生
倡议联盟框架	从美国和瑞典社会政策经典著作的比较中获得灵感	政策子系统、倡议联盟、政策信念、政策学习	政策信念系统和倡议联盟的互动变化解释政策变迁

资料来源：笔者总结。

由表 1.2 可知，经典政策变迁理论侧重点各有不同，后两个政策变迁理论更关注对政策变迁过程中决策环节的分析。多源流理论关注政策议程的开启条件和时机，最大的特点在于分析和研究多源流“结合”的时机从而开启“政策之窗”，但关注重点在于政策决策的前序过程，即议程确定和备选方案的细化，对三源流之间的关系、变化阶段以及发展规律并未做出充分的解释①。倡议联盟框架侧重政策信念体系与其他政策要素的互动，以及政策联盟中多元利益主体之间的博弈对政策变迁的影响，从另一个视角为政策变迁分析提供了理论借鉴。但是，对于政策联盟信念体系和政策行动者行为逻辑等核心因素的数据搜集难度较大，这给研究历时较长的政

① 萨巴蒂尔．政策过程理论[M]．彭宗超，等译．北京：生活·读书·新知三联书店，2004：101－106.

策变迁过程带来了一定的难度。因此，这两个政策过程理论运用于民族地区基本公共教育政策变迁的适配性较低。总之，尽管分析政策变迁的研究方法不同，但是这些理论均表明，政策变迁已经不满足于静态层面对某一政策环节的研究，而是发展到相对动态化的理论中，尝试在历时较长的政策变迁中把握政策动态化的本质。

鲍姆加特纳和琼斯提出的“间断－均衡”理论侧重对政策变迁长时间的形态演进及其变迁动力进行解释，正是在饱受批判的“政策过程阶段法”后发展起来的具有创新性的政策过程理论，是政策过程理论中的经典理论之一，用于解释较长时间的政策变迁，对历时纵向研究有很好的分析与解释作用[①]。因此，比较适合用于分析历时较长的民族地区基本公共教育政策变迁。

“间断－均衡”理论实现了对渐进式政策变迁解释的重大突破，在政策研究中占据重要地位[②]。它建立在西方政治制度基础上，试图对政策变迁做出规律性解释与说明，解释了西方公共政策变迁中稳定渐进与偶尔重大变迁的政策过程。稳定性和间断性都是政策过程中的重要体现，尽管也有政策模型用来解释稳定或者间断，但是“间断－均衡”可以同时解释两者[③]。“间断－均衡”理论通过分析政策图景（policy images）和政策场域（policy venues）的互动，并且在正负反馈机制的相互作用中解释了政策过程中“如何变”的问题。该理论发展并引入了“注意力”（attention）这一概念，构成驱动政策变迁动因之一的来源。注意力分配存在着间断与均衡，因而政策变迁有着长期稳定和间断的特征。从某种意义而言，注意力驱动将政策变迁看作注意力而非偏好转换的结果，政策变迁是基于“注意力驱动的政策选择”结果，为政策“为何变”提供了解释之一。时至今日，“间断－均衡”理论在发展中逐渐形成了自己较为成熟的理论解释逻

① 鲍姆加特纳，琼斯．美国政治中的议程与不稳定性[M]．曹堂哲，等译．北京：北京大学出版社，2011：43.

② PRINDLE D F. Importing concepts from biology into political science: the case of punctuated equilibrium[J]. Policy studies journal, 2012, 40(1): 21－44.

③ 萨巴蒂尔．政策过程理论[M]．彭宗超，等译．北京：生活·读书·新知三联书店，2004：125.

辑，在我国其他政策领域得到了验证，已经进入对各种政策变迁理论的整合、对不同国情和领域下的适用性调整和验证阶段，并取得了一定的进展。

民族地区基本公共教育政策作为教育政策大类中的一种，随着基本公共教育的发展历经了较长时期的发展历程，具有与教育政策相同的目标——实现既定历史时期中的教育目标。本书通过时间维度分析，在回溯过去、整合现在、展望未来三者连接中展现教育政策的变迁过程，揭示出教育政策动态化变迁过程中的逻辑和规律①。公共政策分析的目的在于揭示政策过程及其各项环节呈现的特点和逻辑等内容。因此，基于“间断-均衡”这一政策过程理论对民族地区基本公共教育政策变迁进行分析，为这一重要的教育政策提供了观察问题方式变化的方法，而不仅仅是解决方案的选择。

简言之，“间断-均衡”理论对政策变迁的“如何变”和“为何变”这两个核心问题有着较为成熟的理论积淀，为我们在研究足够长时间范围内的政策变迁问题奠定了坚实的基础②，而这与之前本书提出的民族地区基本公共教育政策变迁的核心问题相符合。因此，成熟而相对完善的“间断-均衡”理论分析框架为本书分析政策变迁奠定了坚实的理论基础。

三、制度变迁理论

民族地区基本公共教育政策变迁，受到历史变迁中外部环境和内部系统下不同制度变迁的影响，这些不同维度的制度变迁从不同方面影响着民族地区基本公共教育政策。因此，制度变迁理论也成为民族地区基本公共教育政策变迁研究离不开的理论基础。

制度变迁理论经历了漫长发展，同时也是一个庞杂的理论体系。制度主义理论衍生出很多学派，并提出了很多代表性理论与观点，不同学派的

---

① 孙绵涛．教育政策分析：理论与实务［M］．重庆：重庆大学出版社，2011：14.

② JONES B D, BAUMGARTNER F R. From there to here: punctuated equilibrium to the general punctuation thesis to a theory of government information processing［J］. Policy studies journal, 2012, 40(1): 1-20.

学者对“制度”的理解也不尽相同。董志强对制度变迁理论的不同学派进行了较为完善的总结，大致可以从确定的思想和行动、一种集体行动的逻辑、扩展秩序与自由传统、持久和规范化的行为、共享信念和规范组合等方面对制度变迁进行理解①。可见，不同学派的学者对“制度”有着不同的理解，这为认识制度变迁提供了多元的角度，也为制度不同层面对民族地区基本公共教育政策带来的影响提供了多种来源的合理解释。

根据以上学者对制度的理解和阐述，可以认为制度具有公共物品属性，可以视为一种公共物品，它由个人或组织提出用于规范和约束其他人或组织，达到维护统治阶级利益、社会稳定、经济发展等目的，使得公众普遍“享有”制度的存在，并可以看作“制度供给”的公共物品或公共服务。然而，人们认知的有限理性和资源稀缺性使得制度供给往往是有限且稀缺的，并且存在一定短视性，不能满足所有人的需求。随着外界环境和自身内在要求的变化，新的制度需求也会由此产生。因此，制度在漫长的历史发展过程中是随时代要求和内外环境动态变化的，而非呈现静止状态的一成不变。这与民族地区基本公共教育政策具有“动态化”属性相一致，因而制度变迁的过程也影响着基本公共教育政策的变迁。

从博弈论角度去理解制度变迁，可以认为当制度存在供需不匹配时，制度便呈现出“非均衡”，这时制度便会发生变迁。概括来说，制度稳定是制度供给与需求均衡时的状态，制度变迁由制度供给与需求失衡导致②。其中，制度变迁分为两种不同性质的变迁：一是“制度漂移”，即制度均衡的内部博弈，实质是均衡走向另一个均衡，不涉及实质性的制度改变。二是制度本身发生变化，即“制度创新”，旧的制度均衡被打破，在创新中制度从现有均衡变化到一个新的均衡上③。无论是“制度漂移”还是“制度创新”，都是制度变迁的两种不同表现，均可以认为是在制度供需不匹配失衡情况下，制度发生的不同程度的变迁，由“非均衡”走向“均

---

① 董志强．制度及其演化的一般理论[J]．管理世界,2008(5):151－165.

② 马广奇．制度变迁理论:评述与启示[J]．生产力研究,2005(7):225－227,230－243.

③ 董志强．制度及其演化的一般理论[J]．管理世界,2008(5):151－165.

衡”的重新调整。在“非均衡”走向“均衡”的过程中，制度也体现出动态化的调整模式。

从某种意义上说，一部人类发展史也就是制度变迁史。因此，民族地区基本公共教育政策漫长的变迁历程离不开制度变迁发挥的重要作用。大到政策外部的政治制度、经济制度、社会制度，小到政策中各项制度规则，都离不开制度变迁带来的影响。因此，从某种程度而言，民族地区基本公共教育政策变迁是过去制度变迁历程下的缩影，同时也能体现未来制度变迁的发展趋势，暗含着制度变迁由“非均衡”走向“均衡”的动态化发展过程。在制度变迁理论中理解并关注政策变迁过程，不仅能深刻理解制度变迁发挥的作用，还能选择正确路径优化民族地区基本公共教育政策，为未来完善民族地区基本公共教育体系提供支持。

第三节　具体分析框架的形成

基于前文对相关概念的界定，以及对民族发展理论、“间断－均衡”理论和制度变迁理论的梳理，通过将这些概念和理论综合运用，使本书的理论分析框架构建成为可能。

一、理论分析框架的构建

基于对前文政策变迁概念的解释以及核心理论的理解，本书以分析长时间政策变迁的“间断－均衡”经典理论作为主要分析框架，将民族发展理论与制度变迁理论相融合，构建民族地区基本公共教育政策变迁研究的理论分析框架。

根据前文对“间断－均衡”理论的简述可知，构成“间断－均衡”理论的核心在于制度结构、注意力转移、政策形象与政策场所互动和正负反馈机制作用等方面。然而“间断－均衡”理论聚焦于政策变迁“如何变”以及“为何变”的问题，解释了政策变迁过程中多种因素相互作用关系以及驱动政策变迁的动因，适用于说明政策变迁阶段、作用过程和动因间题。但“间断－均衡”理论对政策何时发生“间断”的描述过于抽象，并且由于我国政策制定过程的特殊性，无法参与政策制定过程，加之研究的政策文本历时长且多样复杂，研究难以回到历史时期中还原政策形象与政策议定场所的互动，难以展现这一过程是如何导致的政策发生“间断”。因此，“间断－均衡”理论缺少对政策变迁“何时变”的清晰界定①。

每一阶段的政策变迁均伴随着政策价值理念的转向，政策总目标变化往往代表了政策价值理念转变，这也是政策发生“间断”的重要判断依据。因此，“间断－均衡”理论需要结合霍尔提出的政策范式中政策价值理念变迁的概念②，来判定政策变迁过程中的“间断点”，即政策“何时变”。代表政策价值理念的政策总目标变化往往表明政策进入了下一阶段，发生了政策变迁，这成为判断政策变迁“何时变”的主要依据，用于说明政策从一个阶段走向另一个阶段的变迁点。

为了更加详细和直观地理解“间断－均衡”理论，有必要引入该理论的一些基础概念。

一是注意力。人的有限理性是一种稀缺资源，在有限理性下注意力往往不能“事无巨细”，注意力分配受到多种因素影响发生变化，但是注意力往往会被符合自身利益的事物吸引，促使政策发生变迁或者维持垄断。因此，“间断－均衡”理论提出了“注意力驱动的政策选择”③。在这一过程中注意力分配也是有限的，并且存在注意力偏差，体现在政策中便是在某些年份中一些问题或现象引发了注意力，被分配了更多的注意力，使相关政策得以出台。但是在其他年份之前被关注的现象或问题显得“不再重要”，被其他政策议题所取代，使得同样的政策议题在较长历史时期内呈现出“间断性”的关注。

二是政策形象。政策形象又可称为“政策图景”，即政策是以何种方

① 孟溦，张群．公共政策变迁的间断均衡与范式转换——基于1978—2018年上海科技创新政策的实证研究［J］．公共管理学报，2020，17（3）：1－11，164.

② HALL P A. Policy paradigms, social learning, and the state: the case of economic policymaking in Britain[J]. Comparative politics, 1993: 275－296.

③ JONES B D, BAUMGARTNER F R. A model of choice for public policy[J]. Journal of public administration research and theory, 2005, 15(3): 325－351.

式被理解和讨论的。人们长时间对某一政策议题的关注，往往包含了人们的政策信念、政治理想、价值需求等价值观层面和情感需求层面，这些层面影响着人们持何种立场和观念看待政策形象，与政策场域共同作用，对政策变迁产生影响。

三是政策场域。政策场域又可以被理解为“政策议定场所”，它由社会中拥有相关政策决策权力的权威机构或团体组成，如美国的利益集团、国会和政府，共同构成政策场域的“铁三角”①。政策场域又可以具体划分为政治子系统和政治宏观系统，政策形象会在政治子系统和宏观系统中被讨论，当政策支持或反对一方期望改变已有政策形象时，便会对关注的政策议题分配更多的注意力，在博弈中促使政策形象在不同的政策场域互动，推动政策保持均衡或发生变迁。

四是正负反馈机制。政策均衡由负反馈（negative feedback）发挥主要作用，即“任何大的政策变化很快就会被反对的群体抵消，背离总是被控制并在一定范围内”②。当政策问题无法在政治子系统内得到解决，便会进入宏观政治系统，此时正反馈（positive feedback）发生作用，通过强化新的政策形象使政策垄断崩溃，政策面临重大变迁的可能。

五是政策总目标。政策总目标代表着解决问题要达到何种程度的期望，一定程度上代表了政策价值理念。它会随着问题发展而不断进行更新和动态化调整，从某种意义上代表了一个阶段的问题解决和下一个解决问题阶段的开始。

基于对“间断－均衡”理论的理解和梳理，并借鉴政策范式进行相应的完善，可以初步形成如图 1.1 所示的民族地区基本公共教育政策变迁的理论分析框架。

由图 1.1 可知，该理论分析框架以“间断－均衡”理论为主分析框架，其中包含了民族发展理论和制度变迁理论的思想内涵。

---

① 鲍姆加特纳，琼斯．美国政治中的议程与不稳定性[M]．曹堂哲，等译．北京：北京大学出版社，2011：7.

② 琼斯．再思民主政治中的决策制定：注意力、选择和公共政策[M]．李丹阳，等译．北京：北京大学出版社，2010：156.

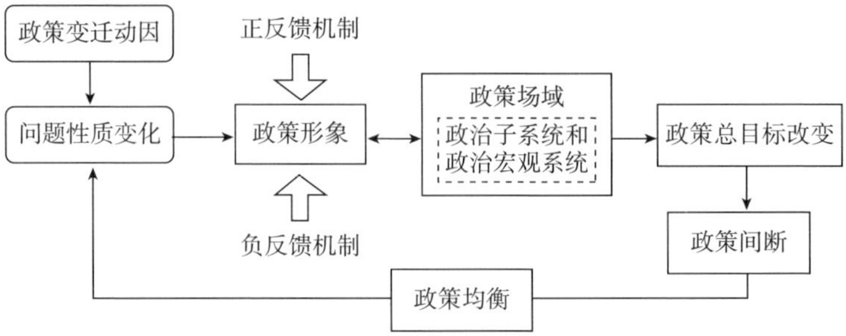

图 1.1　基于“间断 – 均衡”理论的分析框架

资料来源：笔者绘制。

一方面，从民族发展理论视角来看，民族地区基本公共教育政策的“间断 – 均衡”变迁过程，体现了在党的领导下，民族地区和各族人民不断向前发展。政策代表着一个时期背景下需要解决的社会问题或现象，因而形成了政策变迁历程。政策变迁历程体现出不同时期各族人民群众对具体问题的诉求有所不同，在此过程中也反映出党坚持人民至上、不断创新发展相关政策的脉络。从政策层面而言，引起政策变迁的动因是不断发展与变化的，这些变化使得基本公共教育政策对具体问题的界定发生了改变，在政治子系统和政治宏观系统的政策形象也在变化中被讨论。其间，正负反馈机制会强化或者弱化已经建立的政策形象，在政策形象与政策场域的互动中使得政策维持均衡或者政策总目标发生变化，造成政策“间断”，在政策“间断”后又会走向另一个均衡时期。在维持一段时间后由于政策变迁动因的发展，政策再次进入“间断 – 均衡”循环期，推动政策向更高层次和水平变迁。

另一方面，从制度变迁理论视角来看，这一系列变化离不开制度变迁的作用。制度规则不可避免地会影响到政策①。无论是政策形象变化还是后续政策走向，均在一定程度上受到过去制度的影响及制度“路径依赖”的作用。政策变迁的“间断 – 均衡”也伴随着旧制度被新制度的取代、更替，从而达到新的制度平衡，在这个过程中民族地区基本公共教育政策在不

① 琼斯．再思民主政治中的决策制定：注意力、选择和公共政策[M]．李丹阳，等，译．北京：北京大学出版社，2010：14.

同制度影响下发挥了不尽相同的作用。潜在意义上，这些作用的好坏也导致了政策形象在后续变迁中是继续保持均衡还是被“间断”后重新树立。但是，从较大的制度环境而言，中国特色社会主义制度的优越性，始终能够推进民族地区基本公共教育政策实现更高水平和更优质量的发展。

综上所述，该分析框架为初步解释民族地区基本公共教育政策变迁的核心问题提供了理论上的参考。具体体现在以下三个方面：一是回应政策“何时变”，即政策总目标发生变化。二是回应政策“间断-均衡”过程“如何变”，即政策形象在正负反馈机制中的相互作用。三是回应政策“为何变”，即注意力驱动政策选择、社会经济发展、制度变迁等发挥了作用。

接下来，本书将对该理论的适用性进行探讨，在此基础上深入开展政策变迁分析，在理论框架的支撑与政策变迁的逻辑演进中，对该理论分析框架运用的差异性进行论述，并进行适用于民族地区政策变迁的调整，构建起民族地区情景下基本公共教育政策变迁的“间断-均衡”理论分析框架。

二、“间断-均衡”理论分析框架的适用性

“间断-均衡”理论适用于解释长时间跨度中的政策变迁，能够有效回应民族地区基本公共教育政策变迁的核心问题，并且能对政策变迁做出规律性解释，作为本书政策变迁分析的主要框架，在历经时间节点、注意力分配命题和教育政策属性三个方面具有一定的适用性。

第一，民族地区基本公共教育政策变迁历程经历了重大事件或时间节点。对于某一具体领域的政策变迁研究，总历时应至少10年起步，这也是大多数政策从丰富的政策实践中发现问题到再次完善的一个较为完整的过程①。从民族发展和追求社会公平正义的角度来看，无疑需要将政策变迁置于长时段的时间跨度内进行不同维度的考察，通过对政策变迁过程进行合理科学的描述与分析，侧面展现民族发展的前进脉络以及在基本公共教育中不断追求公平与正义的步伐。在回顾过去、把握现在与展望未来的政策变迁理解中深入具体实践，不断完善民族地区基本公共教育政策。这对

① 萨巴蒂尔．政策过程理论[M]．彭宗超，等译．北京：生活·读书·新知三联书店，2004：3-4.

在较长一段时间内，提升民族地区地方政府治理体系和治理能力现代化水平具有极强的理论指导意义。

自 2006 年“基本公共服务”这一概念正式从国家层面提出①，至今已然过去 17 年时间。在 17 年中民族地区经历了西部大开发、进入新时代、“一带一路”倡议提出等具有历史意义的时刻。受到民族发展和制度变迁影响，这些历史时刻势必会在每一个阶段对民族地区基本公共教育政策产生影响。每一个阶段的基本公共教育体系变化均对应了当时历史时期下的政策，政策既是对当时历史时期的反映，也是对当下历史环境的改善与推动。可以说，从民族地区基本公共教育政策变迁大背景而言，历经了几个具有时代意义的历史时期，符合“间断 - 均衡”理论提出的具有重大事件或是时代对政策的影响。

第二，政策决策过程与“间断 - 均衡”理论中注意力分配的基本命题相适应。“注意力”最早源于古生物学，是指“生物体内对特定刺激产生反应的过程”，即生物体仅会对外界诸多刺激中的某一方面刺激产生反应，进而引发该生物对这个刺激的关注。由于有限理性对人类认知能力的限制②，注意力成为一种稀缺资源。注意力稀缺性特征使得具有特征突出性的问题才会被带入政策议程③，这使得并非所有社会问题都会引起注意进而进入政策议程。在政策出台过程中，决策也受到注意力驱动的影响，有些问题虽然进入了政策议程，但是随着问题热度的减退无法最终形成政策出台而实施。

具体到民族地区基本公共教育政策变迁领域，任何分配给一个政策议程的注意力都可能被认为是从其他一些政策领域抽走的宝贵时间，政府决策会选择重要议题进行资源配置，并且对问题领域的关注也会随着年份变化而发生改变。例如，对于基本公共服务领域而言，在某些年份注意力集

---

① 杨波．论基本公共服务均等化的演进特征与变迁逻辑：基于 2006—2018 年政策文本分析［J］．西南民族大学学报（人文社科版），2019，40（5）：196 - 202.

② SIMON H A. Theories of bounded rationality［J］. Decision and organization, 1972, 1(1): 161 - 176.

③ 琼斯．再思民主政治中的决策制定：注意力、选择和公共政策［M］．李丹阳，等译．北京：北京大学出版社，2010：58 - 59.

中于环境问题上，如2012年党的十八大将“生态文明建设”纳入“五位一体”总体布局，民族地区在这个时期对环境保护领域的重视程度骤然提升。在其他年份可能集中于教育方面，如历次全国民族教育工作会议召开后，民族地区对教育问题的注意力分配要高于其他基本公共服务领域。每个基本公共服务领域在每个阶段的总体目标和任务均有所不同，这些政策目标的制定均是基于当下实际状况被给予了更多关注而做出的政策决策，如基本公共服务均等化在不同阶段发生了从“基本实现”“总体实现”到“实现”的转变，相关政策随着这些目标循序渐进地改变而发生了变化。

因此，在不同的年份，每个决策系统都会倾向于关注一些基本公共教育中的特定问题，这使得相应出台的政策也有所不同。从某种意义而言，注意力对研究政府在面对复杂社会环境和庞大信息时，如何对不同事物进行关注的重要性排序，进而做出有效决策具有重要意义。民族地区一些基本公共教育政策的具体议题出现频率的不稳定性和间断性，与“间断－均衡”提出的注意力分配命题相符合。

第三，民族地区基本公共教育政策动态化和阶段化的特征属性与“间断－均衡”理论运用相适应。民族地区基本公共教育是教育政策的重要一类，教育政策不应该仅仅作为政策文本被看待，更应该是从政策文本中体现教育政策动态化的变迁过程[①]。用发展的眼光和观点去看待教育政策，不仅限于传统静态化的视角对待政策文本，才能在动态化的过程和实践中实现螺旋上升的渐进调适[②]。因此，从属性来看，教育政策变迁是一个动态变化的过程，这与“间断－均衡”理论注重研究较长历时政策过程中所体现出的逻辑背后的动态化意涵相符合。

教育政策动态化的变迁过程必然体现出阶段性的变化，这与教育本身随着社会经济发展需要进行调整有关。教育政策不适应当下环境发展需要而进行阶段性的调整，从短期来看体现在政策文本中，从长期来看则体现在政策的阶段性更替中。因此，纵观民族地区基本公共教育政策变迁的整

① 石火学．教育政策创新解读：基于公共政策的视角[J]．江苏高教，2013(6)：8－11.

② 杨瑾瑜．政策、公共政策、教育政策的内涵及其逻辑关系分析[J]．湖南师范大学教育科学学报，2012，11(3)：95－99.

个历史时期，教育政策在动态化的调整中体现出阶段性的变化，这与“间断–均衡”理论体现出政策变迁的阶段性相符合。

综上所述，民族地区基本公共教育政策变迁在历经重大事件或时代节点、注意力分配原则、教育政策属性等方面与“间断–均衡”理论提出的重要观点或命题有一定的合理性和适应性，可以将“间断–均衡”理论运用在民族地区基本公共教育政策变迁分析中。

第二章 历史过程：民族地区基本公共教育政策的变迁历程

本章将探讨民族地区基本公共教育政策“何时变”和“如何变”两个核心问题，并围绕这两个核心问题主线，从宏观图卷和微观缩影角度分析变迁历程中的政策样态和作用机理。我国在新中国成立之前就已关注民族地区教育事业发展，新中国成立伊始便出台了一系列相关政策。随着时代发展和教育需求的不断变化，民族地区基本公共教育政策经历了一个漫长的变迁过程，为了对这一变迁过程有更为深刻的理解，需要运用政策分析方法明确政策变迁的历史阶段，在历史演进中把握政策变迁特点。“政策分析方法论是一种综合和提炼，它涵盖多元操作主义、多重方法、分析综合、多变量分析和多角度分析。”① 基本公共教育政策文本是我国推进民族地区基本公共教育均等化的文献载体，也是党和国家处理民族事务中事关基本公共教育的物化载体，是能够客观展现政策过程的文字记录。因此，对政策文本进行分析能够从宏观层面和微观层面展现民族地区基本公共教育政策的变迁历程。

第一节 民族地区基本公共教育政策变迁的阶段划分

通过文本分析法，对政策变迁“何时变”历程进行合理划分，有助于更科学地了解民族地区基本公共教育政策“间断－均衡”的发展历程。

---

① 邓恩．公共政策分析导论[M]．谢明，等译．北京：中国人民大学出版社，2010：3－8.

一、研究方法、研究样本和数据来源

政策制定过程是一个连续周期，在政策变迁过程中会根据政策实施情况调整、修订和制定后续政策。政策“间断－均衡”的验证大多基于计量经济学模型检验①，但是计量经济学模型对政策“间断－均衡”的判断往往是一个具体数值，无法展现政策变迁历程及政策样态、实践效果、动因和脉络等方面，仅从数值上观测政策变迁规律可能会忽略政策形态上的变化。因此，通过运用文本分析法对政策文本进行分析，不仅能验证政策变迁的“间断－均衡”规律，还能更具体地展现政策“间断－均衡”中每个阶段呈现的政策变迁历程。

（一）文本分析法简介

文本分析法最早产生于传播学领域，“战时通信研究”在二战时期较早运用文本分析法，主要分析德国公开发行的报纸以获得德国方面的政治机密和军事情报②。此后，随着文献所反映的有效信息越来越多，人们对文献的分析越来越频繁，使得文本分析法在政治学、传播学、心理学、历史和语言学等领域都被广泛使用。

文本分析法是通过对政策文件、工作报告、演讲、新闻等内容进行多维度分析以获得结论的一种研究手段。文本分析法可以获得并持续处理大量的长时间数据，不断挖掘与研究问题相符合的研究数据并构建合适的分析框架，从而不仅限于对现象或问题进行简单观察，而且能够更为客观地解析事实并获得相应结论③。因此，文本分析法可以挖掘出研究文献中包含的事实以及演进趋势，具体方法包括词频、词云、主题聚类分析等。

对教育政策的内容分析可分为宏观层面和微观层面④。其中，宏观层面展现民族地区基本公共教育政策变迁所经历的不同历程；微观层面则应

---

① BOYDSTUN A E, BEVAN S, THOMAS Ⅲ H F. The importance of attention diversity and how to measure it[J]. Policy studies journal, 2014, 42(2): 173－196.

② 朱亮，孟宪学．文献计量法与内容分析法比较研究[J]．图书馆工作与研究，2013(6):64－66.

③ 刘伟．文本分析法在公共管理学研究中的应用[J]．中国行政管理，2014(6):93－98.

④ 吴遵民．教育政策学入门[M]．上海：上海教育出版社，2010:25.

该体现教育政策某一方面的具体内容[①]，本书微观层面的分析基于公共政策的不同变量，包括注意力、政策主题和政策工具。在宏观层面和微观层面的结合中，全面、科学地展现民族地区基本公共教育政策变迁历程。

（二）研究样本和数据来源

研究样本选择会影响分析结果的科学性，本研究从效度层次、涵盖的政策内容、政策类型、政策选取时间跨度四个维度进行了综合考虑，确定了研究样本的选择依据。

1. 研究样本的效度层次

民族地区公共政策包括国家层面的宏观公共政策和民族地区的诸多区域自治政策[②]。国家层面政策面向全国范围内实施，其内容势必包括对民族地区基本公共教育服务的宏观指导与规划，而以 5 个民族自治区为代表的民族地区层面政策，则是各民族地区根据自身实际出台的地方性政策，是对中央政策的细化、执行与创新。具体而言，国家层面出台基本公共教育政策文件，是一定时期内推进基本公共教育建设的综合性、基础性、指导性文件。国家层面政策是各民族地区政策制定的重要指引，尤其是特别指出针对民族地区发展的政策措施。此外，各民族地区在政策制定和实施方面可以根据自身特色进行创新。因此，民族地区基本公共教育政策研究样本应包括中央层面与民族地区层面两个维度。

2. 研究样本涵盖的政策内容

对政策内容的选择应从静态层面和动态层面两个方面考虑。一方面，基本公共教育政策内容要依据《“十三五”推进基本公共服务均等化规划》提到的基本公共教育服务应包括的内容体系、重点工作和保障措施等相关内容的政策文本（见表 2.1），以及 2021 年国务院《政府工作报告》提到的基本公共教育服务在义务教育、学前教育、特殊教育、职业教育和继续

① 孙绵涛．关于教育政策分析若干理论问题的探讨[J]．教育研究与实验，2002(2)：1－6，72.

② 王海峰．民族地区公共政策执行中的影响变量分析[J]．西北师大学报(社会科学版)，2015，52(2)：60－68.

教育等方面的重点任务①。

表 2.1　基本公共教育服务内容体系

<table>
<tr><th></th><th>重点工作</th><th>保障措施</th></tr>
<tr><td>普惠性学前教育</td><td>发展公办和民办幼儿园，扩大集中连片特困地区、少数民族地区学前教育资源，大力资助困难儿童、孤儿和残疾儿童</td><td rowspan="4">建设公办幼儿园，扶持多办学性质幼儿园，保障适龄儿童入园需求，完善多个方面的基础设施建设、现代化设备建设，推进标准化形成
改善中西部贫困地区普通高中、中等职业学校基本办学条件，推动中等职业学校创新发展
加强农村教师储备，完善各项补助政策，加强乡村学校音体美等师资紧缺学科教师和民族地区双语教师培训
完善宽带网络、优质资源、网络学习空间、教育资源公共服务平台建设，提升农村中小学信息化水平，建立个人学习账号和学分认证平台</td></tr>
<tr><td>义务教育</td><td>建立义务教育经费保障机制，加大欠发达地区和民族地区的倾斜力度、推进标准化发展、均衡发展、优质资源下沉，提升办学水平，完善教师轮岗制度，解决农民工子女入学问题，加强国家通用语言文字教育、学校体育和美育教育</td></tr>
<tr><td>高中阶段教育</td><td>支持集中连片特困地区高中阶段教育发展、中等职业教育发展，逐步免除学杂费，率先对贫困学生免除学杂费</td></tr>
<tr><td>继续教育</td><td>建立个人学习账号和学分累计制度，完善学分制度和机制，推动各类学习资源开放共享，构建惠及全民的终身教育体系</td></tr>
</table>

资料来源：笔者总结。

另一方面，随着时代发展和人民需求，基本公共教育政策变迁呈现出动态化趋势，在诸如国家经济发展规划、地方城镇化、精准扶贫等领域中的作用越来越凸显，与其他政策领域的协同联动日渐成为趋势。因此，研究样本也要包括在其他政策领域中体现"基本公共教育"内涵的政策文本。通过对以上两个方面政策内容的选择，完善相应政策样本，进而充分且全面地展现基本公共教育政策变迁的丰富历程。

3. 研究样本的政策类型

政策文本的来源应该是多样化的政策类型，涵盖法律法规、条例、办法、报告、规划等，这样可以对不同类型的基本公共教育政策进行更具包容性和全面的分析。

① 政府工作报告——2021 年 3 月 5 日在第十三届全国人民代表大会第四次会议上[EB/OL]. (2021-03-12)[2021-05-01]. http://www.gov.cn/premier/2021-03/12/content_5592671.htm.

4. 研究样本的政策选取时间跨度

尽管新中国成立伊始党中央便十分重视民族地区基本公共教育事业发展，也出台了一系列政策，但是由于“基本公共教育”是基于基本公共服务的一个领域，而“基本公共服务”一词的正式确定与提出并非从新中国成立初期便有。因此，对民族地区基本公共教育的政策文本进行内容分析需要考虑全面性和准确性，本书主要基于政策文本维度确定研究起始时间，从2006年开始对政策文本着重分析是出于以下三点考虑：

其一，2006年具有历史意义的教育相关重要政策出台，为基本公共教育发展拉开了重要序幕。2006年《中华人民共和国义务教育法》（以下简称《义务教育法》）实施20年后重新修订，这是《义务教育法》1986年颁布以来的第一次重大修订，也是中国义务教育发展的新里程碑①。此次修订的《义务教育法》将义务教育均衡发展纳入了法治轨道。这与基本公共教育初衷相符合，即推进基本公共教育均等化的同时关注基本公共教育均衡发展。同年，《中华人民共和国国民经济和社会发展第十一个五年规划纲要》明确提出“基本公共服务”这一内涵，并且提出经济社会发展的主要目标之一：“基本公共服务明显加强。国民平均受教育年限增加到9年。”② 尽管没有确切的语句对基本公共服务包括的范围加以明确，但是从这一社会经济发展主要目标中大致可以看出，2006年国家层面认为的基本公共服务包括了公共教育。在“十一五”规划纲要“优先发展教育”这一章节中的重点举措为普及和巩固义务教育、大力发展职业教育、提高高等教育质量、加大教育投入和深化教育体制改革。其中明确提出了“公共教育”一词，并提出：“促进教育公平，公共教育资源要向农村、中西部地区、贫困地区、民族地区以及薄弱学校、贫困家庭学生倾斜。”③“十一五”

① 2006年全国十大教育新闻[EB/OL].（2006-10-30）[2021-10-05].http://www.chinanews.com.cn/edu/news/2006/12-30/846731.shtml.

② 中华人民共和国国民经济和社会发展第十一个五年规划纲要[EB/OL].（2006-03-14）[2021-09-10].http://www.gov.cn/gongbao/content/2006/content_268766.htm.

③ 中华人民共和国国民经济和社会发展第十一个五年规划纲要[EB/OL].（2006-03-14）[2021-09-10].http://www.gov.cn/gongbao/content/2006/content_268766.htm.

规划纲要多次提出“基本公共服务均等化”的理念。可见，这一时期公共教育已经基本具备“基本公共教育”的雏形，包括了各级各类教育阶段的发展，并且强调教育公平，同基本公共教育政策意图相符合。

其二，从“基本公共服务”专有名词正式提出的时间考虑，专有名词的正式提出往往意味着这一问题开始成为注意力长期关注的重点。2006 年“基本公共服务”这一概念正式从国家层面提出①，意味着基本公共服务正式开始成为一个被国家层面关注的政策领域。我国在 2007 年实行了政府收支分类改革，预算收支科目在改革前后差异较大②，对基本公共服务预算领域的划分更为细致，包含了基本公共服务各个领域的具体划分，同样教育领域的预算划分也更为详细。预算可以展现当年的政策目标，从某种程度来看是出台政策时各种偏好之间冲突的记录③。因此，基本公共教育作为基本公共服务的一个重要分支，选取 2006 年作为本书政策文本分析的起始时间点具有一定的科学性，从某种意义而言代表着基本公共教育政策受到国家层面重要政策的注意力分配。

其三，从“间断 - 均衡”理论要求的政策研究时间跨度而言，政策变迁分析的历时应至少 10 年起步④。自 2006 年提出至今，基本公共服务发展已历经 17 年，相应地，其分支领域——基本公共教育作为正式政策领域也历经 17 年，满足政策变迁研究最少时间跨度。2006 年以前，虽然民族地区有包含基本公共服务教育意涵的政策文件，但大多数体现于民族教育政策范畴。由于选取的民族地区以内蒙古、新疆、西藏、广西和宁夏 5 个民族自治区作为样本，而各民族自治区成立时间并不一致，在进行民族地区之间对比分析时容易造成偏差，并且一些年代久远的政策文本搜集难度较大，为最大限度确保各民族地区政策文本分析的客观性和公平性，本书

① 杨波．论基本公共服务均等化的演进特征与变迁逻辑——基于 2006—2018 年政策文本分析[J]．西南民族大学学报(人文社会科学版),2019,40(5):196 - 202.

② 李文钊,庞伟,吴珊．中国预算变迁遵循间断 - 均衡逻辑吗？——基于 2007—2019 年中国财政预算数据的实证研究[J]．公共行政评论,2019,12(5):12 - 27,211.

③ BAUMGARTNER F R,JONES B D. The politics of information problem definition and the course of public policy in American[M]. Chicago:University of Chicago Press,2015:18.

④ 萨巴蒂尔．政策过程理论[M]．彭宗超,等译．北京:生活·读书·新知三联书店,2004:3 - 4.

选取 2006 年起始的政策文本进行分析。

综上所述，结合对效度层次、涵盖的政策内容、政策类型、政策选取时间跨度等的考虑，按照数据可得性原则，本书选定 2006—2020 年中央层面和民族地区层面的基本公共教育政策作为研究样本。为保证民族地区基本公共教育政策变迁分析的全面性、完整性和客观性，体现党中央对民族地区基本公共教育相关事业的长期和重点关注，本书对 1949—2006 年以前与基本公共教育政策意涵相符合的政策变迁历程进行简要论述，重点运用文本分析法分析 2006 年以后的政策变迁历程。

民族地区基本公共教育政策文本的数据，主要源自政策法规数据库较为齐全且权威的北大法宝网站、中华人民共和国中央人民政府网站和教育部网站、各自治区人民政府网站和地方教育部门网站。通过对政策文本多次解读和筛选，保留与基本公共教育直接相关的政策文件，并在征求其他学者和专家的意见后，最终获得有效且符合以上标准的政策文本数为中央层面共计 120 份，民族地区层面共计 269 份，中央层面与民族地区层面总计 389 份，样本数量较大，具有一定的代表性。其中，由于西藏缺失文本较多，总计 25 份，其余各民族地区文本数量为 55 ~ 75 份，基本确保了每个民族地区政策文本数量在进行政策分析时的公平性与客观性。

二、“间断 - 均衡”的阶段划分

对民族地区基本公共教育政策变迁历程进行“间断 - 均衡”阶段划分，主要解决本书提出的核心问题之一——公共政策“何时变”？只有在明确“何时变”这一问题的前提下，才能科学合理地划分民族地区基本公共教育政策变迁历程，并且为后续深入研究奠定科学的基础。

对民族地区基本公共教育政策变迁历程“何时变”的划分依据主要来自三个方面：一是基于宏观的时代背景，我国经历的重要时代发展变化；二是政策总目标变化为政策发生“间断”，即根据“间断 - 均衡”理论分析框架对政策变迁历程的判断；三是观察政策文本数量的波峰和波谷进行研判。通过内容分析方法，对中央层面和民族地区层面 2006 年至今的政策文本在数量和内容上进行分析。

（一）时代背景的变化

尽管基本公共服务及基本公共教育政策相关理念于2006年提出，但从新中国成立伊始甚至更早，党中央就体现出对民族地区基本公共教育相关事业的关注，并随着历史时代背景的变化经历了不同的阶段。

2006年以前，体现民族地区基本公共教育政策相关意涵的民族教育政策，大致经历了以下几个关键的时代节点：1949年新中国成立，中华民族从此站了起来，开启了新中国各行各业建设的大序幕。1956年基本完成对生产资料私有制的社会主义改造，为日后社会各行各业的发展奠定了坚实基础。1978年党的十一届三中全会召开，我国进入改革开放的发展时期。2000年后我国进入新世纪的发展纪元。2012年，“党的十八大以来，中国特色社会主义进入新时代……以习近平同志为核心的党中央统筹把握中华民族伟大复兴战略全局和世界百年未有之大变局……中国特色社会主义新时代是我国发展新的历史方位”①。

可见，民族地区基本公共教育政策乃至我国整个教育事业发展，经历了历史背景阶段不同时代的变迁，这些时代背景对民族地区基本公共教育政策变迁历程产生了深远影响。

（二）政策总目标的变化

民族地区层面的基本公共教育政策总目标随着中央层面的变化而变化。这是因为基本公共服务政策是国家政治意志和经济社会发展整体规划的权威性载体②，具有宏观上和全局上的领导性与规划性，民族地区层面政策是对中央政策的执行、细化和创新。民族地区基本公共教育政策变迁“间断点”主要内容如表2.2所示。

---

① 中共中央关于党的百年奋斗重大成就和历史经验的决议[EB/OL].(2021-11-16)[2022-01-10]. http://www.gov.cn/zhengce/2021-11/16/content_5651269.htm.

② 姜晓萍,郭宁. 我国基本公共服务均等化的政策目标与演化规律——基于党的十八大以来中央政策的文本分析[J]. 公共管理与政策评论,2020,9(6):33-42.

表 2.2　民族地区基本公共教育政策变迁“间断点”主要内容

年份	主要政策文本	政策总目标
2006	《中华人民共和国义务教育法》（重新修订）、《中华人民共和国国民经济和社会发展第十一个五年规划纲要》	首次提出基本公共服务及其均等化概念、主要内容等，基本公共教育初具雏形，在民族地区和全国范围内稳步推进基本公共教育服务
2007	《国家教育事业发展“十一五”规划纲要》《西部大开发“十一五”规划》《少数民族事业“十一五”规划》	
2008	《国务院关于进一步促进宁夏经济社会发展的若干意见》	
2009	《国务院关于进一步促进广西经济社会发展的若干意见》	
2010	《国家中长期教育改革和发展规划纲要（2010—2020年）》	逐步建立与国情相符的基本公共教育服务体系
2011	《国务院关于进一步促进内蒙古经济社会又好又快发展的若干意见》	
2012	《西部大开发“十二五”规划》、《国家教育事业发展第十二个五年规划》、《国家基本公共服务体系“十二五”规划》、《少数民族事业“十二五”规划》、党的十八大报告	
2013	《中共中央关于全面深化改革若干重大问题的决定》	要以民生为切入点，以公平可及、群众满意、优质均衡为目标推进基本公共教育均等化
2015	《中华人民共和国教育法》（2015 修正）	
2016	《国务院办公厅关于加快中西部教育发展的指导意见》	
2017	《“十三五”推进基本公共服务均等化规划》《国家教育事业发展“十三五”规划》《西部大开发“十三五”规划》	将基本公共教育落脚于提升人民群众获得感、幸福感和安全感
2018	《关于建立健全基本公共服务标准体系的指导意见》、《中华人民共和国义务教育法》（2018 修正）	
2019	《中国教育现代化 2035》	
2020	《中共中央 国务院关于新时代推进西部大开发形成新格局的指导意见》	
2021	《中华人民共和国国民经济和社会发展第十四个五年规划和 2035 年远景目标纲要》《中共中央关于党的百年奋斗重大成就和历史经验的决议》	

资料来源：笔者总结。

由表2.2可知，政策总目标的转变与我国历经的重大时代息息相关，并且在同一个时代背景下，政策总目标也会随着时代发展走向更优阶段的发展。根据政策总目标变迁依据，民族地区基本公共教育政策变迁“间断点”发生在2006年、2010年、2013年和2017年。其中，2006年是国家层面首次提出“基本公共服务”这一概念，并对其概念、内容等方面做出了详细界定，明确在社会经济发展主要目标中提出“国民平均受教育年限增加到9年”①，作为基本公共服务重要内容之一的基本公共教育开始正式出现。2006年我国《义务教育法》实施20年后重新修订，将义务教育均衡发展纳入了法治轨道，体现出了基本公共教育的意涵。各民族地区按照国家战略要求开始稳步推进与完善基本公共教育体系，国家也在西部大开发、少数民族事业规划等国家级大政方针中，对民族地区基本公共教育发展给予大力支持，并针对广西和宁夏基本公共教育在社会经济发展中的定位与要求做出部署，基本公共教育体系在民族地区以及其他地方范围内开始逐步覆盖。

2010年党的十七届五中全会提出：“着力保障和改善民生，必须逐步完善符合国情、比较完整、覆盖城乡、可持续的基本公共服务体系，提高政府保障能力，推进基本公共服务均等化。”② 该会议释放出的信号表明，当时我国基本公共服务体系的各个方面同国情并不完全适应，这促使我国基本公共服务政策总目标转变为“适度调整”。在基本公共教育领域，2010年国家出台的《国家中长期教育改革和发展规划纲要（2010—2020年）》明确提出：“建成覆盖城乡的基本公共教育服务体系，逐步实现基本公共教育服务均等化，缩小区域差距。”③ 在适度调整的政策总目标中，这一时期延续了上一时期对民族地区基本公共教育政策的继续完善，并开始关注内蒙古基本公共教育在社会经济发展中的地位，这一系列政策举措表

① 中华人民共和国国民经济和社会发展第十一个五年规划纲要[EB/OL].(2006-03-14)[2021-09-10]. http://www.gov.cn/gongbao/content/2006/content_268766.htm.

② 中国共产党第十七届中央委员会第五次全体会议公报[EB/OL].(2010-10-18)[2021-09-10]. https://www.gov.cn/ldhd/2010-10/18/content_1723271.htm.

③ 国家中长期教育改革和发展规划纲要(2010—2020年)[EB/OL].(2010-07-29)[2021-09-10]. http://www.moe.gov.cn/srcsite/A01/s7048/201007/t20100729_171904.html.

明政策目标在逐步覆盖的基础上转向适度调整。

党的十八大以来，中国特色社会主义进入新时代。2013 年，党的十八届三中全会提出要：“实现发展成果更多更公平惠及全体人民，必须加快社会事业改革，解决好人民最关心最直接最现实的利益问题，更好满足人民需求。”[①] 这些要求表明我国基本公共教育仍然需要在关注民生、推进公平可及、注重需求和质量均衡的基本公共教育服务上实现进一步提升，促使基本公共教育政策总目标从 2010 年的适度调整转为稳步提升。党的十八届三中全会同时指出，“要深化教育领域综合改革”，以此实现教育发展成果更多、更公平惠及全体人民，更好满足人民需求，意味着基本公共教育政策朝着惠及全体人民、稳步推进的政策总目标发展。在针对民族地区基本公共教育的发展中，党中央重点关注民族地区较为集中、基本公共教育发展相对落后的中西部教育发展情况，并且对此做出了具体部署。

2017 年，《“十三五”推进基本公共服务均等化规划》的出台使基本公共服务迈向了新发展阶段，尤其是党的十九大提出“到 2035 年基本公共服务均等化基本实现”，使得政策总目标朝着“基本公共服务均等化基本实现”发展。对于基本公共教育，党的十九大报告围绕“优先发展教育事业”做出全面部署，明确提出“建设教育强国是中华民族伟大复兴的基础工程，必须把教育事业放在优先位置，办好人民满意的教育”[②]。党的十九届六中全会通过的《中共中央关于党的百年奋斗重大成就和历史经验的决议》指出，“办好人民满意的教育”[③]，进一步确定了这一阶段的政策总目标为“优质发展”。除了延续此前几个政策变迁时期基本公共服务、国家教育事业和西部大开发等规划，还在研判各族人民对基本公共教育需求的基础上，对一些法律进行了动态化的完善，表明了基本公共教育在新时

---

① 中国共产党第十八届中央委员会第三次全体会议公报[EB/OL].(2013-11-12)[2023-07-14]. http://www.xinhuanet.com//politics/2013-11/12/c_118113455.htm.

② 习近平:决胜全面建成小康社会 夺取新时代中国特色社会主义伟大胜利——在中国共产党第十九次全国代表大会上的报告[EB/OL].(2017-10-27)[2021-10-10]. http://www.xinhuanet.com/2017-10/27/c_1121867529.htm.

③ 中共中央关于党的百年奋斗重大成就和历史经验的决议[EB/OL].(2021-11-16)[2022-11-10]. http://www.gov.cn/zhengce/2021-11/16/content_5651269.htm.

代步入一个更新的发展阶段，走向实现人民满意的优质发展政策总目标。

因此，从政策总目标的变化来看，民族地区基本公共教育政策总目标在2006年、2010年、2013年和2017年几个节点上发生了变化，在这些节点上的一些重要政策或重大会议、讲话精神使得民族地区基本公共教育政策总目标发生了变化，经历了逐步覆盖、适度调整、稳步提升和优质发展的变迁。

（三）政策文本数量的变化

通过对2006—2020年政策文本数量进行整理，并将政策文本数量按照政策效度层级划分为民族地区、中央层面、民族地区+中央层面的趋势曲线（见图2.1）。

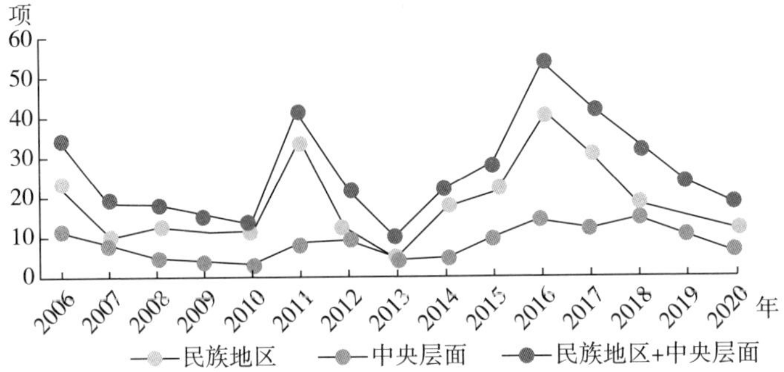

图2.1　2006—2020年民族地区基本公共教育政策文本数量

资料来源：笔者绘制。

如图2.1所示，在政策总目标变迁和主要政策颁布的几个时间节点上，政策数量均出现了较大变动。自2006年起，基本公共教育政策文本数在不同年份总体呈现出较大波峰并伴随微小波动。从波动的波峰和波谷来看，民族地区基本公共教育政策变迁历程与中央层面基本公共教育政策变迁历程的趋势相一致。《中共中央 国务院关于统一规划体系更好发挥国家发展规划战略导向作用的意见》指出："省级规划、市县级规划依据国家发展规划制定，既要加强与国家级专项规划、区域规划、空间规划的衔接，形成全国'一盘棋'，又要因地制宜，符合地方实际，突出地方特色。"① 基

① 中共中央 国务院关于统一规划体系更好发挥国家发展规划战略导向作用的意见[EB/OL].(2018-12-07)[2021-10-10]. https://www.sohu.com/a/280375948_753646.

于此，民族地区基本公共教育政策随着中央层面的政策变迁而发生变化，这也就可以解释在2017年《“十三五”推进基本公共服务均等化规划》政策出台以及党的十九大后，为什么民族地区基本公共教育政策总和多于中央层面。

其中，2010年、2013年和2017年对应的政策数量均处在波谷，并且这些年份前后政策数量呈现出倒“V”形的趋势，表明在这几个时间节点发生了政策变迁。在“间断点”政策开始由之前的政策均衡走向另一个阶段的政策均衡。因此，民族地区基本公共教育政策变迁历程的整个政策数量变化趋势符合“间断－均衡”规律。政策数量波峰和波谷的交替也意味着新一轮政策“间断－均衡”的开始。

基于我国经历的历史时代发展环境，根据上述政策总目标转变即为政策“间断点”判断，结合政策文本数量变化曲线图，加之根据已有文献研究，本书回应了民族地区基本公共教育政策核心问题之一的“何时变”，并认为民族地区基本公共服务政策变迁经历了2006年、2010年、2013年和2017年几个主要“间断点”。判断依据具有多样性和科学性，如2006年“间断点”主要根据专有名词正式提出的年份，2010年“间断点”结合政策文本数量和政策总目标来确定，作为新时期的两个“间断点”，2013年和2017年则结合了时代背景、政策总目标和政策文本数量综合判断。因此，民族地区基本公共教育政策大致经历了逐步覆盖阶段（2006—2010年）、适度调整阶段（2011—2013年）、稳步提升阶段（2014—2017年）和优质发展阶段（2018年至今）共四个阶段。

第二节　民族地区基本公共教育政策变迁的宏观图卷

民族地区基本公共教育政策的宏观图卷，将揭示政策变迁历程中公共政策“如何变”这一核心问题。教育政策是动态变化的[①]，因此，民族地区基本公共教育政策变迁历程也是动态化的，根据前文政策总目标和政策

① 吴遵民．教育政策学入门[M]．上海：上海教育出版社，2010：22－23．

文本数量变化曲线图可知，民族地区基本公共教育政策变迁经历了逐步覆盖阶段（2006—2010 年）、适度调整阶段（2011—2013 年）、稳步提升阶段（2014—2017 年）和优质发展阶段（2018 年至今）。民族地区基本公共教育政策的不断演化，与党和国家对基本公共教育问题认识过程不断深化紧密相连。因此，为展现政策变迁的完整性，本书将 1949 年新中国成立至 2006 年以前的基本公共教育政策作为一个较长历史阶段进行简要探讨，对 2006 年至今的政策变迁阶段做详细阐述。

一、1949—2005 年的基本公共教育政策

尽管基本公共服务及基本公共教育的正式提出与完善是在 2006 年以后，但是早在新中国成立初期，党和国家便已经重视对基本公共教育的发展，注重因地制宜出台政策以推动不同地区间的基本公共教育差异缩小，尤其重视民族地区发展基本公共教育事业。这一时期的政策变迁主要经历了新中国成立和改革开放两个重要阶段。

（一）新中国成立时期

新中国成立初期，尚无明确的基本公共教育概念，这一时期民族地区基本公共教育政策更多被包括在民族教育政策中，民族教育政策包括基本公共教育政策的部分领域。其中，1951 年教育部在北京召开了第一次全国民族教育工作会议，会议从民族地区发展教育事业不同方面提出促进建议。诸如，在兴办民族教育事业时，应采取适合于各族人民发展和进步的形式，并照顾到各民族特点。更要注重发展各民族地区的小学教育，努力解决各级各类师资问题，提高各族人民的文化水平。此外，还要认真贯彻党的民族语言文字政策，在教学教育中按照自愿原则进行语文教学的内容选择。在财政支持上，除民族地区各级政府拨付的一般教育经费以外，还应按各地区经济状况及教育工作状况分拨专款，使民族地区在发展教育时各方面的特殊困难都能得到缓解①。在提高人口素质方面，则采取多种形式积极开展“扫盲”教育等，取得了一定成效。

---

① 郭献进，等. 民族教育理论与政策述论［M］. 长沙：湖南师范大学出版社，2011：48 – 57.

在此期间也出台了一系列政策推动民族地区教育事业发展，诸如《关于少数民族教育补助费使用范围的指示》《关于内地支援边疆地区小学师资问题的通知》《关于扫除文盲的决定》等。在中央·系列政策举措的支持、规划和指导下，各民族地区积极开展教育事业，在各个方面均有显著提升，民族地区的基本公共教育得到了迅速发展。到1957年，全国少数民族在校小学生达319.4万人；普通中学在校民族学生为23.39万人；民族专任师资数量也有较大幅度的增长，其中小学专任教师8.11万人，普通中学专任教师9140人①。

这一时期，民族地区基本公共教育政策在"维护社会稳定"政策形象负反馈机制中不断强化，民族地区基本公共教育得到恢复和发展。具体而言，由于这一时期新生政权受到来自国内和国外敌对势力的考验，加之各种社会矛盾交织，百废待兴的社会缺乏资源，各项社会事业和公共服务处于落后的状态，"维持社会稳定，促进恢复发展"成为主要政策形象。在政策形象树立后，出台的相应政策以维护社会稳定、加快恢复各项社会事业、团结一切可以团结的力量为主。基本公共教育政策也不例外，中央层面和民族地区层面的政策举措发挥了负反馈作用，增强了这一时期的政策形象，促使在政治、经济等不稳定的社会背景下，民族地区基本公共教育取得了一定成绩。但受到高度集中的计划经济体制影响以及民族地区经济发展水平、社会文化、历史遗留问题和地理位置等制约，总体而言，民族地区的基本公共教育体系建设缓慢，供给质量和水平较为落后。

（二）改革开放时期

1978年党的十一届三中全会召开，我国进入了改革开放发展时代，整个时代的发展基调使得正反馈机制作用发挥，打破了上一时期树立的政策形象，"注重改革与开放发展"的政策形象在历史浪潮中得以树立。随着党和国家工作重点由阶级斗争转向经济建设，社会环境和政治环境相对平稳，我国在1988年的行政管理体制改革中，第一次提出了政府职能转变的要求，1998年进一步明确提出要把政府职能切实转变到公共服务方面，为

---

① 赵安君．民族教育与民族经济[M]．沈阳：辽宁大学出版社，1994：108.

日后明确公共服务为政府重要职能之一奠定了改革与发展基调。

在此期间，党和国家也出台了相应举措并采取措施，促进民族地区基本教育发展，发挥了负反馈机制的强化作用。诸如，这一时期出台了《关于加强民族教育工作的意见》《关于从民族地区补助费中适当安排少数民族教育经费的建议》《关于内地十九省、市为西藏办学的几项具体规定》等重点针对民族地区基本公共教育相关事业发展的政策，以及《中国教育改革和发展纲要》《国务院关于基础教育改革与发展的决定》等推行“两基”工作开展的政策。

此外，将落实民族语言文字政策与汉语教学相结合，为民族地区适龄儿童接受教育提供了更多选择，极大地提升了少数民族适龄儿童入学率。为解决民族地区偏远山区和牧区适龄儿童上学难问题，恢复和兴办了一批寄宿制学校，最大限度保障每个儿童接受教育的权利。加大了国家以及发达地区对民族地区教育事业的支持力度，加强和改善教育基础设施建设，并根据当地民族特色结合多种教学形式促进义务教育发展。这些举措在负反馈机制作用下，强化了“注重改革与开放发展”的政策形象，使民族地区教育事业从前期遭受破坏的打击中得以恢复，并在发展中逐步迈向正轨。

这一时期的政策变迁，在正反馈机制作用下迈向新的政策形象，并在负反馈机制作用中强化了政策形象。在改革开放时代背景下，集中力量发展经济的创举为我国基本公共教育的发展奠定了雄厚的物质基础，发挥了正反馈机制作用，促使原有的政策形象由维护社会稳定转向注重改革与开放发展。相继出台的政策举措大力发展社会主义各项事业，发挥了负反馈机制作用，进一步强化了这一时期“注重改革与开放发展”的政策形象。尽管这一时期基本公共教育相关政策发挥了积极作用，民族地区各项教育事业发展迅速，但尚未形成相对完整的基本公共教育发展体系。

总之，2006 年以前党中央对民族地区关于基本公共教育事业发展给予了重点关注，并出台了一系列政策举措，重要政策文件汇总如表 2.3 所示。

表 2.3　新中国成立至 2005 年民族地区基本公共教育相关重要政策

年份	主要政策文件
1949	《中国人民政治协商会议共同纲领》
1952	《中央人民政府政务院关于建立民族教育行政机构的决定》
1953	《教育部关于少数民族教育补助费使用范围的指示》
1956	《关于少数民族教育事业经费问题的指示》
1956	《关于内地支援边疆地区小学师资问题的通知》
1956	《关于扫除文盲的决定》
1978	《关于切实做好援藏教师选调、轮换工作的通知》
1980	《关于从民族地区补助费中适当安排少数民族教育经费的建议》
1980	《关于加强民族教育工作的意见》
1982	《关于增招新疆少数民族学生的通知》
1984	《关于落实中央关于在内地为西藏办学培养人才指示的通知》
1985	《关于内地十九省、市为西藏办学的几项具体规定》
1986	《关于继续组织选派高中教师支援西藏的通知》
1986	《中华人民共和国义务教育法》
1987	《关于内地对口支援西藏教育实施计划》
1988	《关于改革和发展西藏教育若干问题的意见》
1990	《关于下达民族教育专项补助经费的通知》
1992	《关于加强民族教育工作若干问题的意见》
1992	《关于加强民族散杂居地区少数民族教育工作的意见》
1993	《中国教育改革和发展纲要》
1997	《关于认真贯彻中央扶贫工作会议精神，进一步加强对口支援民族贫困地区发展教育事业的通知》
2000	《关于内地有关城市开办新疆高中班的实施意见》
2001	《关于基础教育改革与发展的决定》
2002	《国务院关于深化改革和加快发展民族教育的决定》
2003	《关于进一步做好教育援藏工作的意见》
2005	《教育部 国家发展改革委 财政部关于扩大内地新疆高中班招生规模的意见》
2005	《中共中央 国务院关于进一步加强民族工作加快少数民族和民族地区经济社会发展的决定》

资料来源：笔者总结。

可见，早在新中国成立伊始，党中央便高度重视民族地区基本公共教育发展，尽管当时并未明确提出“基本公共教育”的相关理念和内涵，但依然从基本公共教育领域的多个维度和环节促进民族地区基本公共教育政策出台，提升了民族地区基本公共教育的发展水平和质量。

二、逐步覆盖阶段（2006—2010 年）

这一时期民族地区基本公共教育政策变迁，随着 21 世纪的到来进入新阶段，正反馈机制作用使得政策形象转变为逐步覆盖，并在后续的负反馈机制中得以强化。基本公共教育各个方面逐步在民族地区得以覆盖，各族人民开始逐步享有成体系的基本公共教育。

正反馈机制作用发挥，政策形象发生转变。进入 21 世纪，经历改革开放时代奠基，我国实现了“三步走”战略目标的第二步——“国民生产总值再翻一番，达到小康水平”，人民生活水平显著提升，对基本公共教育的需求也逐渐明确并日益增大。随着基本公共服务及基本公共教育相关理念正式提出，民族地区各族人民对基本公共教育服务在数量和质量上的要求也比以往更为具体，愿望也更加强烈。在这种情况下，2005 年中共中央、国务院发布《关于进一步加强民族工作加快少数民族和民族地区经济社会发展的决定》，把扶持民族地区发展教育事业同当地社会经济发展相结合。《兴边富民行动“十一五”规划》和《少数民族事业“十一五”规划》等国家级专项规划表明要从边疆振兴和民族事业等不同层级的维度，加大对民族地区基本公共教育相关领域的扶持力度，这为促进民族地区基本公共教育“逐步覆盖”发挥了正反馈机制作用，促使民族地区基本公共教育政策的总目标发生转变，在民族地区“逐步覆盖”完整的基本公共教育体系的政策形象得以树立。自此，基本公共教育政策中的各项内容开始按照均等化原则在民族地区加大建设和覆盖力度。

负反馈机制强化政策形象。从国家层面来看，国家出台的一系列政策举措发挥了负反馈机制作用，此时正值西部大开发战略伊始，包括民族地区在内的一些西部省份得到了举国支持，社会经济以及各项社会事业建设得以迅速发展。中央也出台一系列政策促进民族地区基本公共教育发展，如教育部在贯彻落实《国务院实施〈中华人民共和国民族区域自治法〉若干规定》中特别强调，“促进民族地区和散杂居民族地区教育的协调、健康发展……坚持以民族自治地方自力更生为主，国家大力扶持……加快民族教育跨越式发展步伐”①。党的十七大更是强调“扶持民族地区教育”。《国家中长期教育改革和发展规划纲要（2010—2020 年）》提出“要全面提高少数民族和民族地区教育发展水平”②。这一系列扶持民族地区基本公共教育发展的举措反映了负反馈机制对于政策形象的强化作用，促使民族地区基本公共教育政策朝着“逐步覆盖”的政策均衡时期发展。

从民族地区来看，在国家政策引导下，各民族地区也采取了一系列发展基本公共教育举措并出台了相关政策，负反馈机制作用强化了这一时期的政策形象。诸如，各民族地区在全区开展“两基”工作、完善义务教育经费保障机制、关注区内农村地区基本公共教育等。此外，根据地方特色出台了相应政策，如广西在以“富民兴桂”为目标的“十一五”规划中提出：“促进各级各类教育协调发展，努力建设学习型社会。”内蒙古针对 3 个人口较少民族给予发展基本公共教育的一系列优惠和支持。宁夏则提出，“重点扶持发展民族教育，加强少数民族人才培养，推进实施‘百所回民中小学标准化建设工程’”，以保障当地回族群众接受基本公共教育的权利。西藏则强调“办好内地西藏班（校）”，为藏族同胞提供多样化的接受教育的选择。新疆则提出“南疆四地、州的首府城市参照内地高中班和区内初中班的办学模式”，为促进实现南疆和其他地区的基本公共教育接轨做出了一系列部署。

在这个阶段，从政策变迁作用机制来看，政策形象因受到高强度正反馈机制作用发生转变，并在同样高强度负反馈机制下被强化，政策总目标的转变源于具有时代意义的重大事件。在进入 21 世纪的时代需求中，民族地区基本公共教育政策在国家层面几个大的规划的引领下得以

① 教育部关于贯彻落实《国务院实施〈中华人民共和国民族区域自治法〉若干规定》的通知［EB/OL］.（2015－12－06）［2021－10－15］. http://www.moe.gov.cn/s78/A09/s7046/201006/t20100609_171610.html.

② 国家中长期教育改革和发展规划纲要（2010—2020 年）［EB/OL］.（2010－07－29）［2021－09－10］. http://www.moe.gov.cn/srcsite/A01/s7048/201007/t20100729_171904.html.

发展，这一时期政策形象树立以及正反馈机制作用的发挥，体现了较为强烈的“高层驱动”特点，诸如进入21世纪后战略规划新部署、西部大开发民族地区新机遇等。在负反馈机制中，来自中央层面的支持力度很大，多是法律法规或面向全国的大政方针，体现了对民族地区基本公共教育的扶持。

从这一时期体现的政策特点而言，民族地区基本公共教育政策着重关注基本公共教育的一些基础性层面，并尝试探索同结合地方特色发展。但总体而言，以解决基本公共服务区域结构和群体结构发展不平衡为突破口，以区域协调发展为着力点，促使基本公共服务体系初步形成，基本做到了全覆盖①，相应的基本公共教育体系也初步在各民族地区建立。

三、适度调整阶段（2011—2013年）

这一政策变迁阶段是为进入新时代，民族地区基本公共教育政策走向新阶段的前期准备。在经历了上一阶段基本公共教育体系逐步覆盖后，仍然存在一些社会矛盾。在教育等基本公共服务领域，关系群众切身利益的问题较多，如部分群众生活比较困难等问题②，这些现实情况的紧迫性为政策形象改变发挥了正反馈机制作用，使得政策形象由上一时期逐步覆盖转变为适度调整。从图2.1中可以看出，适度调整阶段出台的政策数量形成了一个小的波峰，说明这一时期的政策数量要多于前一个政策时期，从侧面说明在历经上一个时期的逐步覆盖后，从取得的成效和暴露出的问题中总结经验，并结合民族地区具体实际，我国开始逐步对基本公共教育政策进行适度调整。

正反馈机制发生作用，新的政策形象“适度调整”树立。自2011年起，我国密集出台一系列推动基本公共教育的政策文件，并采取了一系列举措促进其迅速发展。其中，《国家基本公共服务体系“十二五”规划》

① 杨波．论基本公共服务均等化的演进特征与变迁逻辑——基于2006—2018年政策文本分析[J]．西南民族大学学报(人文社会科学版)，2019，40(5)：196－202.

② 胡锦涛．坚定不移沿着中国特色社会主义道路前进 为全面建成小康社会而奋斗[M]．北京：人民出版社，2012.

从国家战略角度具体明确了基本公共服务及均等化的概念、基本公共服务体系的内容以及如何系统推进基本公共服务，为民族地区更加全面、科学、系统地适度调整相关政策提供了权威参考。此外，《扶持人口较少民族发展规划（2011—2015 年）》特别关注民族地区人口较少民族的教育发展问题，从发展基本公共教育的不同维度给予支持。这些国家级政策的出台为进一步强化这一时期的政策形象、加快推进民族地区基本公共教育政策发挥了正反馈机制作用。

负反馈机制强化政策形象，推动民族地区基本公共教育政策出台。在国家层面纲领性政策文件中，基本公共教育在基本公共服务体系中往往被视作重要任务，明确强调基本公共教育的重点任务在于九年义务教育、高中阶段教育和普惠性学前教育，为民族地区制定和实施相应政策指明了方向，并且多次强调要建立健全民族地区基本公共教育服务体系，从多个方面和层次加大对民族地区基本公共教育的帮扶力度。党的十八大报告强调，要到 2020 年实现“基本公共服务均等化总体实现”的目标，为民族地区基本公共教育的长远规划与可持续发展树立了灯塔。此外，还出台了《国务院办公厅关于印发少数民族事业“十二五”规划的通知》《西部大开发“十二五”规划》《国务院关于进一步促进内蒙古经济社会又好又快发展的若干意见》《国务院关于促进牧区又好又快发展的若干意见》等重点关注民族地区发展的政策文件，这些政策文件着重强调要注重基本公共教育的发展与完善，促进民族地区基本公共教育同当地社会经济发展相结合。这些负反馈机制作用的发挥有力增强了民族地区基本公共教育适度调整的动力。

各民族地区也纷纷响应国家政策，发挥负反馈机制作用，相继依据各地实际情况出台了教育事业“十二五”规划，并在义务教育均衡发展、减免贫困生学杂费、学前教育等方面出台政策文件，以进一步调整符合本民族地区基本公共教育的发展策略，切实保障各民族地区人民群众接受基本公共教育的权利。在凸显地方特色方面，广西特别强调“基本公共教育服务要向农村地区、边远贫困地区和少数民族人口占 30% 以上地区倾斜”，通过补齐全区发展短板，加快这些地区基本公共教育发展。内蒙古则采取推进农村牧区基础教育、职业教育和成人教育的“三教统筹”模式，实现农村牧区基本公共教育体系全覆盖。宁夏为使教育更好地服务于全区经济社会发展全局，提出了中南部地区教育移民方案。西藏旨在建立和完善有中国特色、西藏特点的社会主义现代教育体系，注重发挥基本公共教育服务群众与维护民族团结的重要作用。新疆也从政治站位的高度，提出基本公共教育事关祖国统一和民族团结，注重发挥基本公共教育跨域式发展和长治久安的能力。

综上所述，从政策变迁作用机制来看，这一阶段的正负反馈机制虽强度不大，但却共同作用于上一政策时期的延续性政策，政策总目标鲜明。这一政策阶段承接了对上一阶段政策变迁历程的适度调整，政策形象以及正反馈机制作用强度相比上一时期较小，但是，却有着关于基本公共教育较为鲜明的政策总目标转变，即《国家基本公共服务体系“十二五”规划》出台。负反馈机制体现出对上一个政策变迁时期的延续性，政策数量上形成了小的波峰，充分说明“适度调整”政策形象被强化。

就这一时期政策特点而言，民族地区基本公共教育政策被放置于比较大的历史发展规划中，政策有延续、补短板、重协同。不少政策的存在是对上一个时期的延续，对基本公共教育相对基础的领域更加注重细节，涉及的政策内容更为烦琐，补充发展过程中的短板，开始注重基本公共教育与社会经济发展的协同性。

四、稳步提升阶段（2014—2017 年）

这一阶段是进入新时代后，民族地区基本公共教育政策变迁提升发展的一个阶段。由图 2. 1 可知，这一时期的政策出台数是整个政策变迁过程中的第二个波峰，尽管有小幅度波动但相比适度调整阶段的波峰坡度更陡，表明这一时期出台的政策数量和密集程度较上一个政策变迁时期更大，这个时期的基本公共教育政策继适度调整阶段后开始走向稳步提升阶段。

正反馈机制发生作用，新的政策形象逐步树立。这一政策变迁时期诸如党的十八届五中全会、党的十九大等重要会议相继召开，这些会议均以“保障和改善民生”“满足人民美好生活需要”为出发点和落脚点，以此提升人民群众的获得感、幸福感和安全感。2014 年召开的中央民族工作会议重点强调了教育事关民族地区的民生和发展。这些重要会议的正反馈机制树立了民族地区基本公共教育“稳步提升”的政策形象。这一时期出台了《中华人民共和国国民经济和社会发展第十三个五年规划纲要》《“十三五”推进基本公共服务均等化规划》《国家教育事业发展“十三五”规划》等国家层面的纲领性文件，关注民族地区基本公共教育发展。

在这一时期的基本公共服务的纲领性文件中，基本公共教育仍然是首要任务，相比上一时期提出的重点任务，《“十三五”推进基本公共服务均等化规划》增加了“继续教育”内容。这说明基本公共教育是随社会经济发展而动态调整的，而且基本公共服务教育已经在稳步提升中迈向对终身学习体系的建设。除上述对基本公共教育服务重点任务的规划，党和国家还出台了诸如《国务院关于加快发展民族教育的决定》《国务院办公厅关于加快中西部教育发展的指导意见》《“十三五”促进民族地区和人口较少民族发展规划》《西部大开发“十三五”规划》等大力支持发展民族地区的政策，这些政策举措通过负反馈机制发挥了对民族地区基本公共教育“稳步提升”政策形象的强化作用。

随着中央层面政策文件陆续出台，各民族地区在这一时期出台的基本公共教育政策数量也达到了有史以来最高，而关联的政策领域也涉及户籍、财政补助、师资支援等多个方面，在内容上也更加丰富多样，普遍关注农村牧区、贫困地区、民族教育等在基本公共教育等多个方面的稳步提升。诸如，从户籍改革入手确保流动人口享有基本公共教育的权利，教育扶贫农村牧区，关注留守儿童等。结合地方实际，广西提出要将民族特色、民族文化同基本公共教育相结合，在教育中将民族特色及传统文化发扬光大。内蒙古则提出统筹各项教育工程扶持民族教育发展，率先实现民族中小学校标准化，普及民族学前教育和高中阶段教育。宁夏则抓住“一带一路”建设的机遇，积极开展“一带一路”教育行动合作，扩大教育资源，发展本区基本公共教育。西藏在中央历次西藏工作座谈会带来的一系列优惠政策下，积极发展基本公共教育，更加重视教育在稳藏、治藏、兴藏和建藏中的重要作用。新疆面临两个“三期叠加”严峻时期，基本公共教育依然要为实现社会稳定和长治久安的总目标服务。

总之，从政策变迁作用机制来看，这一时期政策变迁历程无论是政策形象转变，还是正负反馈机制作用的发挥，都体现出中央层面的高度关注与强力驱动。政策形象的树立受到了重要会议的影响，体现出注意力驱动下的政策选择，正反馈机制不同于前两个时期，是重要会议与重大政策方针的双重作用。负反馈机制作用于民族地区的针对性更强，各民族地区与其他政策领域的协同不断加深。

从政策变迁特点来看，除以“稳步提升”为主要特征外，总体上显得更加灵活、多样与动态。基本公共教育政策开始注重同其他领域联动，加深对基本公共教育在各个方面细节上的优化与保障，关注对基本公共教育质量的内在优化，对基本公共教育关注的层次也更高。各民族地区将发展基本公共教育同本地实际结合得更加紧密，逐渐形成地区特色政策体系。

五、优质发展阶段（2018 年至今）

这一阶段继上一阶段的发展，体现出进入新时代后在党的领导下，民族地区基本公共教育政策实现了不断优质化的提升。党的十九届六中全会通过的《中共中央关于党的百年奋斗重大成就和历史经验的决议》强调，“明确新时代我国社会主要矛盾是人民日益增长的美好生活需要和不平衡不充分的发展之间的矛盾”①，人民群众对基本公共教育提出了更高的要求，对基本公共教育由“量”转变为对“质”的追求。

正反馈机制发生作用，基本公共教育“高质量发展”② 成为这一时期的政策形象，对基本公共教育需求从“有机会享有”向“更多更公平更优质享有”转变。习近平总书记在 2018 年全国教育大会上强调，“办好人民

① 中共中央关于党的百年奋斗重大成就和历史经验的决议[EB/OL].(2021-11-16)[2022-11-10]. http://www.gov.cn/zhengce/2021-11/16/content_5651269.htm.

② 姜晓萍，郭宁. 我国基本公共服务均等化的政策目标与演化规律——基于党的十八大以来中央政策的文本分析[J]. 公共管理与政策评论，2020，9(6)：33-42.

满意的教育”①，在党的十九届六中全会上指出，“办好人民满意的教育”②。这些正反馈机制作用促使民族地区基本公共教育政策由稳步提升转向优质发展，尤其是三个“更”的出现强调新时代基本公共教育政策要走向优质化的发展高度。

负反馈机制强化了这一时期的政策形象，例如，《中华人民共和国国民经济和社会发展第十四个五年规划和2035年远景目标纲要》提出，“建设高质量教育体系……提高民族地区教育质量和水平”③；《关于建立健全基本公共服务标准体系的指导意见》提出，“基本公共服务要使人民获得感、幸福感和安全感更加充实、更有保障、更可持续”④；《中共中央 国务院关于新时代推进西部大开发形成新格局的指导意见》强调，“支持教育高质量发展”⑤，这表明在历经十几年的西部大开发格局中，要以教育高质量促进新格局的形成。可见，民族地区与其他地区基本公共教育还存在一定差距，但是差距已经集中于教育质量上，在规模和覆盖上已经相对完善。这些政策举措发挥的负反馈机制作用强化了“优质发展”的政策形象，为未来民族地区基本公共教育实现优化提质指明了方向和道路。

各民族地区相继出台了诸如教育提升行动计划、县域内义务教育一体化、区域协调发展新机制、少数民族聚居地区繁荣发展等政策文件，均秉承高质量发展基本公共教育为重要目标。这一系列政策及举措发挥的负反馈机制作用强化了“优质发展”的政策形象。在具有地方特色的政策制定中，广西坚持发展更加公平、更高质量的教育，实施教育提升“八大工

---

① 习近平出席全国教育大会并发表重要讲话[EB/OL].(2018-09-10)[2021-11-16]. http://www.gov.cn/xinwen/2018-09/10/content_5320835.htm.

② 中共中央关于党的百年奋斗重大成就和历史经验的决议[EB/OL].(2021-11-16)[2022-11-10]. http://www.gov.cn/zhengce/2021-11/16/content_5651269.htm.

③ 中华人民共和国国民经济和社会发展第十四个五年规划和2035年远景目标纲要[EB/OL].(2021-03-13)[2021-07-15]. http://www.gov.cn/xinwen/2021-03/13/content_5592681.htm.

④ 中共中央办公厅 国务院办公厅印发《关于建立健全基本公共服务标准体系的指导意见》[EB/OL].(2018-12-12)[2021-05-15]. http://www.gov.cn/xinwen/2018-12/12/content_5348159.htm.

⑤ 中共中央 国务院关于新时代推进西部大开发形成新格局的指导意见[EB/OL].(2020-05-17)[2021-05-15]. http://www.gov.cn/zhengce/2020-05/17/content_5512456.htm.

程”，推出“十百千万”建设计划。内蒙古从基本公共教育的各个方面健全农村牧区的基本公共教育制度，从制度上保障农村牧区人民群众享有基本公共教育的权利。宁夏注重发挥首府的协同和带头作用，以推动与南部山区县（区）在基本公共教育方面的合作。西藏开始加快构建高质量教育体系，并且始终以党的教育方针为基本公共教育的贯彻理念。新疆则进一步发展边境团场教育事业，以此筑牢祖国边疆的安全屏障。

从政策变迁的作用机制来看，在时代节点、重要会议、重大政策方针共同作用下的正反馈机制，促使政策形象发生了向“优质发展”的改变。负反馈机制作用于推动政策向更高水平和更优质化发展。

就政策变迁特点而言，这一时期民族地区基本公共教育政策已经由“人人享有”转为“人人满意”的高质量发展，促使基本公共教育从“有服务”到“优质服务”的转变。相关政策除了对已有基本公共教育领域的继续优化，与其他政策领域协同得更加紧密，还成为新时代了解人民日益增长的美好生活需要，解决发展中的不平衡、不充分问题的重要举措①，并且与推进国家治理体系和治理能力现代化建设相联系。

从民族地区基本公共教育政策变迁的整个历程而言，民族地区基本公共教育政策体系逐步完善，制度保障力度更大，基本公共教育质量和水平大幅提升，与其他地区之间的水平逐渐缩小。在新时代朝着优质化发展的政策变迁过程中，铸牢中华民族共同体意识更加深化，民族交往交流交融逐步加深，各民族之间的联系程度更加紧密。党的十九届六中全会提出“办好人民满意的教育”②，表明在党的领导下，民族地区基本公共教育政策将会实现更加优质化发展。可见，政策变迁的实践过程离不开党的领导，在“理论和实践相结合”的基础上，“理论—政策—实践”的互动机制形成③，体现出在党的领导下，民族教育政策在实践中不断创新与完善发展。

---

① 郭喜，等．教育、文化和就业基本公共服务均等化研究[M]．北京：中国社会科学出版社，2017.

② 中共中央关于党的百年奋斗重大成就和历史经验的决议[EB/OL].(2021－11－16)[2022－11－10]. http://www.gov.cn/zhengce/2021－11/16/content_5651269.htm.

③ 吴明海．中国共产党民族教育理论、政策、实践互动机制研究[J]．民族教育研究，2021，32(3):5－14.

第三节　民族地区基本公共教育政策变迁的微观缩影

从宏观层面了解民族地区基本公共教育政策变迁历程和“如何变”之后，有必要从微观层面进行分析与探讨，这是因为对教育政策的内容分析也应该包括微观层面[①]。微观层面的注意力、政策主题和政策工具对政策变迁有较大影响。这三者在政策中并非独立存在，而是相互之间存在一定的联系，呈现出相互影响和相互促进的演进趋势。具体而言，注意力驱动了政策主题与政策工具的变化，政策主题是对政策注意力的聚焦，体现了注意力驱动的政策选择；当注意力转移到新问题上时，决策者通常会处理政策中的政策工具使之与其协调；政策工具的选择和使用也会影响后续的注意力分配[②]，进而使得政策主题以及相应的政策发生变化。可见，从微观层面而言，注意力、政策主题和政策工具的共同作用影响了民族地区基本公共教育政策的变迁。因此，有必要从微观维度对政策文件进行内容分析，有助于从另一视角展现民族地区基本公共教育政策历程、拓宽理解“如何变”的维度，从不同维度为民族地区基本公共教育政策领域提供战略远见。

一、研究变量

根据选取的政策文本，本书从注意力、政策主题和政策工具三个政策变量入手，运用文本分析法中的词频分析、高频词聚类等方法对民族地区基本公共教育政策文本进行分析。本书对政策变量的分析主要通过使用NVivo11 软件。该软件能够容纳不同类型的定性数据，使研究人员能够指

① 吴遵民．教育政策学入门[M]．上海：上海教育出版社,2010:25.

② LARSEN - PRICE H A. The right tool for the job: the canalization of presidential policy attention by policy instrument[J]. Policy studies journal, 2012, 40(1): 147 - 168.

出新出现的主题并确定嵌入政策文件中的潜在概念关系[①]。因此，借助NVivo11软件有助于更加有条理地分析政策变迁中政策变量之间的复杂关系，并以较为清晰的方式层层分解政策变迁历程，展现民族地区基本公共教育政策变迁的发展脉络。

（一）注意力分析

如前所述，政策变迁与注意力转移息息相关，“间断－均衡”理论也提出了“注意力驱动的政策选择”。因此，研究注意力变迁能探究政策文本背后一个时期内注意力分配及其变动情况。政策注意力和政策发展的变化可能会相互影响，并共同影响后续政策议程和政策选择。

在研究中，对注意力的获取主要通过政策文本的高频关键词反映，词频分析展现的文本用词类别也可以显示注意力关注的领域[②]。关键词语高频词是词云的另一种展现形式，为了更好地展现每个政策阶段的注意力，本书将可视化的词云转化为更加便于对比词频的表格。通过高频词分析政策文本的注意力在国内外研究中被广泛使用，Hoofnagle通过高频关键词对谷歌隐私政策进行了分析，用于展现谷歌隐私政策主要态度[③]。由Google实验室基于词频分析推出的Books Ngram Viewer同样被广泛运用。国内学者许阳通过对1982—2015年中国国家层面出台的海洋环境治理政策进行词频分析，揭示了中国海洋环境治理政策的变迁以及演进趋势[④]。单菲菲等运用词频分析关注了1979—2019年中央层面关于边疆民族地区对口支援的政策变迁历程，对政策的结构特征和历史演进过程进行了阐释[⑤]。从这个

① HUTCHISON A J, JOHNSTON L H, BRECKON J D. Using QSR－NVivo to facilitate the development of a grounded theory project: an account of a worked example[J]. International journal of social research methodology, 2010, 13(4): 283－302.

② TAUSCZIK Y R, PENNEBAKER J W. The psychological meaning of words: LIWC and computerized text analysis methods[J]. Journal of language and social psychology, 2010, 29(1): 24－54.

③ HOOFNAGLE C J. Beyond Google and evil: how policy makers, journalists and consumers should talk differently about Google and privacy[J]. First Monday, 2009(14): 4－6.

④ 许阳．中国海洋环境治理政策的概览、变迁及演进趋势——基于1982—2015年161项政策文本的实证研究[J]．中国人口·资源与环境，2018，28(1)：165－176.

⑤ 单菲菲，张雅茹．边疆民族地区对口支援政策的结构特征与历史演进——基于1979—2019年的政策文本量化分析[J]．中南民族大学学报(人文社会科学版)，2021，41(4)：45－53.

意义上讲，关键字的频率和用词类别将反映出民族地区基本公共教育政策注意力的重点。

（二）政策主题分析

政策主题是对相对分散的注意力汇聚，测量时可通过主题聚类统计来揭示核心主题及其变动趋势①，进而分析这些高频关键词所代表主题的演进变化。通过高频关键词展现民族地区基本公共教育政策的注意力分配，虽然能够通过词语快速了解注意力变迁趋势，但是由高频词反映出来的注意力较为分散，不易把握每个政策变迁时期的政策主题。因此，需要通过对高频词的聚类将注意力聚合，形成相应的政策主题。

在其他领域政策变迁中，已经有不少学者通过聚类方法对政策主题进行了研究，来展现政策变迁的规律及逻辑。刘云等收集了 1978—2012 年的国家创新体系国际化相关政策，通过对政策主题演进分析，系统回顾了不同阶段的政策演进特征②。李少惠等对 2000—2017 年我国公共文化服务政策进行了主题分析，揭示了政策主题由单一走向多元化的政策演进特征③。政策主题能更加清晰且全面地展现政策变迁每个时期注意力分配及政策变迁历程。本书采用聚类分析方法，并根据经验以及专家意见对注意力进行总结，以形成合理的政策主题。

（三）政策工具分析

在社会、政治、经济、文化、法律和环境问题方面，政策工具已广泛应用于各个领域，是政府进行治理离不开的一种手段。政策工具的使用使政策制定者和政府能够实现各种政策目标。④ 政策工具所涉及的工具设计

---

① DOWDING K, HINDMOOR A, ILES R, et al. Policy agendas in australian politics: the governor - general's speeches, 1945 - 2008[J]. Australian journal of political science, 2010, 45(4): 533 - 557.

② 刘云，叶选挺，杨芳娟，等. 中国国家创新体系国际化政策概念、分类及演进特征——基于政策文本的量化分析[J]. 管理世界，2014(12)：62 - 69，78.

③ 李少惠，王婷. 我国公共文化服务政策的演进脉络与结构特征——基于 139 份政策文本的实证分析[J]. 山东大学学报（哲学社会科学版），2019(2)：57 - 67.

④ ELLIOTT O V, SALAMON L M. The tools of government: a guide to the new governance[M]. New York: Oxford University Press, 2002.

及其所依据的思想与力量同样重要①。因此，政策工具的设计、选择和应用是政策研究的重点之一。

国内外研究广泛关注了政策工具在政策变迁中的重要性。例如，Ewalt等通过研究特定政策工具在1996—2000年福利案件数量中的作用，揭示了政策工具在公共行政治理中发挥的作用，并发现其与政策目标和政策结果之间的重要联系②。郝亚明等基于政策工具视角分析了改革开放以来民族政策的变迁，揭示出政策工具的使用逻辑与变化趋势③，为政策工具在民族地区基本公共教育政策变迁中的研究提供了借鉴。

二、注意力分配的演进

为了对民族地区基本公共教育政策变迁的每一阶段的注意力分配进行研究，本书运用NVivo11软件对政策变迁的每一阶段政策文本的高频关键词进行了统计，将其划分为中央层面和民族地区层面，展现了不同阶段和层次的注意力分配。

（一）中央层面基本公共教育政策的注意力分配

利用NVivo11软件对中央层面每个政策变迁阶段的基本公共教育政策进行词频分析，经过整理后保留关键词排名前15的高频词汇，用以展现各政策变迁阶段的注意力分配（见表2.4）。

表2.4　中央层面基本公共教育政策不同阶段的注意力分配

2006—2010年		2011—2013年		2014—2017年		2018年至今	
单词	计数	单词	计数	单词	计数	单词	计数
发展	2155	发展	2396	教育	2609	教育	1346
教育	2115	教育	2390	发展	2455	发展	899

① SCHNEIDER A, INGRAM H. Behavioral assumptions of policy tools[J]. The journal of politics, 1990, 52(2): 510-529.

② EWALT J A G, JENNINGS E T, Jr. Administration, governance, and policy tools in welfare policy implementation[J]. Public administration review, 2004, 64(4): 449-462.

③ 郝亚明，赵俊琪. 改革开放以来中国民族政策的变迁——基于共词分析方法和政策工具的视角[J]. 中南民族大学学报(人文社会科学版)，2018，38(3)：16-22.

续表

2006—2010 年		2011—2013 年		2014—2017 年		2018 年至今	
单词	计数	单词	计数	单词	计数	单词	计数
建设	1701	建设	2214	建设	1845	建设	754
社会	1208	服务	1541	服务	1742	服务	654
农村	1161	加强	1232	地区	1445	教师	637
加强	1156	社会	1106	社会	1438	地区	620
地区	880	制度	1006	加强	1357	学校	615
提高	790	基本	1001	国家	1184	加强	580
管理	751	民族	961	学校	1166	标准	551
工作	742	推进	933	推进	1026	完善	548
学校	736	管理	916	支持	975	工作	540
完善	682	地区	907	工作	973	制度	523
制度	679	完善	892	民族	973	国家	499
服务	671	提高	859	完善	956	贫困	480
推进	642	资源	814	贫困	931	体系	451

资料来源：笔者总结。

如表 2.4 所示，中央层面基本公共教育政策变迁不同阶段的注意力分配存在“间断 - 均衡”，但又具有延续性。从整个变迁历程来看，“发展”“教育”“建设”在不同时期均占据高频词榜的前三位，尽管在不同的政策变迁时期三者前后位置有所变动，但总体来看，在任何时期对基本公共教育如何发展、如何建设的重点关注都是推进基本公共教育的首要工作。其中“发展”和“教育”始终占据注意力分配的前两位，代表了建设民族地区“发展才是硬道理”的重要理念，也只有发展才能缩小民族地区与其他地区之间的差距。从第四位高频关键词来看，除政策变迁逐步覆盖阶段（2006—2010 年）为“社会”以外，其余阶段均为“服务”，这说明在逐步覆盖阶段“基本公共服务”和“基本公共服务均等化”等具体概念被明确后，经历了一段时间同服务社会相结合的建立与发展，基本公共教育政策才明确应该着重落脚于“服务”。此外，其他位置的关键词在不同时期均有着不同的变化，反映了注意力分配随着时代发展的变迁。

具体而言，在逐步覆盖阶段（2006—2010 年），由于国家层面刚刚明确基本公共服务的具体内容，对于各项基本公共服务领域的整体建设与发展仍然处于起步阶段，基本公共教育也是如此。因此，这一时期“发展”为首要任务。与其相似的还有“建设”“加强”“提高”“工作”“完善”“推进”等高频词，说明这一时期的注意力均以“发展”为目标，通过不同维度的举措促进基本公共教育发展。但是在这一时期，对于基本公共教育所承担的服务意识并不十分突出，因此对“服务”的注意力分配较少，仅位居第 14，这与当时刚开展基本公共教育体系建立和完善工作相关。“农村”“社会”等的出现与当时提出的“社会主义新农村建设”有很大的关联与呼应，体现在基本公共教育中，说明党和国家已经意识到教育对农村现代化建设的重要意义。

在适度调整阶段（2011—2013 年），“服务”一词从前一时期的第 14 位上升至第 4 位，表明党和国家在经历基本公共教育政策逐步覆盖后，基本公共教育体系初步建立，党和国家开始重视发挥基本公共教育的服务能力，并且注重基本公共教育对社会的重要作用。这一时期“制度”“推进”和“基本”位置较上一时期靠前，表明党和国家开始注重从制度层面推进基本公共教育保障体系建设，从而以制度保障牢固基本公共教育服务体系，充分发挥其在社会经济发展中的作用。“民族”和“资源”首次进入高频词前 15 位列，表明这一时期党和国家更加注重民族地区基本公共教育，通过加大对民族地区相关资源投入，缩小与其他地区之间的差距。

稳步提升阶段（2014—2017 年）涌现出了不同于前两个政策阶段的高频关键词，表明这一时期关于基本公共教育的政策问题开始多样化，促使注意力分配走向多元，出台的政策也开始关注多个维度。如“国家”“学校”“贫困”等关键词的出现，表明政策从不同角度、不同层面推进基本公共教育服务向更广范围和更深层次发展，尤其是“贫困”一词的首次出现，表明教育在精准扶贫中的作用开始发挥。此外，“支持”“完善”“推进”等动词依旧受到关注，与此相对应的“发展”“教育”“建设”关键词也受到关注，这些不同力度的动词表明，政府开始在不同层面和维度对基本公共教育进行稳步提升。“国家”“民族”和“地区”的共同出现表明，这一时期基本公共教育的政治站位相比上一时期更高，对国家发展和中华民族伟大复兴的意义更加重要，尤其是“地区”一词的排名上升，表明在稳步提升阶段更应该注重缩小地区之间的基本公共教育差距。

2018 年以后进入了优质发展阶段，“发展”“建设”“服务”仍然是关注的重点，然而与前几个阶段背后所反映的注意力不同的是，这一时期以满足人民日益增长的美好生活需要为目标，关注对基本公共教育的品质提升与服务优化。“完善”等词的位置上升也反映了该时期是建立在稳步提升阶段基础上，对基本公共教育政策进行持续完善和优化。此外，“标准”首次作为高频关键词出现，表明要以标准化推进基本公共教育优质化的重要理念。“贫困”一词上升至历史时期的最高位置，表明随着脱贫攻坚收官之年的到来，中央也更加注重发挥基本公共教育在扶贫和脱贫中的重要作用。

纵观中央层面基本公共教育政策注意力分配历程，体现出了以下三种演进特点。

一是注意力分配的演进具有层次感。中央层面的注意力分配在每个政策变迁阶段体现出的重点关注和注意力强度，是在上一个政策变迁时期的基础上层层推进的。如逐步覆盖阶段（2006—2010 年）动词较多，表明注意力重点在于“如何做”，对基本公共教育政策核心本质“服务”分配的注意力较少。在后几个政策变迁时期，对“如何做”的注意力分配转移到一些具体的名词上，对“服务”的关注与日俱增，由“如何做”转为“做什么”。在 2018 年以后的优质发展阶段，注意力分配的动词和名词数量相当，并且动词的数量较前几个时期更多，注意力分配转向“做什么并且如何做”并重。

二是均衡之中又有重点突出。尽管决策者由于有限理性，不可能对基本公共教育政策各个领域分配同等的注意力，但是注意力始终会被重要的政策议题所吸引，这使得中央层面能够在均衡之中突出重点。注意力在每个政策变迁阶段分配得较为均衡，每个政策变迁阶段均有相似的动词，如“完善”“推进”“提高”，但是又在整个政策变迁历程中，始终保持了对“发展”“建设”“教育”等关键词的重点突出，使其在各政策变迁阶段均处于高频关键词前三位置。

三是注意力随着政策变迁历程由分散形成体系。每个阶段注意力的分配过程，也是对下一个政策变迁阶段积累和学习的过程，在这个过程中，学习机制作用的发挥使得注意力分配逐步走向科学化。如同基本公共教育政策由逐步覆盖到优质发展的演进历程，政策注意力由最初仅仅关注“农村”“学校”，到最后的多样化，包括“教师”“学校”“贫困”“标准”等，表明注意力从最初单一化较为分散，到同时关注基本公共教育政策的各个方面，逐渐形成一个较为完整的体系。

（二）民族地区层面基本公共教育政策的注意力分配

民族地区层面基本公共教育政策的注意力分配分为两个层次：一是从民族地区总体政策变迁历程来看；二是从各民族地区政策变迁历程来看。

1. 民族地区总体基本公共教育政策的注意力分配

中央层面政策具有纲领性和指导性，民族地区在中央政策的领导与宏观规划下制定符合本地区实际情况的政策。对于民族地区层面基本公共教育政策的注意力分析，同样保留关键词排名前15的高频词汇（见表2.5）。

表2.5　民族地区层面基本公共教育政策不同阶段的注意力分配

2006—2010年		2011—2013年		2014—2017年		2018年至今	
单词	计数	单词	计数	单词	计数	单词	计数
教育	3818	教育	3477	建设	7992	发展	2963
发展	3146	发展	2784	发展	7611	建设	2495
建设	2859	建设	2125	教育	7544	教育	2478
农村	1904	学校	1452	服务	5782	服务	1626
人才	1794	加强	1379	社会	4007	推进	1329
工作	1722	提高	1210	学校	3836	实施	1292
学校	1653	工作	1155	加强	3808	加强	1286
加强	1649	社会	1099	推进	3759	社会	1199
社会	1640	服务	1045	实施	3548	青年	1075
提高	1519	管理	971	工作	3231	财政	1034

续表

2006—2010 年		2011—2013 年		2014—2017 年		2018 年至今	
单词	计数	单词	计数	单词	计数	单词	计数
实施	1295	教师	965	保障	3102	工作	1029
管理	1272	实施	950	完善	2855	改革	1017
服务	1145	推进	890	贫困	2839	完善	974
经济	1139	完善	878	管理	2760	保障	933
制度	1090	农村	874	机制	2752	体系	925

资料来源：笔者总结。

如表 2.5 所示，对比中央层面的注意力分配，民族地区注意力位居前三的高频关键词依然是“教育”“发展”和“建设”，但是与中央层面的注意力分配次序有所不同。这说明在宏观规划上民族地区以中央政策为目标导向，在微观规划上则根据实际情况做出相应的部署，充分发挥了在教育等方面的自治权。“教育”在逐步覆盖阶段（2006—2010 年）、适度调整阶段（2011—2013 年）始终处于第一，但“建设”和“发展”在后两个阶段分别成为第一，一定程度上表明民族地区基本公共教育经历了由初步认识到实践发展的注意力转移。

具体而言，逐步覆盖阶段（2006—2010 年）能够表示具体行动的高频关键词“工作”“加强”“提高”等较少且位置靠后，但“农村”“人才”“学校”“经济”等名词较多，且排位较为靠前。表明这一时期民族地区对于基本公共教育的注意力停留在对基本公共教育构成的基础认识上，对需求的理解与判断也聚焦在具体事物上，如人才队伍、学校建设等，而对于具体行动规划和发展认识不足、规划不够。尤其是“经济”作为高频关键词的出现，一定程度上表明这一阶段的民族地区经济发展依然是重要任务，而“制度”的出现则体现了上层建筑对基本公共教育的重视。

适度调整阶段（2011—2013 年）的注意力较上一时期发生了很大变化，虽然“教育”仍然处于首位，但是新增了“完善”和“推进”两个关键词，同时代表具体行动的高频词位置有所提高，表明这一时期政府从不同行动维度开展了对基本公共教育的适度调整。“学校”排名的上升表明各种举措的重点与学校建设和发展有关，“教师”相比上一时期的“人才”更为聚焦，表明民族地区对发展基本公共教育的人力资本需求更为精准。对“服务”的关注也有所上升，民族地区意识到推进基本公共教育发展的同时，也要注重发挥其更多的服务功能，将基本公共教育的目的落脚于各族人民的生存发展。对“农村”的关注明显低于上一个政策变迁时期内中央层面的注意力分配。

在稳步提升阶段（2014—2017 年），对“建设”的关注度首次上升至首位，相对密集的代表具体行动的高频关键词如“完善”“推进”“实施”“保障”等，表明民族地区从不同维度采取具体措施，促使“服务”位置的大幅提升。在积累了前两个阶段对基本公共教育的认识后，这一时期着重“稳步提升”，发挥基本公共教育“服务”本质，并且开始重视基本公共教育对扶贫的作用。“保障”和“机制”首次出现，表明民族地区开始注意到既要发挥基本公共教育对其他事物的保障作用，也要采取多种机制协同促进基本公共教育的发展。“管理”相比这一时期中央层面注意力分配的存在表明，民族地区在治理基本公共教育方面依然较为薄弱，地方政府停留在“管理”而非“治理”的时间较多。总体而言，这一时期民族地区对基本公共教育政策的注意力分配同中央层面注意力分配的变化趋势差距逐步缩小。

2018 年进入优质发展阶段后，对动词的注意力分配明显多于前几个政策变迁阶段，表明需要从不同维度和力度的政策举措出发，促进民族地区基本公共教育政策优质发展。其中，“发展”成为民族地区基本公共教育政策的首要关注点，这也意味着“优质发展”这一政策时期不同于前几个政策变迁阶段，既要进一步提升本民族地区的基本公共教育水平和质量，又要立足于全国的发展格局中提升自身的服务能力和辐射能力。新增加的“改革”“财政”以及对“实施”关注的上升，代表了民族地区发展基本公共教育的后劲力度，国家在财政上给予了极大的支持和保障。对“青年”的关注则体现了人力资本在民族地区基本公共教育发展中的重要作用。

2. 各民族地区基本公共教育政策的注意力分配

从整体上解释了中央与民族地区基本公共教育政策在不同变迁阶段的

注意力分配之后，需要进一步分析和认识各民族地区之间注意力的不同，本书接下来对各民族地区在同一政策变迁时期的注意力进行分析。

在逐步覆盖阶段（2006—2010 年），西藏位居第一的关注为“人才”，表明由于地理位置及社会环境的影响，西藏首先要增强对人才的吸纳，才能进一步促进当地基本公共教育的发展。对“农牧民”和“农牧区”的关注表明西藏立足于当地拥有大面积牧区、农牧区的现实情况，额外关注基本公共教育需求。内蒙古对“牧区”和“农牧民”的关注有着同样的情况。新疆出现了与其他民族地区不同的高频关键词，即“义务教育”“教师”“教学”“培训”和“学生”，可见新疆这一时期关注的是“普九”工程，将基本公共教育细化到义务教育中的各个主体与关键环节。广西对“经济”的注意力分配多于其他地区，这可能与国家 21 世纪初提出的沿海经济发展战略有关，广西作为 5 个民族自治区中唯一与海洋接壤的地区，意识到了基本公共教育在经济发展中的重要作用。作为西北内陆的民族地区，宁夏近年来人才流失相对严重，以发展基本公共教育吸引“人才”成为其注意力关注重点，但是对基本公共教育发挥“服务”作用的注意力分配成为这一时期不同于其他民族地区的亮点（见表 2.6）。

表 2.6　逐步覆盖阶段各民族地区基本公共教育政策注意力分配

2006—2010 年									
新疆		广西		内蒙古		宁夏		西藏	
单词	计数	单词	计数	单词	计数	单词	计数	单词	计数
教育	816	建设	610	建设	801	教育	1466	人才	539
学校	340	发展	562	发展	752	发展	1102	发展	469
发展	261	教育	490	教育	702	建设	866	建设	370
工作	254	学校	329	农村	618	农村	815	教育	344
农民工	224	加强	320	牧区	579	人才	762	工作	332
建设	212	农村	278	社会	468	学校	610	农牧民	286
教师	206	经济	247	加强	420	社会	591	加强	270
义务教育	178	管理	234	工作	400	工作	513	社会	259
教学	164	提高	228	提高	379	提高	506	提高	252
农村	159	工作	223	人才	370	加强	485	农牧区	237

续表

2006—2010年									
新疆		广西		内蒙古		宁夏		西藏	
单词	计数	单词	计数	单词	计数	单词	计数	单词	计数
加强	154	实施	222	服务	365	实施	475	管理	205
提高	154	重点	216	农牧民	307	工程	464	实施	167
实施	150	改革	209	重点	303	管理	424	经济	165
培训	147	社会	198	管理	298	经济	422	制度	161
学生	143	义务教育	197	实施	281	服务	394	保障	159

资料来源：笔者总结。

在适度调整阶段（2011—2013年），新疆对上一时期“义务教育”的关注转为“学前教育”，相应“教学”“教师”和“学生”的位置有所上升，“质量”和“课程”首次出现，一定程度上说明新疆开始关注基本公共教育需求侧的学生，关注受众群体学生对课程质量的感知从而提升基本公共教育质量。广西相比其他民族地区在这一时期对基本公共教育的本质“服务”予以重点关注，并开始注重下一代“儿童”的教育发展，伴随出现的还有对“教师”的关注。内蒙古则重点关注“牧区”“扶贫”和“贫困”，着重在发展基本公共教育的同时实现“教育扶贫、教育治贫”，而“开发”一词的出现也从侧面说明重视基本公共教育发展的创新举措，并认为基本公共教育应落脚于“服务”维度。宁夏则同时注重“学前教育”和“义务教育”的均衡发展，其中“教师”和“学校”注意力的大幅提升表明对基本公共教育基本配置的重点关注，此外还关注了来源于财政支持的“经费”。西藏这一时期虽然出现了“体育”，开始对基本公共教育中德智体美劳的一方面予以关注，但是总体而言以“加快”和“建立”等为代表的具体行动注意力分配依然较多，并重视对基本公共教育服务“体系”的进一步完善（见表2.7）。

表 2.7　适度调整阶段各民族地区基本公共教育政策注意力分配

2011—2013 年									
新疆		广西		内蒙古		宁夏		西藏	
单词	计数	单词	计数	单词	计数	单词	计数	单词	计数
教育	417	教育	1547	发展	741	教育	682	发展	500
教学	213	发展	1049	建设	651	发展	313	建设	385
发展	181	建设	854	教育	524	学校	253	教育	307
教师	160	学校	586	牧区	439	教师	165	加强	286
学校	151	服务	581	扶贫	433	建设	151	体育	247
工作	135	加强	563	加强	351	提高	149	学校	241
学前教育	114	工作	560	贫困	305	职业	106	推进	197
学生	107	提高	496	提高	304	加强	96	完善	187
改革	98	社会	484	社会	301	管理	96	社会	183
质量	98	儿童	480	地区	283	幼儿园	94	工作	181
课程	88	农村	458	实施	278	义务教育	89	提高	175
提高	86	规划	454	推进	276	实施	85	管理	165
建设	84	实施	421	农村	274	学前教育	84	加快	151
加强	83	保障	418	开发	265	移民	82	建立	145
使用	81	教师	417	服务	236	经费	81	体系	144

资料来源：笔者总结。

进入稳步提升阶段（2014—2017 年），宁夏对基本公共教育发挥的“服务”功能注意力分配多于其他民族地区，从其他代表注意力的高频关键词也可以体现，这一时期宁夏从不同维度推进基本公共教育各个领域，涵盖了“农村”“儿童”“扶贫”等基本公共教育容易忽视的领域，“基本”一词也体现了兜底的保障理念。新疆这一时期对“贫困”和“扶贫”的注意力分配较多，关注基本公共教育在贫困领域发挥的“基本”助力作用。广西对“资源”的注意力分配是其他民族地区所没有的，这与广西相对优越的地理位置带来的更多可发展资源相关，从某种程度上表明了基本公共教育需要依靠多元主体的资源汇集，才能实现高效发展。内蒙古则关注基本公共教育的“制度”与“机制”，开始注重从制度保障和机制运行等层面完善基本公共教育。西藏对“教师”和“学校”等基本公共教育基础设施和资源的关注仍占据一定位置，但是这一时期注重加强“制度”保障，推进基本公共教育服务成为全区人民享有的公共产品（见表2.8）。

表2.8 稳步提升阶段各民族地区基本公共教育政策注意力分配

2014—2017年									
新疆		广西		内蒙古		宁夏		西藏	
单词	计数	单词	计数	单词	计数	单词	计数	单词	计数
建设	2499	建设	2188	发展	1619	建设	1240	教育	1164
发展	2242	教育	2138	教育	1408	服务	1171	建设	809
教育	1690	发展	1884	建设	1256	教育	1144	发展	737
服务	1666	服务	1395	服务	889	发展	1129	服务	661
贫困	1485	学校	1242	学校	844	社会	716	加强	522
社会	1312	实施	910	推进	824	农村	656	教师	449
加强	1153	加强	878	社会	773	推进	626	社会	425
推进	1088	推进	870	加强	764	实施	623	学校	411
工作	1017	教师	781	制度	750	保障	588	公共	396
实施	998	社会	781	机制	739	学校	551	完善	385
保障	976	资源	761	工作	734	基本	536	实施	370
产业	905	管理	690	完善	705	扶贫	531	推进	351
扶贫	891	保障	667	地区	671	儿童	514	工作	332
工程	838	工作	647	建立	664	工作	501	制度	323
基本	806	完善	609	贫困	652	加强	491	建立	319

资料来源：笔者总结。

进入2018年的优质发展阶段，新疆由于地处我国西北边境，承担着维护祖国边疆安全与稳定的责任，对“边境”的关注表明新疆基本公共教育既有服务的职能，也有着维护边疆社会稳定的需要，而“改革”一词的再次出现表明了其决心与力度。此外，“文化”凭借意识形态塑造和潜移默化功能与基本公共教育共同促进新疆的社会发展，并且回归了对“义务教育”的重视。广西依靠北部湾发展计划使得“产业”和“项目”成为注意力关注点，在“国家”的大力支持下将依靠地理位置“加快”实现基本公共教育与地域经济发展相辅相成的战略规划。内蒙古将“服务”作为注意力分配重点，并从多个行动维度充分发挥基本公共教育为各族人民“服务”的本质而努力。宁夏则依靠“财政”和“支出”为基本公共教育提供充足的资金保障，在财政中形成完善的基本公共教育服务保障“体系”，并注重对各项任务和政策环节的“落实”。西藏社会环境的复杂性使得基本公共教育除教育的作用外，还需要在“加强”“坚持”等力度下发挥在“民族”和“团结”等方面的重要功能，并且注重在全区推行“全面”的基本公共教育服务，通过在不同领域、不同群体、不同阶段发挥教育树人育人的作用，从而在思想与实践结合中实现维护祖国团结与稳定（见表2.9）。

表2.9　优质发展阶段各民族地区基本公共教育政策注意力分配

2018年至今									
新疆		广西		内蒙古		宁夏		西藏	
单词	计数	单词	计数	单词	计数	单词	计数	单词	计数
发展	916	建设	839	服务	676	教育	574	教育	304
建设	685	发展	819	发展	578	发展	406	发展	244
青年	679	教育	640	建设	470	建设	295	建设	206
义务教育	506	实施	505	教育	454	财政	277	工作	196
社会	404	服务	334	青年	391	推进	216	民族	179
推进	391	推进	333	财政	380	责任	201	加强	149
边境	389	财政	331	基本	360	实施	190	学生	148
加强	355	幼儿园	317	社会	351	服务	187	推进	138
服务	348	产业	302	公共	338	支出	178	教师	128
团场	320	改革	298	保障	312	加强	177	教学	120
产业	285	加强	294	加强	311	改革	175	社会	119
文化	283	农村	269	推进	251	体系	154	全面	116
实施	276	项目	260	机制	238	完善	153	完善	115
改革	260	加快	247	体系	231	机制	150	团结	114
工作	259	国家	244	完善	231	落实	146	坚持	113

资料来源：笔者总结。

相比中央层面基本公共教育政策注意力分配，民族地区层面注意力分配具有时效滞后、关注基础以及差异明显的特点。

其一，时效滞后。中央政策的贯彻往往体现出自上而下的逐级推进①，在层层推进的过程中，民族地区地方政策往往在时效上相对滞后。从相同政策变迁阶段对比中央层面和民族地区层面的注意力高频词可以发现，民族地区基本公共教育政策的注意力分配，相比中央层面规划在总体上落后一个时期。例如，在优质发展阶段，民族地区层面相比中央层面缺少了对“标准”的注意力分配，而“标准”往往表明基本公共教育政策走向制度化和规范化的过程；民族地区的关注重点仍然聚焦在“机制”发挥的作用中，一定程度上反映了中央层面对基本公共教育的具体行动要先于民族地区层面。

其二，关注基础。民族地区基本公共教育政策注意力分配的动词明显多于名词，大部分政策变迁阶段关注“如何做”。例如，在适度调整阶段，民族地区层面相比中央层面缺少了对“制度”和“资源”等相对关键词语的注意力分配，对一些制度等上层建筑的注意力分配依然不够。大多集中于基础的行动，诸如“工作”和“实施”等层面，相比中央层面关注的“完善”和“推进”而言，更加注重建立好基本公共教育的基础环境和发挥基本功能。

其三，差异明显。各民族地区的注意力分配除了具备以上几个共同特征，还具有地区差异性。在政策变迁的历程中，注意力分配逐渐体现各民族地区差异，这种差异同各民族地区发展的实际情况相符合。例如西藏和新疆，对于基本公共教育政策在维护民族团结和稳定等方面的注意力，要明显多于其他民族地区。

三、政策主题的变迁

政策主题是对注意力分配的聚类。通过运用聚类分析方法将政策文本的高频词汇集，并结合政策变迁的时代背景和专家意见的综合判断，从中央层面和民族地区层面不同维度分析民族地区基本公共教育政策主题的变迁。

---

① 陈丽君，傅衍．我国公共政策执行逻辑研究述评[J]．北京行政学院学报，2016(5)：37－46.

（一）中央层面基本公共教育政策主题变迁

利用 NVivo11 软件的聚类分析功能将政策注意力的高频词进行聚类，用以展现各政策变迁阶段的政策主题，中央层面基本公共教育政策主题的变迁如图 2.2 所示。

图 2.2　中央层面基本公共教育政策主题变迁

资料来源：笔者绘制。

从图 2.2 中可以看出，在逐步覆盖阶段（2006—2010 年），政策主题为发展学校教育、加强制度建设、推进服务发展和关注农村地区。中央层面政策主题聚焦于发展基本公共教育的重要环节，同时在“均等化”理念和原则下关注基本公共教育发展薄弱的农村地区，缩小城镇间地区差异，并在制度上加强对基本公共教育发展的保障和建设，以此推进刚起步的基本公共教育实现逐步覆盖。

到适度调整阶段（2011—2013 年），这一时期中央层面在前期政策变迁的基础上，开始重点关注民族地区基本公共教育发展，在合理调整资源配置的基础上，加大对民族地区的扶持力度，不断缩小民族地区与其他地区的基本公共教育均等化水平的差距，充分发挥基本公共教育对社会发展和社会公平的促进作用。

转向稳步提升阶段（2014—2017 年），政策主题开始在前期适度调整的基础上进一步提升学校教育的水平和质量，因此这一时期出现了关注基本公共教育在相对薄弱的贫困地区发展的政策主题，同时注重充分发挥基本公共教育的服务本质与扶贫作用，并将基本公共教育发展立足于国家和民族的发展上升至一个新的战略高度。

进入优质发展阶段（2018 年至今），这一时期政策主题提出以“标准化”来实现基本公共教育的“质量”提升，并在 2020 年全面建成小康社会目标实现之年和全面打赢脱贫攻坚战收官之年目标指引下，进一步深入贫困地区，注重利用基本公共教育加大扶贫力度，将基本公共教育的发展同国家未来发展相结合，将基本公共服务的发展同国家治理体系和治理能力现代化相结合。

纵观中央层面基本公共教育政策主题变迁，体现出延续性、导向性和可持续性的特点。

第一，延续性。任何事物的发展均建立在前期基础之上，政策的发展也不例外。正如中央层面政策注意力分配变化体现出层次感的演进，使得政策主题具有延续性。下一个政策变迁阶段体现出对上一个阶段的延续但又有所提升。如逐步覆盖阶段到适度调整阶段，在前期加强制度建设后递进到如何发挥制度作用，发挥基本公共教育对社会的促进作用。

第二，导向性。在我国公共政策的效力层级上，国家层面的政策具有宏观上和全局上的领导性与规划性。这使得中央层面的基本公共教育政策在整个政策变迁时期，既要注重对基本公共教育发展薄弱的地区给予关注，又要立足于国家和民族发展，始终处于较高的站位并总览全局。

第三，可持续性。政策主题变迁体现出“普惠化—均等化—优质化”的梯度递进规律[①]。相应地，政策主题的基线在动态变化中总体体现为向“优质化”递进，尤其是在优质发展阶段，为了不断满足人民日益增长的美好生活需要，基本公共教育政策同国家发展结合得更加紧密。

（二）民族地区层面基本公共教育政策主题变迁

与注意力分配相同，民族地区政策主题变化也分为民族地区总体和各民族地区两个维度。

1. 民族地区层面总体的政策主题变迁

对民族地区基本公共教育政策注意力分配进行聚类，形成的民族地区

---

① 姜晓萍，郭宁．我国基本公共服务均等化的政策目标与演化规律——基于党的十八大以来中央政策的文本分析[J]．公共管理与政策评论，2020，9(6)：33－42.

层面总体上的政策主题变迁如图 2. 3 所示。

图 2. 3　民族地区层面基本公共教育政策主题变迁

资料来源：笔者绘制。

从图 2. 3 中可以看出，在逐步覆盖阶段（2006—2010 年），民族地区政策主题在中央政策的指引下关注如何发展本地区的基本公共教育，与此相联系的便是注重对人才的培养和吸引人才来发展本地区的基本公共教育，并在关注农村地区基本公共教育的政策主题上，同中央层面保持一致。由于民族地区经济发展水平不高，这一时期的政策主题还是以基本公共教育服务促进社会经济发展为主。

适度调整阶段（2011—2013 年），经历了上一时期基本公共教育服务在民族地区的逐步覆盖，开始在已有基础上对基本公共教育的各个领域进行相应的调整，政策主题相对聚焦，基本围绕基本公共教育发展的关键环节开展。诸如，相比上一个时期增加了对学校教育具体领域的政策主题关注，并将基本公共教育作为本民族地区重点工作之一着力推进。

稳步提升阶段（2014—2017 年）延续了对上一阶段学校教育的进一步提升与发展，在中央政策主题关注下，各民族地区也将贫困地区作为本民族地区工作的重点任务，以此充分发挥基本公共教育对民族地区贫困地区的保障和服务作用，缩小民族地区内部的基本公共教育差距和发展水平差距。

优质发展阶段（2018 年至今）则注重财政在基本公共教育领域发挥的主要作用，民族地区基本公共教育主要由中央财政转移支付重点支持，促使民族地区加快发展基本公共教育的薄弱环节并且补齐发展短板。这一时期民族地区也在财政作用的支持下得以大力发展青年教育，加大改革力度，强化基本公共教育对社会的保障和发展作用。

2. 各民族地区的政策主题变迁

为进一步了解各民族地区的政策主题变迁，图 2.4 汇总了各民族地区在不同基本公共教育政策变迁阶段的政策主题。

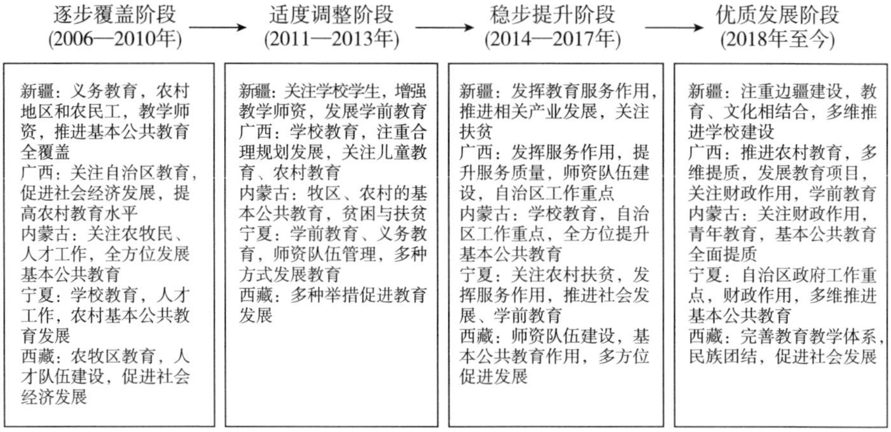

图 2.4　各民族地区基本公共教育政策主题变迁

资料来源：笔者绘制。

如图 2.4 所示，各民族地区基本公共政策变迁在不同时期的政策主题有共同关注点，但在实际发展中又有各自的关注偏好。在逐步覆盖阶段（2006—2010 年），各民族地区的政策主题倾向于对基本公共教育的逐步推进，各个地区均关注了农村和农牧民的基本公共教育，把握了基本公共教育在逐步覆盖中容易忽视的薄弱环节，重视推进农村和牧区薄弱地区的基本公共教育发展。内蒙古、宁夏和西藏的政策主题均关注了人才队伍建设，用以增强基本公共教育的发展动力。广西和西藏的政策主题，侧重基本公共教育在民族地区促进社会经济发展的带动作用。新疆、广西和宁夏关注基本公共教育各个领域和总体的发展，内蒙古则采取了多种举措全面推进基本公共教育发展。西藏相比其他民族地区，政策主题显得较为单一。

在适度调整阶段（2011—2013 年），各民族地区在前期逐步覆盖的基础上更加注重基本公共教育各项领域的调整，并采取一系列措施调整政策主题，促使基本公共教育均衡发展。新疆和广西关注学校教育以及学生发展，将基本公共教育落脚于需求侧的受众者。新疆和宁夏相比上一时期增加了对基本公共教育领域中学前教育的关注，并且政策主题中增加了教师队伍建设和培养。广西和内蒙古的政策主题存在对上一个阶段的延续，依然关注农村和牧区的基本公共教育发展，但广西相比其他民族地区，提出了对儿童接受基本公共教育的关注，并且注重基本公共教育的合理规划与发展。内蒙古则提出了关于基本公共教育在贫困和扶贫领域的政策主题。西藏相比其他民族地区，这一时期的政策主题并不直接聚焦于基本公共教育的具体领域，而是以多种举措促进基本公共教育发展，追赶其他民族地区基本公共教育的发展步伐。

在稳步提升阶段（2014—2017 年），各民族地区普遍注重发挥基本公共教育的服务作用，并且这一时期的基本公共教育发展对前两个时期相同的政策主题有了进一步的提升。新疆、广西、宁夏和西藏明确提出了发挥基本公共教育作用的政策主题，尽管内蒙古的政策主题并没有明确指出，但在自治区重点工作、全方位提升的政策主题中，侧面表现出了要重点关注基本公共教育服务作用的意涵。广西和宁夏在学前教育、师资队伍建设和农村教育政策主题上，存在对上一个政策变迁阶段的延续。新疆和宁夏依然体现出了对教育在扶贫中发挥作用的重点关注，而新疆创新性地提出了以基本公共教育发展带动相关产业和项目发展。西藏相比上一个时期更加注重师资队伍建设，注重人力资本促进基本公共教育稳步发展，并积极采取多种政策举措缩小同其他地区基本公共教育之间的差距。

在优质发展阶段（2018 年至今），财政明显成为各民族地区政策主题的重点，而以全方位、多层次手段实现对基本公共教育的“提质”也是各民族地区政策主题的关注重点。在新疆和西藏，除了进一步完善基本公共教育体系、多维推进基本公共教育发展的政策主题，政策主题还出现了民族团结等，表明在民族地区基本公共教育发挥了多重作用，此外新疆还出现了教育、文化相结合的政策主题，将基本公共教育同当地传统文化相结合，丰富了基本公共教育发展的路径。广西和内蒙古则在学前教育和青年教育的政策主题中体现了不同的关注点，而广西也提出了同上一时期新疆类似的发展基本公共教育相关项目这一政策主题，并通过多维的政策举措提升基本公共教育发展质量。宁夏这一时期则提出将教育作为本地区工作重点的政策主题，重点推进基本公共教育发展。

总之，相比中央层面的基本公共教育政策主题，民族地区的基本公共教育政策主题在总体上体现出与中央层面的政策主题耦合协同，但是对基本公共教育的长远把握不到位，如鲜有对“继续教育”这一政策领域的关注，具体到各民族地区，在不同变迁时期又体现出对不同议题的关注，在政策主题具有时差性的注意力分配中，形成了各民族地区不同的政策主题演进样态。

从央地府际关系来看，由于基本公共教育政策主体的等级不同，不同层级的政策被赋予了不同功能①。地方政府在中央层面政策顶层设计的指导下，需要以中央层面政策为蓝本，体现出与中央层面的耦合协同性。但是在这种府际关系下，中央在保证高度集权的基础上，实现对地方政府合理分权，充分发挥地方的主动性与积极性②，尤其是各民族地区又在教育等领域有一定的自治权，这使得民族地区基本公共教育政策主题体现能够结合地方实际。总体而言，各民族地区在政策变迁历程中体现出地方特色，存在不同历史时期对同样议题的关注差异。

四、政策工具的更迭

对政策工具的更迭进行政策文本分析，首先需要对政策工具进行合理分类。尽管政策工具作为公共政策研究的重点，一直以来被政策分析所重视，但是政策工具分类至今尚无统一的标准。其中，施耐德和英格拉姆的政策工具分类被政策分析广泛使用并得到了认可。他们将政策工具分为权

---

① 刘晓燕，侯文爽，单晓红，等．多层级视角下京津冀科技创新政策府际关系研究［J］．科技进步与对策，2019，36(8)：115－123.

② 蓝志勇，苗爱民，李东泉．深化府际关系改革 推动城乡协调发展［J］．中国行政管理，2016(11)：30－35.

威型、激励型、能力建设型、象征和劝告型以及学习型五类①。其中，权威型政策工具往往带有强制性意味，用于约束政府部门和外部目标群体，法律、法规、规定、规章、条例等均属于权威型工具范畴。激励型政策工具分为消极惩罚和积极奖励，往往带有禁止、严禁、促进、大力支持、加强等词汇描述。能力建设型政策工具表达了对提供个人、群体或组织进行决策或开展活动等资源的支持倾向。象征和劝告型政策工具用于引导人们是否采取政策要求的行动。学习型政策工具适用于无法确定目标群体是否会采取解决问题的行动情况。

结合民族地区及政策制定中的实际情况，能力建设型政策工具往往包含在激励型政策中，即在给予激励的同时提出一系列优惠和保障措施来丰富相关资源。在我国政策实践中，象征和劝告型以及学习型政策工具并不多见。基本公共教育需要多元主体的协同供给，多元主体之间的信息传递日益重要，尤其是利用政策手段实现信息传递更容易打破“信息孤岛”的困境，充分传达政策文件各种精神要求，在自上而下的信息传递模式中达到推动基本公共教育的重要目的。根据政策工具发挥不同作用，本书确定文本分析中的政策工具为权威型、激励型和信息传递型。

按照政策工具的分类标准与内涵，对中央层面与民族地区层面的政策工具更迭进行政策文本分析。在逐步覆盖阶段（2006—2010 年），由于国家层面提出“基本公共服务体系”“基本公共服务均等化”等概念，此时全国范围内包括民族地区在内的基本公共教育依然处于起步发展和探索阶段。因此，这一阶段以权威型和信息传递型为主要政策工具，用强制性、命令型手段推动各环节任务有序开展，促使基本公共教育的广泛覆盖，诸如“严格规范收费行为”“普及和巩固九年义务教育”等。以意见、通知等形式来广泛宣传基本公共教育本质和理念，诸如“采取多种形式，向全社会进行深入宣传”，一方面加大下一级政府和基层对基本公共教育的推进力度，另一方面促使各族人民深刻了解基本公共教育并发挥监督作用。

① SCHNEIDER A, INGRAM H. Behavioral assumptions of policy tools[J]. The journal of politics, 1990, 52(2): 510-529.

激励型政策工具作为辅助，用于充分调动各民族地区的积极性参与基本公共教育建设，明确各民族地区各级政府和群体的职能职责，确保基本公共教育顺利发展，诸如“高度重视，建立责任制”“一把手亲自抓，精心组织，周密部署”等类似政策工具的使用。

适度调整阶段（2011—2013 年）相比上一时期，较为重要的事件包括 2012 年《国家基本公共服务体系“十二五”规划》的出台和党的十八大提出“2020 年基本公共服务均等化总体实现”。在此情形下需要在逐步覆盖的基础上，调整基本公共服务各个领域在发展过程中不合适、不到位、不匹配等情况，这也意味着需要对基本公共教育服务以及政策工具的使用进行相应的调整。因此，这一时期政策工具以权威型和激励型组合使用为主要，信息传递型为次要。与上一时期的权威型政策工具相比，政策工具的强制力度较弱，更多体现为激励、促进的意涵，这也使激励型的政策工具得以大面积使用，诸如“积极扶持普惠性民办幼儿园发展”“扩大优质教育资源覆盖面”等，以此调动各方积极性，推进基本公共教育及政策从适度调整走向稳步提升。

进入稳步提升阶段（2014—2017 年），在逐步覆盖和适度调整的基础上，民族地区基本公共教育服务发展渐入正轨，相关政策也逐渐完善，政策工具的使用越来越灵活，并且各种类型的政策工具在这一时期的使用均大幅增长。其中，以激励型和信息传递型为主，但是各类重要规划、决定的出台表明权威型依然占据重要位置，用来实现强制力对稳步提升政策目标的有力推动。这一时期的激励型政策工具多以正向激励为主，采取多种举措促进基本公共教育资源汇集与动员多元供给主体的积极性，与这一时期注意力高频关键词相匹配。信息传递型政策工具更多体现于扮演“软工具”的角色，用于明确各方参与基本公共教育服务的职责，树立正确的目标和增强责任感，诸如“构建立体化宣传网络”“切实保障人民群众对教育工作的知情权、参与权和监督权”“加大权威信息发布力度”等。这体现了将信息传递型工具发挥的“软”作用与权威型工具的“硬”作用相结合，目标群体更容易接受。

2018 年以后进入优质发展阶段，政策工具对上一时期的使用既有延续也有突破，趋向于混合使用，三类政策工具均得以在政策变迁中发展与完善，在使用数量和范围上均得以大幅度拓展并不断完善，政策工具逐步走向多元化。诸如，权威型政策工具的使用力度更大，“坚决”“杜绝”“着力”等对应基本公共教育体系建设、推进、完善等目标。政策工具的使用与政策目标的匹配也更加精准，诸如“根据省级人民政府确定的基本办学标准，缺什么补什么”，体现出优化基本公共教育的决心。在激励型政策工具使用上更为丰富多样，诸如“中小学教师工资实现与当地公务员工资收入同步调整”“积极鼓励社会力量依法兴办教育”和“深化教育领域‘放管服’改革”等，关注经济待遇、市场资源和制度完善等方面的激励作用，注重基本公共教育服务的市场化需求与供给。在信息传递型政策工具使用上更加注重公众需求，如舆论宣传、知识教育、信息公开等，信息传递的双向作用使政府和民族地区各族人民群众在基本公共教育中提升了互动性和参与性。

从政策工具整个演进历程来看，在政策变迁初期，由于基本公共教育政策作为一个新事物的出现，相较于激励型和信息传递型政策工具，权威型政策工具更能推动事物的建立与发展。因此，这一时期权威型政策工具的使用较多。在适度调整阶段（2011—2013 年）和稳步提升阶段（2014—2017 年），则以激励型和信息传递型政策工具为主，权威型政策工具为辅，这可能是由于需要采取多种措施激发多元主体建设基本公共教育体系的积极性，相比权威型政策工具，其他两种政策工具的组合使用更容易发挥效果。进入 2018 年的优质发展时期，权威型、激励型和信息传递型政策工具在政策中的组合越来越多见，出现多元化的趋势，但是权威型政策工具发挥了领导和约束作用。

具体到各民族地区，由于各民族地区基本公共教育政策基本以中央政策为规范和指引，并且在民族区域自治制度的基础上，结合各民族地区现实情况。因此，民族地区基本公共教育政策的政策工具运用大体与中央层面相同，但在各民族地区之间的比较中，政策工具使用又略有不同。例如，新疆和西藏受宗教、民族文化和地理位置的影响，以权威型政策工具使用居多，激励型政策工具往往与促进民族团结、维持社会稳定等相联系，与权威型政策工具一同使用，体现了“软硬兼施”的政策工具运用偏好。在“一带一路”倡议提出后，新疆激励型和信息传递型政策工具变多，极大地发挥了这两种政策工具对基本公共教育发展的促进和宣传作用，加深了同“一带一路”倡议的融合发展维度。其他3个民族地区在政策工具的使用上大致相同，但相比宁夏，内蒙古和广西政策工具的使用更为多元，偏向于三种类型政策工具的混合与交叉，单一型的政策工具使用情况较少。

总体而言，无论是中央层面还是民族地区层面，政策工具从最初的单一化运用走向多元化组合，并体现出动态化的演进。相比民族地区层面，中央层面的政策工具组合方式更多，在运用上也更加灵活大胆，使用走向规范化和精细化。民族地区层面虽然同中央层面保持一致，但权威型依然占据主导，以激励型与信息传递型使用为辅，政策工具组合的丰富程度和运用的灵活程度相对减弱。各民族地区政策工具的使用同所处的地理位置、社会环境、发展水平有关，并且有些民族地区承担着与其他民族地区不同的任务。

第四节　民族地区基本公共教育政策变迁样态的作用机理

探究宏观图卷和微观缩影中不同政策样态形成背后的作用机理，有助于我们深刻理解民族地区基本公共教育政策“如何变”这一核心问题。因此，有哪些层面的作用机理，导致了这些不同层面的政策变迁样态，有必要进行进一步探究。

一、大国治理中的特定影响

由于我国特有的治理模式和路径，公共政策变迁具有一些既定特点和路径，尤其是我国作为一个超大规模国家，国家与社会复杂性较高，而公共政策体系镶嵌于国家治理体系中，这使得我国公共政策变迁是独特的①。

① 唐贤兴．大国治理与公共政策变迁：中国的问题与经验[M]．上海：复旦大学出版社，2019：1－2.

（一）治理的复杂性与困难性

大国治理的复杂性与困难性，体现在面对的社会问题复杂交织和多元多变上。公共政策的重要功能之一，便是解决这些社会问题，提供相应的公共服务，满足人民群众诉求。这些社会问题的解决，往往影响着我国公共政策、民族地区基本公共教育政策的样态。

一方面，从中央层面来看，治理的复杂性与困难性源自我国是一个人口众多的统一的多民族国家，各民族地区发展有着各自的特色。在如此庞大的治理体系中，既要形成全国“一盘棋”的基本公共教育政策格局，又要解决兼顾民族地区地方特色、平衡民族地区间区域间协调发展、扶持民族地区基本公共教育发展薄弱地方、维护民族关系和社会稳定等一系列问题。

另一方面，从民族地区层面来看，治理的复杂性与困难性来自多个方面，民族地区基本公共教育是民族事务治理的一个重要环节，但同时也是一个难点。一是自然环境劣势和社会经济发展缓慢使得基本公共教育供给资源受限；二是民族地区地方政府治理能力和治理水平较低的制约，使得基本公共教育供给与需求不仅在结构上失衡，在质量上也不够优化；三是民族区域自治制度赋予的自治权，需要在维度范围内充分发挥又结合地方特色；四是区域内各族人民群众对基本公共教育需求的多样性；五是基本公共教育发展步伐落后于社会经济发展；六是各民族地区所处政策环境的差异性，如新疆和西藏与其他民族地区有所差异，相应的治理方式和重点也有所不同。

这些社会问题随着时代的发展呈现出不断变化的趋势，而决策者在每个阶段需要更新对其复杂性与困难性的认识，基本公共教育本身也要在这些社会问题合理解决后才能有效运转，使得治理的复杂性与困难性成为民族地区基本公共教育政策设计的基础，在动态化治理社会问题中，形成了诸如民族地区基本公共教育政策变迁在宏观层面由逐步覆盖到优质发展的政策样态。

（二）发展战略的规定性与协同性

发展战略在一定程度上体现了大国治理的路径和模式。我国的大国治理所构造出的政治空间和资源张力塑造了宏观背景①，在这一背景下，国家发展战略往往是顺应时代发展需求的。这便规定了一个时期内民族地区基本公共教育政策应该重点发展什么、如何发展等问题，而随着时代发展变化，国家发展战略也相继变迁，相应的民族地区基本公共教育政策也在国家发展战略规定下发生样态变迁，同当下治理生态相一致。

发展战略的规定性建立在宏观历史背景和空间背景下，这要求在一个较大历史背景下注重发展战略的协同性，而这也是大国治理在治理过程中所要求的。实际上，尤其是民族地区基本公共教育发展存在地区间失衡、与其他政策领域不协同的现象，而治理实践中往往需要通过实现协同治理来改善这一局面。这使得民族地区基本公共教育政策在发展战略协同性中，实现对各个政策环节和其他政策领域的相互促进与协调。在发展战略规定性与协同性影响下，民族地区基本公共教育政策能够始终围绕国家发展规划这条主线变迁，产生了具有特点的政策变迁样态，如政策主题变迁体现出延续性、导向性和可持续性，注意力分配的演进具有层次感等。

（三）公共利益的博弈与调整

我国国家治理的价值导向始终坚持以人民为中心②，而公共政策需要始终体现公共利益的价值。公共利益的价值，随着公共利益动态分化和调整发生变化。以人民为中心的民族地区基本公共教育政策，需要在不同时代根据人民切实需求进行相应变化和调整，而调整过程中充满着对公共利益各个方面的平衡，但又始终凸显以人民为中心的价值导向。这使得民族地区基本公共教育政策在注意力变迁上体现出均衡之中又有重点突出的变迁样态。

可以说，公共利益价值取向的变化，对公共政策有很大的诱导作用③。正因为民族地区基本公共教育政策并不能完全平衡公共利益，其反映出的

① 宋雄伟，张翔，张婧婧．国家治理的复杂性：逻辑维度与中国叙事——基于“情境—理论—工具”的分析框架[J]．中国行政管理，2019(10)：69－74.

② 宁洁，韩桥生．以人民为中心：我国国家治理现代化的价值导向[J]．江西社会科学，2020，40(6)：186－194.

③ 唐贤兴．大国治理与公共政策变迁：中国的问题与经验[M]．上海：复旦大学出版社，2019：23.

政策偏好并非符合所有需求，势必会根据“紧急”情况对公共利益进行排序和调整，而这会促使民族地区基本公共教育对各项内容进行相应的调整，这在各民族地区基本公共教育政策变迁中体现得相对明显，差异性也更强。因此，在逐步调整的过程中，最终会形成一个相对完善和平衡的公共利益分配机制，从而影响政策变迁样态，诸如注意力随着政策变迁历程由分散形成体系，注意力分配的演进具有层次感。

二、府际关系下的央地互动

民族地区基本公共教育政策由中央层面和民族地区层面的政策组成，尽管简单的分权和集权的政治制度不能完全概括中央与地方复杂且处于不断演变的关系①，但是在政策变迁过程中也可以体现央地关系。央地关系是指在宪法的总体构架下，中央政府和地方政府的权力分配关系，两者之间存在法定利益格局的调适和互动②。在中国央地关系这种“复杂且灵活的动态调整”中，最明显的就是民族地区层面基本公共教育政策“间断－均衡”同中央层面“间断－均衡”趋势相符合，以及相比中央层面，民族地区层面在注意力体现出的时效滞后、关注基础、差异明显，政策主题体现出的耦合协同、各具特色，政策工具体现出的组合较少、使用不灵活等变迁样态。

（一）纵向政府关系

央地关系是民族地区基本公共教育政策变迁中的主导关系。中央政府是民族地区基本公共教育政策的主导者，具有高度权威的中央政府可以根据经济社会发展的需要进行决策，根据宏观调控要求对基本公共教育等其他领域进行权力和资源配置的调整③。这使得在央地关系的调整中，民族地区基本公共教育的政策注意力、政策主题需要根据中央层面进行调整，

---

① 任丙强．地方政府环境政策执行的激励机制研究：基于中央与地方关系的视角［J］．中国行政管理，2018（6）：129－135.

② 任维德．当代中国府际关系中的中央与民族自治地方关系及其重构［J］．内蒙古大学学报（人文社会科学版），2007（4）：58－65.

③ 朱旭峰，吴冠生．中国特色的央地关系：演变与特点［J］．治理研究，2018，34（2）：50－57.

政策工具则对照中央层面参考进行组合，从而影响了政策样态。

此外，民族区域自治制度框架下，中央与民族地区的互动关系与中央同其他地方政府的互动模式有些许差异。民族区域自治制度为民族地区在央地关系中赋予了更多的自治权，促使民族地区能够在权力授权与中央领导过程中寻求最佳平衡点，充分发挥民族区域自治最大作用，促使民族地区基本公共教育政策变迁呈现出与中央耦合协同而又突出地区差异的政策样态。

（二）横向政府关系

府际关系中的横向政府关系，由于在行政层级上属于平级，因此不同于中央与地方的主导与被主导关系，而更多地体现为平级之间的利益联系。在利益联系中，政府间的横向关系往往为合作或竞争，均是出于对地方利益的争取而发生。在民族地区基本公共教育政策变迁中，由于均处于民族区域自治制度下，在统一的制度环境中，各地区政策在各方面可相互借鉴的地方很多。但是从对口帮扶的维度来看，民族地区基本公共教育政策获得了更多来自其他发达地区的横向支持。

在民族地区内部，基本公共教育政策也存在一些竞争，最直接的竞争便源自政策实践效果的好坏。这种竞争能够促使各民族地区在政策变迁中不断调整相应的政策，促使政策实践效果走向更好。政府间的竞争也是作用于民族地区基本公共教育政策样态的重要作用机理之一，而民族地区间政府竞争不仅限于基本公共教育本身的发展，还涉及其他与民族事务相关的方面，从而使各民族地区基本公共教育政策呈现出各具特色的样态。

总而言之，央地关系的动态调整影响了民族地区基本公共教育政策变迁的样态，尽管目前仍然以中央主导为主，但是随着各民族地区间竞争与合作的联系加强，中央主导与横向协同共同架构的府际关系格局将会形成。

三、信息处理中的有限理性

“间断－均衡”理论发展了基于有限理性的“不成比例信息处理”（disproportionate information processing）的注意力政治学，有限理性使得人类在信息处理过程中，不会针对环境外部的信息成比例处理，相反会高估或低估信息，导致信息处理存在“偏差”，而“偏差”正是一般性间断理论得以产生的原因[①]。这种“不成比例信息处理”的机制，作用于民族地区基本公共教育政策变迁中，影响了相应的政策样态产生。

（一）信息分配具有优先次级

“间断－均衡”理论提出的“注意力驱动的政策选择”，受到有限理性的限制，决策者对获取问题的信息存在分配上的次序，使得政策议题有优先次序。有时“问题的重要性是依据中央主要人物的优先考虑来决定的”[②]，中央决策者在民族地区基本公共教育政策中有着对问题重要性进行排序的权力，这促使民族地区基本公共教育政策在每个阶段所关注的议题有层级上的差异，并伴随注意力分配的演进表现出层次感、均衡之中又有重点突出等政策样态。

此外，中央对这些信息进行优先顺序的注意力分配，体现了决策者对信息的了解程度。决策者受到许多来源的信息的轰炸，对政策问题的关注容易形成“拥挤效应”[③]，被认为重要的信息会吸引决策者更多的注意力。在民族地区基本公共教育政策变迁的不同阶段，由于社会经济等其他因素的影响，中央对民族地区基本公共教育政策问题的关注并非一成不变，而是在每个政策变迁阶段对不同信息分配有优先次级，促使政策变迁样态呈现出了层次性、阶段性等特点。

较之于中央，各民族地区在实际处理本民族地区事务、进行民族事务治理时，也存在政策信息分配的有限次级。比如一些民族地区，基本公共教育信息的优先次级在民族关系、社会稳定和民族团结之后，并且信息处理过程中这两个方面的信息往往存在交叉和互动，会增加信息优先次级的处理难度，从而影响一段时期内基本公共教育政策发展的样态呈现。

---

① BAUMGARTNER F R, JONES B D. The politics of information: problem definition and the course of public policy in America[M]. Chicago: University of Chicago Press, 2015.

② 李侃如．治理中国:从革命到改革[M]．胡国成,等,译．北京:中国社会科学出版社,2010:191.

③ JONES B D, BAUMGARTNERF R. The politics of attention: how government prioritizes problems [M]. Chicago: University of Chicago Press, 2005.

（二）注意力转移有迭代周期

注意力转移有一定的周期性。在民族地区基本公共教育的关注周期中，任何先前的基本公共教育问题由于信息了解不足都可能被遗忘或进入“后问题”的阶段。相反，在引起更多政策关注的地方，将在政策议程上获得更多注意力分配。政府获取信息程度的不同会导致注意力分配有所差异，使得新旧政策问题在不同时期内经常互换，相似的政策议题在间隔一段时期后再次进入政策议程。在政策变迁中即便是同类的政策议题，在每一个阶段也并不完全相同。因此，注意力分配的周期性使得政策样态呈现出延续性、可持续等特点。

此外，民族地区基本公共教育政策属于历时较长的政策领域，需要相对完整的政策体系支撑政策系统的效度以及政策实践效果。当决策者在有限理性下对信息处理进行优先级次序排序时，会在每个阶段进行动态化调整，加大注意力资源投放力度，反映在政策层面即“政策迭代”①。政策迭代过程中注意力投放和分配的力度大小，作用于原有政策各个环节的渐进性调整，影响了政策变迁的过程。因此，政策迭代是不断螺旋式上升的过程，体现在民族地区便是政策宏观变迁经历了逐步覆盖、适度调整、稳步提升和优质发展阶段，以及政策工具由单一走向多元、政策具有延续性等政策样态。

对于各民族地区来说，出于政策环境和社会发展的差异性，政策变迁历程虽然呈现出“间断－均衡”的规律，但是政策迭代过程中，存在主动迭代和被动迭代。一些民族地区受到外来因素的影响较小，能够对基本公共教育政策投放更多的注意力，使得注意力关注力度大并且相对敏锐。另一些民族地区存在相对复杂的民族事务，注意力资源往往不够，迭代过程会得到中央大力支持。

---

① 王英伟．政府注意力差异化配置对公共政策样态的塑造——以中国生育政策为例[J]．吉首大学学报（社会科学版），2019，40（4）：143－152.

第三章　结果检验：民族地区基本公共教育政策变迁的实践效果

在明确民族地区基本公共教育政策“何时变”和“如何变”以后，公共政策“有何效果”成为必须探讨的问题之一。民族地区基本公共教育政策作为推进民族地区基本公共教育发展的重要手段，取得的政策绩效是政策变迁历程中应关注的重要环节。评价政策绩效好坏往往以实践结果为导向①。公共政策体现了对利益分配的动态过程，其实践也必然是一个动态的过程，并会随时间发生变迁，需要将其放在一个较长的历史时期内进行评价②。因此，不仅需要对民族地区基本公共教育政策变迁历程进行回顾，而且要对在变迁历程中产生的实践效果进行分析，将政策效果与政策变迁阶段相结合，有助于在动态化历史演进中加深对民族地区基本公共教育政策变迁的理解。本书对民族地区基本公共教育政策效果的评价，来源于客观数据与主观感受两个维度。

第一节　民族地区基本公共教育政策效果评价的必要性和对象

通过对政策效果进行合理界定和评估，不仅能够反映政策变迁中的政策绩效，而且能够科学合理地展现民族地区基本公共教育政策变迁的实践效果。

---

① 中国行政管理学会课题组，贾凌民．政府公共政策绩效评估研究[J]．中国行政管理，2013(3)：20－23.

② 陈庆云．公共政策概论[M]．北京：中央广播电视大学出版社，2003：141.

一、民族地区政策效果评价的必要性

尽管世界各国已经广泛开展对政策效果的评价，但是对政策评价的具体界定还未形成统一的共识，不同学者有着不同的观点和看法。总体而言，大多数学者认为政策评价是对政策效果的评价，用来衡量政策内容与实际执行状况，即用来判断政策预期目标的完成程度①。还有学者认为，公共政策评价就是对公共政策实施效果的研究②。可见，公共政策同政策效果息息相关，通过对政策效果的测度与评估，能够从政策实践的客观角度考察基本公共教育政策各个方面达到政策预期的程度。因此，对民族地区基本公共教育政策变迁的政策效果进行评价具有必要性。

其一，有限理性的限制需要通过政策效果评估提升政策科学性。由于政策制定是基于人脑的有限理性决策，是基于既定事实对政策问题或社会现象进行的具有长期预判性、规划性和前瞻性的判断，因此人们并不能完全“预知”政策在实施中的各种突发状况等不确定的变数。通过科学合理的政策评价手段来判断政策效果随政策变迁的趋势，能够在实践结果反馈中实现对政策的改进与完善。

其二，民族地区基本公共教育政策应关注最直接的效果。公共政策效果评价要关注政策理念所传达的最终目标，关注政策为人民服务的本质，要考虑社会公共利益是否得到了科学有效的分配和落实等。但由于基本公共教育政策最直接目的在于提升均等化水平，而均等化水平又影响着每一个公众接受基本公共教育的权利。因此，对民族地区基本公共教育政策效果评价类型的选取，应该聚焦于政策直接效果，能够被公众直接感知，也最能反映政策效果的好坏。

其三，民族地区基本公共教育政策变迁历程的动态化需要进行政策效果评估。由于民族地区基本公共教育政策是动态化的，因此政策效果也必然是一个动态的过程，会随着时间推移发生改变，对其进行评价，就要考

① 戴伊．理解公共政策[M]．彭勃，等，译．北京：华夏出版社，2004：285－287.

② 陈庆云．公共政策概论[M]．北京：中央广播电视大学出版社，2003：135.

虑政策在时间上的变迁过程，要明白政策效果并非一成不变，而是随着政策变迁变化。因此，从民族地区基本公共教育政策变迁的前后时间对比角度进行均等化水平测度，能够有效展现政策变迁前后带来的政策效果变化。

总而言之，从政策科学性、人民需求感受和政策动态变化三个层面来看，民族地区基本公共教育政策变迁需要政策效果评价，从而在实践中进一步优化民族地区基本公共教育政策。

二、民族地区政策效果评价的对象

民族地区基本公共教育政策属于教育政策的范畴，教育政策评估是指根据教育政策设定的目标，在科学的评价标准中运用合理的方法，在程序化过程中实现对教育政策实施效果的事实判断和价值判断①。本书结合民族地区基本公共教育政策的政策理念，根据上述对政策效果评价的界定认为：民族地区基本公共教育政策评价就是对政策效果的评价。本节主要分为两个方面：一是对民族地区基本公共教育均等化水平的评价，这符合基本公共教育政策推进基本公共教育均等化的政策愿景。二是民族地区基本公共教育政策实施后，来自各民族地区人民群众的主观评价。

（一）民族地区基本公共教育均等化水平的评价

对民族地区基本公共教育均等化的评价，主要依托客观数据和定量分析方法。对概念和内容的科学把握，影响着基本公共教育均等化的测度和后续相关政策的优化，首先清晰地界定出民族地区基本教育公共服务均等化的概念和内容就显得十分重要。

由于基本公共教育属于基本公共服务的一部分，理解基本公共教育均等化，首先要对基本公共服务均等化进行界定和了解。基本公共服务往往蕴含着“均等化”的理念和内涵，而这在之前的概念解析中也有体现，基本公共服务涉及的各个领域应当是均等化的主要研究对象。根据《“十三五”推进基本公共服务均等化规划》对基本公共服务均等化的界定：“基

① 胡伶．教育政策评估标准体系的架构研究[J]．教育理论与实践，2008，28(34)：20－24.

本公共服务均等化是指全体公民都能公平可及地获得大致均等的基本公共服务，其核心是促进机会均等，重点是保障人民群众得到基本公共服务的机会，而不是简单的平均化。”① 也有其他研究给出了不同维度的解读，认为基本公共服务均等化是一种社会的基本价值取向和政府的重要政策目标②，可以是一个财政问题，在更大程度上还是一个宪法问题③。从国家层面的会议和政策文本来看，基本公共服务均等化的内涵呈动态化演进趋势，如表 3.1 所示。

表 3.1　基本公共服务均等化的内涵演进

年份	会议/政策文本	内涵
2006	《中华人民共和国国民经济和社会发展第十一个五年规划纲要》	从国家层面首次提出基本公共服务均等化概念
2007	党的十七大	基本公共服务均等化是一种制度性手段
2012	《国家基本公共服务体系“十二五”规划》	基本公共服务覆盖范围更广、普惠性、均衡性、方便可及
2017	《“十三五”推进基本公共服务均等化规划》	推进基本公共服务均等化、标准化、法制化，到 2020 年基本公共服务均等化总体实现
2019	党的十九届四中全会	基本公共服务均等化和可及性
2020	党的十九届五中全会	到 2035 年基本公共服务实现均等化

资料来源：笔者总结。

由表 3.1 可知，基本公共服务均等化除上述理解之外，既可以是一种制度手段，也可以是一个具有阶段性的，从“基本实现”“总体实现”到“实现”的长远发展目标，还是公众能切实体验到的基本公共服务安排。因此，基本公共服务均等化的属性是多维且立体的，体现在政策中既可以作为促进基本公共服务均等化的手段，也可以是一个长期的政策目标，还是中国特色社会主义的一个制度安排。

根据基本公共服务均等化理念和内涵，国内有学者认为，基本公共教

① 国务院关于印发“十三五”推进基本公共服务均等化规划的通知[EB/OL].(2017－01－23)[2021－11－10]. http://www.gov.cn/zhengce/content/2017－03/01/content_5172013.htm.

② 范逢春．建国以来基本公共服务均等化政策的回顾与反思：基于文本分析法的视角[J]. 上海行政学院学报，2016，17(1)：46－57.

③ 邓成明，阳建勋．论基本公共服务均等化的宪法价值[J]. 太平洋学报，2009(11)：72－75.

育均等化是基本公共服务均等化的重要方面①。还有学者认为基本公共教育均等化与教育公平和教育平等密切相关，具体体现为“教育机会均等”，即人们在法律上享有相同的受教育权利而不受政治、经济、社会地位和民族、种族、信仰以及性别差异的限制②，从内涵和本质上对基本公共教育均等化做出了界定。可见，这些学者虽然对基本公共教育的理解不同，但是关注点均在于基本公共教育的公平和平等，而忽视了随着社会经济发展和人民日益增长的美好生活需要的动态变化过程。

因此，民族地区基本教育公共服务均等化是为了民族地区各族人民享受“机会均等”的基本公共教育服务，而且基本公共教育均等化的发展不是静止的和绝对的，而是动态的和相对的。

（二）各民族地区人民群众的主观评价

除了在客观数据中检验民族地区基本公共教育政策变迁带来的实践效果，本书也将结合实地考察中的半结构访谈，在“人民满不满意”的原则下，根据访谈提纲对各民族地区人民进行访谈，展现各民族地区人民群众对民族地区基本公共教育政策效果的主观感受。主观感受能够反映出政策效果作用于人民群众身上最直观、最直接、最真实的感受，相比客观数据的宏观性更加“接地气”，通过以小见大的方式展现出各民族地区人民群众对基本公共教育政策的期望。

为此，接下来本书首先利用客观数据结合 TOPSIS 法测度民族地区基本公共教育均等化水平，再运用半结构访谈展现各民族地区人民群众主观感受，在客观与主观“对话”中全面反映民族地区基本公共教育政策效果。

---

① 高萍．区域基本公共教育均等化现状、成因及对策——基于全国各省（市、自治区）面板数据的分析[J]．宏观经济研究，2013（6）：91－97.

② 刘琼莲．论基本公共教育服务均等化及其判断标准[J]．中国行政管理，2014（10）：33－36.

第二节　民族地区基本公共教育政策效果评价的指标体系及方法

开展民族地区基本公共教育政策效果评价以前，首先需要构建科学的评价指标体系，进而采用相应的方法和原则进行评价，从而最大限度地展现民族地区基本公共教育政策变迁中的政策效果。

一、指标体系构建原则

指标体系的构建需要遵循一定的标准和原则，才能在政策效果评价中体现出科学性和合理性。在实际操作中，由于评价目标、评价标准、评价方法等不同，指标选取也不尽相同。但是，科学性、广泛性、适应性以及代表性等原则是指标体系构建需要考量的普适性原则。其中，科学性要求指标选取遵循一定的科学方法和理论，广泛性则表明选取的指标要在所研究领域具有广泛使用性，适应性则要求选取的指标适合研究领域，代表性则要求指标能够涵盖或代表该研究的重点或关键内容。此外，在构建指标体系时，应该注意以下三个方面。

第一，由于对民族地区基本公共教育政策变迁的研究从中央层面、民族地区层面和各民族地区层面出发，因此既要包含基本公共教育政策的相关内容，也要能够代表各民族地区提供基本公共教育服务所能达到的最基本能力，即同基本公共教育的“基本”内涵相符合，不应脱离实际将指标设定得过高或者过低。

第二，基本公共教育均等化指标在选择时应当符合“典型代表性”，指标内容的多样性使得指标的选择难以穷尽，应该在遵循普适性原则的前提下尽量选择具有“典型代表性”的指标。在这些指标中存在着不尽相同的维度，因此需要多层次构建指标体系，并最终落实到可以进行区域间均等化对比上来。

第三，由于指标体系需要落实到具体的数据和对政策效果的真实反映，所以需要在指标选取过程中遵循数据可得性原则；并且，应坚持人民至上原则，指标所关注的内容应更偏重于对人民偏好。

综上所述并结合本研究实际情况，构建民族地区基本公共教育均等化评价的指标体系时，应当遵循科学性、广泛性、适应性、区域性、代表性、数据可得性以及公民偏好性原则。

二、指标体系构建及评价方法选择

在遵循相应原则的基础上，需结合多个方面的考察构建民族地区基本公共教育均等化水平评价的指标体系，并选取合适的方法进行水平评价。

（一）指标体系构建

根据前述对相关定义的阐释，还需要对民族地区基本公共教育均等化的研究指标进行确定，这影响着后续指标体系对民族地区基本公共教育政策效果的反映程度。不少学者从基本公共服务的维度出发，在基本公共服务包含的众多领域中，选取了一些与基本公共教育相关的指标进行构建。诸如，单菲菲等从投入和产出维度，构建了中小学教师与学生数量比、中小学教师占总人数比的义务教育评价体系①。陈全功等从中小学机构数、在校学生数、专任教师数等方面构建了民族地区基础教育均等化水平指标体系②。张序等构建了民族地区义务教育均等化指标体系，从教育投入、教育过程和教育结果三个层面③，实现了对政策投入、过程和产出的相对完善的政策效果关注。这些学者从基本公共服务均等化整体视角出发构建的指标体系，虽然能较为全面地衡量民族地区基本公共服务均等化总体水平，但是聚焦到基本公共教育领域，则不够完善和具体。

还有研究聚焦于基本公共教育的某一个具体领域，如义务教育、学前教育、基础教育等领域。诸如，喻登科等从人力资源、物质资源、经费资源、教育产出四个维度构建了区域基础教育资源配置水平和效率的评价指

① 单菲菲，高秀林．基于 DEA 方法的新疆基本公共服务财政支出绩效评价——以新疆 14 个地州市为例[J]．新疆社会科学，2015(2)：33－38.

② 陈全功，程蹊．民族地区的基本公共服务均等化：涵义、现状水平的衡量[J]．中南民族大学学报(人文社会科学版)，2008(5)：97－102.

③ 张序，方茜．民族地区基本公共服务均等化分析[J]．经济体制改革，2009(4)：138－141.

标体系[①]。周红以甘、青、宁三省（区）义务教育为例，从财政投入、师资力量、物质条件和可及性水平四个层次构建指标体系[②]。庄爱玲等运用泰尔指数分析方法从在园人数和教育经费两个维度构建了学前教育均等化指标体系[③]。相比从基本公共服务均等化整体视角建立指标体系，这些学者关注了基本公共教育的某一领域，更有针对性和聚焦性。但是单从基本公共教育的某一具体领域出发衡量基本公共教育均等化的整体水平，容易对政策效果评价失之偏颇。

可见，从整体上实现对民族地区基本公共教育均等化指标体系研究的文献尚少，大多将其放置于基本公共服务体系内以几个简单的指标代替，或者聚焦于某一个具体领域去衡量，尤其是许多有关基本公共教育的研究通常将义务教育（即小学教育和初中教育）等同于基本公共教育服务[④]，缺少了对学前教育和高中阶段教育的考虑。这一方面不符合基本公共服务纲领性文件对基本公共教育内容的阐释，另一方面忽视了基本公共教育动态性变化的特征。尽管研究目的和揭示的问题不同，这些指标在一定程度上能说明问题，但是要想全面、客观和科学地构建民族地区基本公共教育均等化水平的指标体系，便需要遵循前文提出的科学性、广泛性、适应性、区域性、代表性、数据可得性以及公民偏好性的指标构建原则。

因此，构建完整的民族地区基本公共教育均等化指标体系，需要从基本公共教育的不同维度和内容上对已有研究的指标体系进行汇总和筛选，才能科学、全面地反映政策变迁过程带来的政策效果。此外，民族地区基本公共教育均等化指标体系的构建离不开对政策文本内容的参考，需要借鉴、提炼和总结《“十三五”推进基本公共服务均等化规划》《国家教育

① 喻登科，周荣，郎益夫．我国区域基础教育资源配置均等化指数测量的实证——基于2000—2009年面板数据的分析[J]．情报杂志，2011，30(12)：99－107.

② 周红．甘青宁地区义务教育均等化的实证分析[J]．西北师大学报（社会科学版），2013，50(4)：117－122.

③ 庄爱玲，朱盈盈．基于泰尔指数的我国学前教育服务均等化水平实证研究[J]．教育与经济，2018(6)：65－73.

④ 魏福成，胡洪曙．我国基本公共服务均等化：评价指标与实证研究[J]．中南财经政法大学学报，2015(5)：26－36.

事业发展“十三五”规划》等政策文件对基本公共教育的阐述、内容界定、重点工作和保障措施等，来进行补充与完善。

综上所述，本书结合上述指标体系构建原则、已有文献研究和相关政策文件，初步构建了相应的指标体系。此外，还向基本公共教育领域的高校学者进行指标筛选的意见咨询，确定选取指标的合理性和代表性。综合上述工作后，最终确定的民族地区基本公共教育均等化水平评价的指标体系包含了三个层级，一级指标是指标的目标层，二级指标是指标的对象层，三级指标则是每个维度下具体的评价指标，具体指标体系如表 3.2 所示。

表 3.2　民族地区基本公共教育均等化水平评价的指标体系

一级指标	二级指标	三级指标
基本公共教育均等化	财政投入	高中生均教育经费支出
		初中生均教育经费支出
		小学生均教育经费支出
		教育支出占财政支出比
	师资力量	高中师生比
		初中师生比
		小学师生比
	基础设施	高中校均班级容量
		高中人均占运动场面积
		中等职业学校数量
		初中校均班级容量
		小学校均班级容量
		小学人均占运动场面积
	教学资源	高中人均图书拥有量
		高中每人拥有计算机数
		小学人均图书拥有量
		小学每人拥有计算机数
		学前教育人均图书拥有量
	可及性	小学入学率

资料来源：笔者总结。

由表 3.2 可知，民族地区基本公共教育均等化水平评价的指标体系由财政投入、师资力量、基础设施、教学资源和可及性 5 个二级指标构成，二级指标之中由来自基本公共教育不同领域的共计19个三级指标组成，从不同维度上涵盖了基本公共教育政策的重点内容的各个方面，能够实现对均等化水平进行较为全面的评价。在对指标进行处理时，还遵循了“强调机会均等的基础上，不能忽视基本公共服务支出结果的均等化，也就是各个地区、各个阶层、城市和农村之间享受基本公共服务的差异尽可能不要太悬殊”这一理念[①]，即不同地区和不同群体之间要享受大致相等的基本公共教育服务。因此，本书对三级指标做了一些人均化处理，尽可能通过指标构建体现基本公共教育均等化的意涵。

具体来看，财政投入是民族地区推动基本公共教育均等化及其他基本公共服务均等化的重要手段[②]，缺少了财政支持便缺少了必要的资金条件，而民族地区发展基本公共教育也主要依靠中央财政转移支付。相关政策文件、中央的重要会议和报告均多次提出要在财政上加大对民族地区的支持力度。本书构建的财政支出的三级指标包括了教育支出占财政支出比以及基本公共教育领域各级的教育经费生均支出两个方面，基本涵盖了各个基本公共教育阶段。教育支出占财政支出比从地方层面反映了对基本公共教育的重视，各级的教育经费生均支出则体现了将教育经费落实到每一个学生的均等化理念，能够反映对基本公共教育需求侧主体的重视与关注。

师资力量是推动民族地区基本公共教育发展的人力资源储备，不仅影响着对需求侧学生的知识传递质量，也影响着一个地区的长远发展，是必不可少的一环，也是民族地区大力推进和吸才引才的重要任务之一。从某种程度而言，师资队伍数量和质量直接影响着民族地区基本公共教育当下和长远的发展水平。因此，指标体系选取了高中、初中和小学三级学校的师生比，涵盖了需求侧在人生阶段中较为重要的基本公共教育时期。师生比能够从数量上反映师资力量覆盖到每个学生的程度，从师资的分配上反映均等化水平。

基础设施是民族地区发展和提供基本公共教育的必要硬件条件，相关政策也多次从不同方面加强对基本公共教育基础设施的建设，如校舍修

---

① 倪红日，张亮．基本公共服务均等化与财政管理体制改革研究[J]．管理世界，2012(9)：7－18，60.

② 郁建兴．中国的公共服务体系：发展历程、社会政策与体制机制[J]．学术月刊，2011，43(3)：5－17.

建、多媒体教室建设等。根据数据可得性原则，指标体系选取主要从班级容量、运动场人均面积和学校数量上反映基础设施的投建力度。其中，班级容量反映一个学校的规模大小，从侧面反映一个地区提供的学校数量容纳需求的程度，也间接影响着学生接受教育的体验和质量。运动场地则体现学校额外发展基本公共教育能力，加大体育教育的政策实施力度。学校数量则能直观体现当地提供基本公共教育的供给侧。

教学资源可以被理解为民族地区推进基本公共教育的具体实施条件和工具，它既包括图书、计算机、多媒体教室等硬性指标，也包括这些硬性指标带来的教学资源，诸如网课、网络等软指标，无论是对教师还是学生都具有重要影响，基本和相对完善的教学资源对发展基本公共教育有着重要的促进作用。这一层级的指标主要通过各级学校的人均拥有图书和计算机数量进行衡量。图书能反映提供额外的学习资源的程度，而计算机则体现了教育现代化的政策要求。

可及性代表一个地区适龄儿童接受基本公共教育服务的程度，能够从侧面反映民族地区基本公共教育的普及性，由于小学阶段是人生中义务教育阶段开始的重要环节，结合数据可得性原则，选取小学入学率作为衡量可及性的具体指标层级。

（二）评价方法选择

在明确民族地区基本公共教育均等化水平评价的指标体系后，需要对原始数据进行标准化处理并对指标进行赋权，选择合适的方法进行评价。其中，指标赋权和评价方法有多个选择，有不少学者运用不同的方法研究了民族地区基本公共教育均等化水平。本研究选取熵值法对指标进行赋权，运用 TOPSIS 法对民族地区基本公共教育均等化水平进行评价。

1. 数据的标准化处理及指标权重确定

对原始数据的标准化是指标确定权重的前提，指标权重是构建评价指标体系、进行实证分析的重要组成部分，考虑数据获取本身的客观性，本书使用熵值法进行客观赋权，有效规避了人为根据主观赋权而产生的不真实性等缺点，具体计算方法如下。

首先，进行标准化处理：

数据处理第一步即采用极差化法计算标准化矩阵 Y。

$$Y = (X - X_{min})/(X_{max} - X_{min}) \tag{3-1}$$

对数据进行无量纲化处理，减少因不同类型数据、不同单位带来的影响，处理后的数据处于［0，1］区间内。

其次，计算第 j 项指标的熵值：

$$J_j = -g\sum_{j=1}^{n} T_{ij}\ln T_{ij} \tag{3-2}$$

其中，$g = 1/\ln(m)$，$0 \leqslant J_j \leqslant 1$，$j=1, 2, 3, \cdots, m$，$J_j \geqslant 0$。

再次，计算第 j 项指标的差异系数：

$$Z_j = 1 - J_j \tag{3-3}$$

j 不变的情况下，根据 X_{ij} 差异对 J_j 的影响大小判断对 J_j 的重视程度。

最后，Q_j 客观权重为：

$$Q_j = Z_j/\sum_{j=1}^{n} Z_j \tag{3-4}$$

2. TOPSIS 评价方法

民族地区基本公共教育服务均等化的测算运用 TOPSIS 评价方法，TOPSIS 法具有以下优点：

第一，TOPSIS 法是一种简捷有效的多指标综合评价方法，该方法对数据及数据构成要求不高，对指标限制较少，适用于任何数量范围的样本，评价对象可以是空间和时间两个维度。在实际计算中方法简单，既能够实现对原始数据的充分利用，也能够减少使用过程中数据信息的损失。从结果而言，不仅能展现数据排序，也能转化为比较直观的几何图形①。

第二，由于 TOPSIS 法同时关联最优解和最劣解，能够分析整体水平的优劣状况，因而一般具有较为合理的综合评价结果。其中，最优值 D^+ 表示与理想目标的距离，最劣值 D^- 表示与最不理想目标的距离，C 得分表示与最优值的相对接近度，得分高低代表某地区该项指标的优劣程度，得

① 虞晓芬，傅玳．多指标综合评价方法综述［J］．统计与决策，2004（11）：119－121.

分越高说明基本公共教育均等化水平越高①。

第三，就适用性而言，TOPSIS 法大多运用于国内各省基本公共服务综合水平的评价分析中②，而基本公共教育服务属于基本公共服务体系的一部分，只是对其进行了更为详细的测度与分析。因此，该方法适用于民族地区基本公共教育均等化的实证分析。

具体计算过程如下所示。

首先，计算加权标准化矩阵 XY：

$$XY = W_j \cdot Y \tag{3-5}$$

其次，确定最优解与最劣解并计算待评方案各指标与最优解、最劣解距离：

本书选取 31 个省（区、市）在各个指标上的最优指标值和最劣指标值分别作为 TOPSIS 的最优解和最劣解，分别设为 X_j^+ 和 X_j^- ，那么 $X_j^+ = \max X_{ij}$ ，$X_j^- = \min X_{ij}$ 。计算距离分别为：

$$D^+ = \sqrt{\sum_{j=1}^{n} (X_{ij} - X_j^+)^2} \tag{3-6}$$

$$D^- = \sqrt{\sum_{j=1}^{n} (X_{ij} - X_j^-)^2} \tag{3-7}$$

最后，计算与最优解的接近程度 C：

$$C = \frac{D^-}{D^+ + D^-} \tag{3-8}$$

其中，$0 \leqslant C \leqslant 1$，$C$ 越趋近 1，表示该省基本公共教育均等化水平越靠近最优；C 越趋近 0，则表示该省基本公共教育均等化水平越接近最劣。

三、数据来源

为在全国范围内展现民族地区基本公共教育均等化水平的具体排位，本书统计信息包括中国 31 个省（区、市）的数据。同时，为了能够展现

① 胡永宏．对 TOPSIS 法用于综合评价的改进[J]．数学的实践与认识，2002(4)：572－575.

② 南锐，王新民，李会欣．区域基本公共服务均等化水平的评价[J]．财经科学，2010(12)：58－64.

政策变迁带来的政策效果，选取了2010年、2013年和2017年三个政策“间断点”作为政策效果的测量时间节点。从时间间隔来看，每个“间断点”间隔基本为3年左右，相差幅度不大，因此也能保障数据分析中时间间隔的稳定性与公平性。相关数据源自中国统计年鉴、中国教育统计年鉴、中国教育经费统计年鉴以及国家统计局和教育部网站等国家官方网站。

根据对三个政策“间断点”原始数据的搜集与整理，通过熵值法确定了每个年度各个指标的权重，如表3.3所示。

表3.3 不同政策“间断点”时间节点中的指标权重 单位：%

一级指标	二级指标	三级指标	2010年指标权重	2013年指标权重	2017年指标权重
基本公共教育均等化	财政投入	高中生均教育经费支出	8.47	7.74	6.35
		初中生均教育经费支出	7.44	5.54	4.12
		小学生均教育经费支出	1.08	0.89	2.74
		教育支出占财政支出比	3.17	2.93	6.31
	师资力量	高中师生比	2.55	2.79	3.29
		初中师生比	3.60	6.81	3.59
		小学师生比	3.44	3.97	3.92
	基础设施	高中校均班级容量	1.91	2.00	2.82
		高中人均占运动场面积	7.08	8.35	6.06
		中等职业学校数量	4.70	5.33	7.24
		初中校均班级容量	2.10	2.71	2.44
		小学校均班级容量	3.04	1.79	2.18
		小学人均占运动场面积	6.99	6.91	4.46
	教学资源	高中人均图书拥有量	7.66	7.88	9.57
		高中每人拥有计算机数	11.99	13.91	15.19
		小学人均图书拥有量	7.78	6.29	6.51
		小学每人拥有计算机数	8.47	7.74	6.35
		学前教育人均图书拥有量	7.44	5.54	4.12
	可及性	小学入学率	1.08	0.89	2.74

资料来源：笔者总结。

第三节　民族地区基本公共教育政策变迁效果的实证分析

为全面反映民族地区基本公共教育政策变迁的政策效果，在政策变迁历程中要实现各民族地区之间、民族地区与全国水平的比较分析，从而展现政策变迁过程中带来的变化。本书运用 TOPSIS 法分别对政策“间断点”2010 年、2013 年和 2017 年的全国层面和民族地区层面基本公共教育均等化水平进行测度，体现政策变迁的政策效果。

一、各民族地区之间的比较

本书首先对各民族地区之间基本公共教育均等化水平进行比较分析。运用 TOPSIS 法得到了各民族地区 C 值的最优解和最劣解，如前所述，C 值的最优解越趋近于 1，表示该民族地区基本公共教育均等化水平越靠近最优；C 值的最劣解越趋近于 0，则表示该民族地区基本公共教育均等化水平越接近最劣，如表 3.4 所示。

表 3.4　民族地区政策“间断点”基本公共教育均等化水平最优解和最劣解

地区	2010 年		2013 年		2017 年	
	最优解 D^+	最劣解 D^-	最优解 D^+	最劣解 D^-	最优解 D^+	最劣解 D^-
宁夏	0.208313869	0.071328289	0.209775347	0.083871183	0.212110809	0.110840024
内蒙古	0.213483398	0.068433184	0.231697974	0.089403205	0.208674669	0.090552745
新疆	0.213058399	0.066597307	0.214984601	0.074783482	0.207510627	0.080843411
广西	0.235525553	0.064208689	0.213655288	0.069351035	0.217470776	0.077845669
西藏	0.235217163	0.044964984	0.225407899	0.064849664	0.218283490	0.071179594

资料来源：笔者总结。

从表 3.4 中可以看出，民族地区 C 值得分的最优解普遍距离 1 较远，大多集中在 0.2 ~ 0.25 的区间分布水平上，未达到最优解值的一半水平。在政策变迁的每个“间断点”，宁夏的最优解实现了对上一个时期的连续提升，其他民族地区最优解较上一时期存在不稳定情况。诸如内蒙古和新疆，2017 年的最优解比 2013 年的最优解要低，但 2013 年的最优解比 2010 年要高。广西呈现出先下降后上升的趋势，2013 年最优解低于 2010 年，而 2017 年相比 2013 年最优解上升。西藏的最优解则呈现出不断下降的趋势，这有可能是由其他省份的发展水平大幅提升，而西藏发展幅度较小所致。从最劣解来看，政策变迁的三个“间断点”的最劣解呈现出不断同 0 距离拉大的趋势，说明民族地区基本公共教育均等化水平逐步提高。总之，从最终 C 值得分和最优解、最劣解的变化趋势来看，只有最优解的增幅大于最劣解的增幅，C 值得分才有可能较上一政策变迁“间断点”提升，说明民族地区基本公共教育均等化还有很大的发展空间。

为了更直观地展现各民族地区政策变迁“间断点”基本公共教育均等化水平 C 值得分的变化，本书通过计算 C 值得分的最优解和最劣解，得出各民族地区基本公共教育均等化水平最终 C 值得分，并在此基础上计算得出各民族地区基本公共教育均等化水平的全国排名，如表 3. 5 所示。

表 3. 5　民族地区政策“间断点”基本公共教育均等化水平 C 值得分

地区	2010 年		2013 年		2017 年	
	C 值得分	排名	C 值得分	排名	C 值得分	排名
宁夏	0. 25506987	14	0. 285619528	11	0. 302621821	17
内蒙古	0. 24274267	18	0. 258080466	23	0. 280361639	25
新疆	0. 238140349	19	0. 245051187	26	0. 245902149	30
广西	0. 214218732	25	0. 278426897	13	0. 343210212	11
西藏	0. 160484830	31	0. 223421100	31	0. 263600859	29

资料来源：笔者总结。

结合表 3. 5 可知，各民族地区在不同的政策变迁“间断点”的基本公共教育均等化水平 C 值得分较前一政策变迁时期均有所提升，C 值得分的增幅大小也不尽相同，这使得其全国排名也不相同。

宁夏在三个政策变迁“间断点”的基本公共教育均等化水平均处于较高水准，除 2017 年节点以外，其他“间断点”均排在全国前 15 之内，处于民族地区的最高水平。2010 年“间断点”全国排名第 14 位，2013 年“间断点”全国排名提升至第 11 位，相比上一时期的均等化水平 C 值得分提升了 0. 03 分。但是进入 2017 年，C 值得分增幅相对缩小，仅为 0. 017 分，排名也由上一时期的高水平跌落至第 17 位。

内蒙古在三个政策变迁的“间断点”的基本公共教育均等化水平 C 值得分均较为稳定，每个阶段点的 C 值增长幅度基本稳定在一个较低水平，保持在 0.015 ~0.02。小幅度的稳定增长使内蒙古在 2010 年基本公共教育的逐步覆盖阶段在全国处于一个较为中等的水平，但也由于 C 值得分增幅较小，内蒙古 2013 年和 2017 年的政策“间断点”全国排名降到 20 名以后。

新疆与内蒙古相似，但是 C 值得分增幅更小。尤其是经历了三个政策变迁“间断点”，新疆基本公共教育均等化水平 C 值得分的变动不明显，基本呈一条水平线，C 值得分的增幅在所有民族地区中最小。2013 年“间断点”C 值得分较上一时期提升了 0.006 分，而 2017 年较上一时期仅提升了 0.0008 分。增幅较小使得新疆基本公共教育均等化水平得分全国排名由最初的中等位置跌落到第 30 位。

广西是经历了三个政策变迁“间断点”后，民族地区唯一一个 C 值得分和全国排名逐年上升的省区。由初期的第 25 位到第 13 位，最终上升至第 11 位，其 C 值得分的增长幅度也是民族地区中增幅最大的，基本稳定在 0.064 分的水平上，这使得在经历三个政策变迁时期后，广西基本公共教育均等化水平仍然大幅度提升。

虽然西藏三个政策变迁“间断点”的增幅仅次于广西，分别为 0.06 分和 0.04 分，但是，由于历史条件的限制，想要大幅度提升基本公共教育均等化水平，依然存在一定难度。全国排名在 2010 年节点和 2013 年节点落后，这使得 2017 年节点大幅度提升较难，基本公共教育均等化水平得分仅上升至全国排名第 29 位，虽然从政策变迁历程来看有所提升，但是依然处于全国落后水平。

总之，各民族地区基本公共教育政策变迁历程中的政策效果，虽然从 C 值得分来看是逐年递增的，但是总体来看其全国排名呈现出下降趋势，各民族地区间基本公共教育政策效果差距拉大。

其一，民族地区 C 值得分平均水平随着政策变迁“间断点”在总体上有所提升，2010 年、2013 年和 2017 年分别是政策变迁逐步覆盖转向适度调整、适度调整转向稳步提升、稳步提升转向优质发展的时间节点，政策从探索发展走向了内涵式提升，相对应的政策效果也逐步提升，从侧面说明政策变迁的实践效果起到了积极作用。

其二，尽管各民族地区 C 值得分逐年提升，但是对应的全国排名却并未随之上升，这表明各民族地区基本公共教育政策变迁带来的政策效果尚未充分发挥，并且同其他地方相比，政策效果发挥的幅度仍然较低。

其三，在民族地区 C 值得分逐年提升的情况下，各民族地区之间政策效果的差距逐步拉大，这或许同各民族地区的社会经济发展、社会环境、地理位置以及每个历史时期重点发展的目标存在差异有关，也同政策变迁历程中形成的各具发展特点的政策样态有关。

二、民族地区与全国水平的比较

除了对民族地区间内部进行比较，本书还对民族地区与全国水平进行了比较分析，计算了基本公共教育均等化水平在全国层面和民族地区层面 C 值得分的平均值和标准差，如表 3.6 所示。

表 3.6　民族地区政策“间断点”的 C 值得分同全国平均水平比较

项目	2010 年 C 值得分	2013 年 C 值得分	2017 年 C 值得分
全国平均水平	0.282785099	0.30454501	0.34031189
全国得分标准差	0.116742488	0.098181706	0.08862488
民族地区平均水平	0.22213129	0.258119836	0.287139336
民族地区得分标准差	0.03751321	0.025216082	0.037696662

资料来源：笔者总结。

表 3.6 分别计算了民族地区及全国基本公共教育均等化 C 值得分的平均值和标准差。从全国层面来看，全国平均水平 C 值得分逐年递增，且每个“间断点”平均水平的增幅逐年增大，表明全国各地均在大力推进基本公共教育均等化的发展，促使全国基本公共教育均等化水平逐渐提高。标准差能反映组内数值的离散程度，全国得分标准差逐年减小，在一定程度说明各省区之间在基本公共教育均等化水平上的差距不断缩小。

从民族地区层面来看，标准差变化代表民族地区基本公共教育均等化水平的组内差距呈现先缩小后增大趋势，表明政策实践后劲和力度仍然不足。此外，民族地区平均水平在任何政策变迁的“间断点”均低于全国平均水平，表明民族地区基本公共教育发展仍然处于较为薄弱的环节。从平均水平的增幅来看，民族地区在每个政策“间断点”的增加幅度依然小于全国平均水平的增加幅度，表明民族地区基本公共教育均等化水平的发展力度不足，存在较大的提升空间。

进一步，本书对民族地区之间和全国层面政策效果进行综合分析（见图3.1）。

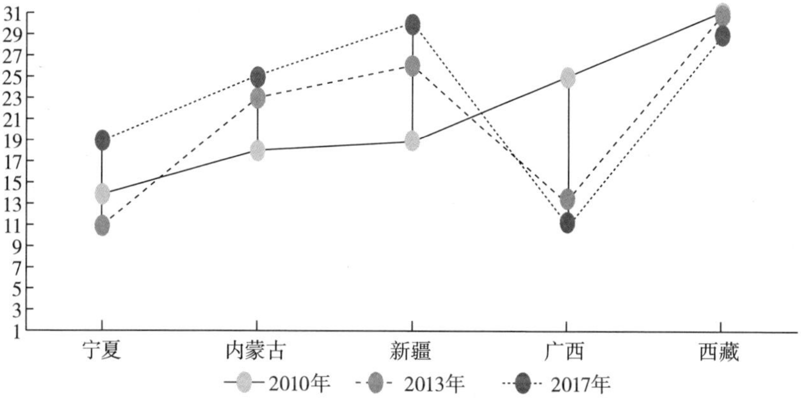

图3.1 政策变迁“间断点”民族地区之间、全国平均水平排序趋势

资料来源：笔者绘制。

综合表3.6和图3.1来看，2010年政策“间断点”为逐步覆盖和适度调整政策变迁阶段的分水岭。经历了基本公共教育政策的逐步覆盖阶段，包括民族地区在内的各个省份的基本公共教育均等化水平均有所提升。但是，各民族地区基本公共教育均等化水平与全国平均水平（0.283分）相比，相差约0.06分，全国排名处于中等以下水平，而且各民族地区之间的差异不大。由于这一时期全国范围内多处于逐步覆盖的发展初期，各省区基本上均处于探索和尝试推进阶段，发展水平和发展速度依然有待提升，这使得民族地区之间的均等化水平差异不大，但全国排名较为落后。

2013年政策“间断点”为适度调整和稳步提升政策变迁历程的时间节点，这一时期民族地区基本公共教育水平在适度调整后有所提高，虽然民族地区的平均水平仍然低于全国平均水平，但是差距较上一时期缩小至

0.046 分。在全国排名上有突出表现，进入前 15 名的有 2 个民族地区，但是其他民族地区整体水平则较为靠后，组内差距开始增大。这说明在经历上一时期的逐步覆盖后，包括民族地区在内的各省份都基本建立起较为完善的基本公共教育均等化体系，在适度调整阶段则注重充分发挥优势和结合实际，加之这一时期中央对民族地区的大力支持，民族地区整体水平有所提高，如广西和宁夏排名较上一政策变迁“间断点”有所上升。其他民族地区的发展水平仍然较低，民族地区内部开始出现均等化水平差距增大的趋势。

2017 年政策“间断点”为稳步提升阶段和优质发展阶段的节点，在经历稳步提升阶段以后，民族地区基本公共教育均等化水平总体上比第一个时期得到较大幅度提升，但是与全国平均水平的差距又有所扩大，说明这一时期其他省份的发展力度更为强劲。从全国排名来看，仅有广西保持在前 15 的水平，民族地区整体水平在全国范围内依然较为落后。

综上可见，从民族地区政策效果的变化来看，虽然总体水平低于全国平均水平，但是政策效果逐年提升，表明民族地区基本公共教育政策变迁取得了一定成效，这离不开中央政策对民族地区的大力支持。

第四节　民族地区基本公共教育政策变迁效果的主观评价

民族地区基本公共教育政策最终要落实到人民身上，各族人民群众的主观感受也能体现出政策效果的好坏。因此，本书除了通过 TOPSIS 法对政策效果进行客观的水平测度，还将按照“群众满不满意、高不高兴”的检验标准，通过实地调研的半结构访谈，根据访谈提纲（见附录），获取各民族地区人民群众对本地区基本公共教育政策效果的主观感受。通过对访谈记录的整理，发现各族人民群众在民族地区基本公共教育政策变迁历程中，切实感受到了政策取得的成效，但是也存在一些问题。客观数据与主观访谈的结合更能体现出民族地区基本公共教育政策效果。

一、民族地区基本公共教育政策取得的成效

各民族地区人民体会到的基本公共教育政策成效，包括政策走向优质发展趋势明显、政策带来的“软实力”有所增强以及“硬实力”投入增多等方面。

（一）政策走向优质发展趋势明显

民族地区基本公共教育政策在党的领导下，不断走向优质发展阶段，在对各民族地区人民群众访谈中也有所体现，具体有以下几个方面。

第一，民族地区基本公共教育政策覆盖范围更广。民族地区基本公共教育政策是基本公共服务中涉及范围较广的一项政策领域，需要关注不同教育发展阶段，也需要满足人的不同发展需求。民族地区基本公共教育政策的多维度发展，促使其覆盖的范围更广、惠及的人民群众更多，使得民族地区各族人民切实感受到了基本公共教育政策的实践效果。

“西藏地处祖国边陲，西藏教育发展对我国教育事业乃至西藏长期繁荣稳定具有重要意义。现有的基本公共教育政策已经基本具备了普惠性和均衡性的特点，九年义务教育已达到全覆盖，学龄儿童的辍学率达到了历史最低水平，农牧区儿童也基本能顺利完成九年义务教育阶段。”（WH，2021.5）

“民族地区基本公共教育政策制定的内容，更加向德智体美劳素质教育方向发展，政策关注得更加全面，这样肯定对群众有帮助。”（QD，2020.12）

民族地区基本公共教育覆盖范围是否广泛可从是否涵盖各个教育阶段和是否关注各族人民素质教育发展的两个维度来考察。民族地区在关注本地区人民群众对基本公共教育最基本的需求中，促使基本公共教育走向普惠化、均等化、优质化，同时也在政策变迁过程中，关注了人民群众对于个人自我发展的需求，体现出基本公共教育满足人最基本需求但又动态变化的内涵。

第二，民族地区基本公共教育质量有所提升。民族地区基本公共教育

政策最直接的政策效果，就是政策实施后民族地区基本公共教育的质量有没有提高、人民满不满意。

“基本公共教育已经基本能满足各个地区的基本公共教育需要，教育质量也在不断地改善和提升。”（ZF，2021.5）

“总体来说是比较满意的，尤其是考虑到一些地区因素，比如西藏处于高原地区，西藏的学生学习能力与内地学生存在较大差距，但是政策考虑了我们西藏的实际情况，高考政策给予了适当的照顾。”（WH，2021.5）

“在新疆推行的双语教育很好，尤其是推广国家通用语言文字对学生个人发展、民族地区发展有很大帮助，尤其对一些地区帮助很大，也会在带动家乡脱贫致富等方面发挥重要作用。”（WX，2021.3）

总而言之，民族地区基本公共教育政策结合地区差异与立足社会经济长远发展，带来了切实让人民群众感受到的政策效果，并且小到个人发展，大到地区发展，均在一定程度上提升了各民族地区人民群众对本地区基本公共教育政策的满意度。

第三，人民群众对民族地区基本公共教育政策抱有信心。各族人民群众对本地区基本公共教育有信心，表明政策效果在当下深得人心，并且会在未来受到人民群众的支持。只有人民群众对政策抱有信心中，民族地区基本公共教育政策才能在未来走向更好发展。

“虽然当下西藏的基本公共教育政策同其他地区，尤其是东部发达地区比还有差距，但是我相信在未来还有很大的进步空间。”（WH，2021.5）

“‘促进各民族像石榴籽一样紧紧抱在一起’，我相信在党的领导下，民族地区基本公共教育政策将会一直往更好的方向发展！”（ZF，2021.5）

可见，各民族地区人民群众对本地区基本公共教育政策的未来发展抱有很强的信心，反映了当地人民群众对中央和对当地政府的信任。人民群众对公共政策的满意度在一定程度上代表了政策绩效，这与政府信任紧密联系[1]。因此，民族地区各族人民群众对基本公共教育政策越满意，表明

① 卢海阳，郑逸芳，黄靖洋．公共政策满意度与中央政府信任——基于中国16个城市的实证分析[J]．中国行政管理，2016(8)：92－99.

对政府的信任度越高，这也会反过来促使政府在人民群众的信任中，更好地推进民族地区基本公共教育政策优质化发展。

（二）“软实力”有所增强

各民族地区人民群众感受到的政策效果，体现在各种促进民族地区基本公共教育发展的措施上，其中之一便是“软实力”明显提升。民族地区基本公共教育政策带来的“软实力”主要是指来自师资力量和教育资源的支持，是民族地区基本公共教育任何阶段都离不开的重要支持。师资力量和教育资源的水平与质量直接影响到民族地区基本公共教育水平，作用到学生身上影响着一个学生的长远发展，作用到地区上则影响着一个地区长远的社会经济水平。民族地区基本公共教育政策，促使各民族地区人民群众感受到了政策效果带来的“软实力”有所增强。

其一，通过教师岗位轮岗制度，提升师资力量的流动性，在流动性中加强教师对当地环境和教学模式、学生习惯、课堂教学等方面的契合，有针对性地实现创新。

“西藏有些地区在师资力量方面做得就比较好。比如对各个教学阶段师资力量进行不断的排列整合，高年级与低年级的教师每隔几年就进行交替，再加上相应的竞争机制，从而促进师资力量的优化提升。”（ZF，2021.5）

西藏采取的这一教师轮岗制，很好地回应了中央层面和民族地区层面在基本公共教育领域提出的关于教师轮岗的要求。在轮岗制的流动性中，增强了民族地区基本公共教育师资力量的适应性，提升了教师的能力。

其二，深入学生生活，教师分饰多种角色。为了使师资力量能够更好地因地制宜发挥作用，民族地区基本公共教育政策还要求教师深入学生生活，通过掌握他们的生活基本情况，因材施教。此外，一些教师还担任着领导职务，立足更加宏观的站位为发展当地民族地区基本公共教育做贡献。

“很多老师不仅限于课堂，还会深入学生的家庭，以轮岗制的方式，建立亲密的联系，一起生活和学习。除了负责学科教育，还有些老师担任

领导，不仅对教育有帮助，对当地发展也有帮助。”（WX，2021.3）

可见，师资力量的提升不仅需要深入基层，也需要立足高位，尤其是民族地区的教师。作为教师，只有结合学生实际情况，才能促使基本公共教育政策效果落实到个人层面；作为管理者，只有在具体实践中将经验和问题汇集成推动民族地区基本公共教育发展的方略和政策，才能实现由上至下的政策效果转化。

其三，其他政策的协同作用，促进民族地区基本公共教育政策效果发挥。民族地区基本公共教育政策不是单一的政策存在，而是需要其他政策的协同配合，才能确保政策效果发挥出来，比如对口支援政策、西藏内地班、特岗教师等。

“中央和其他省份通过援疆帮扶对教育各个阶段的老师给予了支持，老师教学水平比原来更高，责任心更强。”（WX，2021.3）

“西藏与内地联系越来越紧密，伴随内地西藏班以及教育援藏不断推进，西藏儿童已基本能顺利‘走出去’，与内地学生一同学习。近些年，江苏、北京等地区的教育援藏使得西藏儿童不出藏区就能享受到优质的教育资源。”（WH，2021.5）

“近几年政府重视对民族地区乡村和偏远地区师资力量的扶持，扩充了农村地区的师资力量，鼓励大学生投身到农村的教育队伍中。”（LB，2020.12）

对口支援政策、西藏内地班和特岗教师都与民族地区基本公共教育政策有着密不可分的关系，它们有着相同的使命和任务，但也有着各自的政策目标，总体而言加强了与民族地区基本公共教育政策的协同，为提升师资力量和教育资源做出了贡献，在政策协同中提升了政策效果。

其四，各民族地区师生比在政策“间断点”逐年变小。民族地区基本公共教育均等化水平指标体系的一些具体数据也能佐证各民族地区人民感受到的“软实力”——师资力量得到了不断增强。其中，师生比是学校教师人数与培养学生人数的比例关系，体现了学校师资资源的充足程度，通过师生比在政策“间断点”的变化趋势，能够很好地反映“软实力”这一政策效果（见图3.2）。

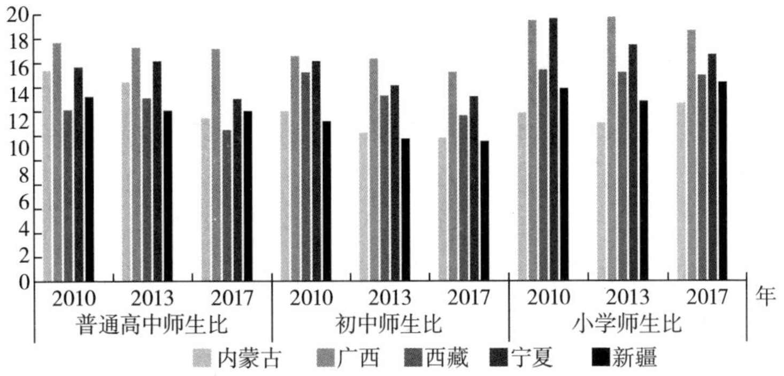

图 3.2　民族地区基本公共教育政策“间断点”不同教育阶段师生比

资料来源：笔者绘制。

从图 3.2 中可以看出，各民族地区在政策变迁“间断点”中，普通高中、初中和小学师生比逐渐变小，表明在民族地区一个教师对应培养的学生数量变少，说明民族地区师资力量队伍的逐步扩充，使得学生享有个性化教学的概率大大增加。这离不开民族地区基本公共教育政策的支持，也离不开与其他政策的协同，才能促使这一政策效果的趋势变化明显。

总而言之，民族地区基本公共教育政策对师资力量的提升，来自创新的基本公共教育供给方式和其他政策之间的协同，能够最大限度地升民族地区基本公共教育的“软实力”。这背后反映出的则是中央政府和地方政府在纵向关系上的府际协同，中央层面政策要求加强民族地区师资力量的后备保障，并出台了对口帮扶政策要求其他发达省份加以支援，在与其他地区的协同中提升了民族地区基本公共教育政策效果。同时，体现出地方政府和各个部门之间的横向协同，尤其是师资力量和西藏内地班不仅涉及教育领域，还有就业、财政、户籍等一系列配套措施，在多个领域的政策协同和政府职能部门的配合中提升了政策实践效果。

（三）“硬实力”投入增多

除了“软实力”带来的智力支持，基础设施建设的不断完善也让各民族地区人民群众感受到了政策效果带来的“硬实力”，它是民族地区基本公共教育政策效果发挥必不可少的部分。

“在新疆，总体而言，对基本公共教育硬件上的投入近年来日渐增大，

产生了很大的效果。”（ZF，2021.5）

“近些年来有了较大改善，教育得到了政府的普遍重视，办学条件、硬件设施都得到了加强，很明显的基础设施越来越好，学校数量越来越多。”（WF，2020.12）

可见，民族地区“硬实力”提升的速度和质量均较之前有很大的进步。只有基本覆盖了民族地区基本公共教育发展所需要的各个“硬件”，才能让各民族地区人民群众切实感受到“硬实力”的政策效果。以民族地区基本公共教育均等化水平指标体系中的两个指标为例，高中每人拥有计算机数和小学每人拥有计算机数在政策变迁“间断点”的趋势，能体现出民族地区基本公共教育政策“硬实力”有所增强的政策效果。

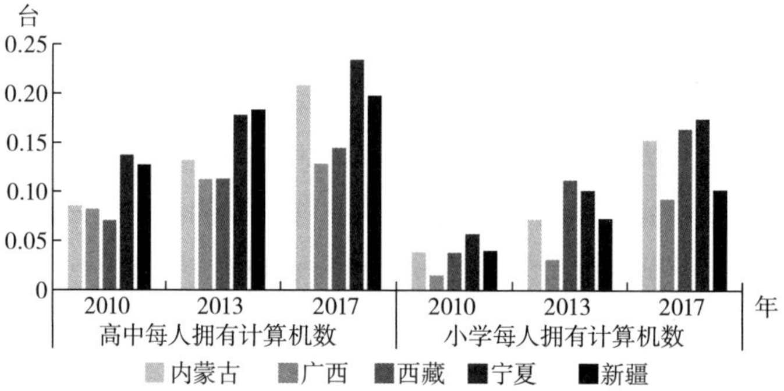

图 3.3 民族地区基本公共教育政策变迁“间断点”高中和小学每人拥有计算机数

资料来源：笔者绘制。

由图 3.3 可知，总体而言，各民族地区高中和小学每人拥有计算机数随着政策变迁呈不断上升趋势。计算机是进入大数据、人工智能时代不可缺少的硬件基础，也是实现教育现代化的必要基础设施。人均拥有计算机数的不断上升，体现出民族地区基本公共教育政策“硬实力”政策效果的逐年上升，从侧面表明了民族地区基本公共教育政策越来越注重教育现代化的推进。

“硬实力”的不断增强从一定程度表明，民族地区地方政府对于中央层面政策要求和地方政策执行有着一定的力度与效度。地方政府能够在短时间内汇集社会资源投入基本公共教育领域，尤其是逐步增强了对基础设施的投入，实现了全方位和多领域的建设。这体现出了民族地区地方政府的治理能力和治理水平，也反映出地方政府同其他多元主体的有效互动，尤其是促使市场发挥在资源配置中的决定作用，使得各民族地区人民群众能够明显地感受到基础设施上的政策效果。

二、民族地区基本公共教育政策效果有待提升之处

各民族地区人民群众除了切实感受到基本公共教育政策取得的成效，也反映了政策存在的一些不足之处，包括基本公共教育水平有待提升、“软硬”优质实力仍需增强、供需匹配对接不够精准以及优质师资分配不均等。

（一）基本公共教育水平有待提升

从不同时期来看，人民群众不仅肯定了民族地区基本公共教育的质量，也肯定了民族地区基本公共教育政策的效果，但是同其他地方相比，民族地区基本公共教育水平仍然有待提升。

“尽管相比于前几年，民族地区基本公共教育质量和水平有所提升，但是相较于其他发达地区，民族地区现有的基本公共教育发展水平还不够高，依然有待提升。”（ZF，2021.5）

“民族地区基本公共教育水平落后于其他地区，尤其是和东部发达地区相比，水平还有进一步提升的必要性。”（WF，2020.12）

在同其他地区之间的比较中，民族地区基本公共教育水平相对落后，使得政策效果提升明显不足，这与 TOPSIS 法计算得出的民族地区基本公共教育均等化水平在全国排名落后的情况一致。尽管民族地区基本公共教育政策近几年取得了很大进展，但是在基本公共教育水平提升上，同东部发达地区相比仍存在很大差距，这反映出民族地区基本公共教育政策变迁历程中仍存在一些影响因素，使得政策效果不能完全发挥。

（二）“软硬”优质实力仍需增强

在与其他发达地区的对比中，前后历史时期纵向对比下产生的“软硬”实力有所增强的政策效果，在横向对比中则显得相对落后，各民族地

区人民群众大多都认为本地区的师资力量、教育资源以及基础设施建设等仍需要进一步增强。

“民族地区师资力量相对薄弱，在教师的数量和质量上都相对较差，教育多样性较差，对学生的适应性也较差，尤其是与东部发达地区相比。”（WF，2020.12）

“虽然新疆的基本公共教育在人才和基础设施建设上有了不小提升，但是跟东部地区相比，差距很大。尤其是硬件投入效果明显，但是软件方面少，比如人才和教育资源，这些都没有充分跟上。”（WX，2021.3）

“缺少对校园环境进行继续改善和教学设备的优化与提升，无论是到地区调研，还是自己曾经的学校，基础设施相对都比较薄弱，师资力量也都偏弱。”（ZF，2021.5）

“我觉得应该进一步加强学校基础设施建设，现在农牧区依靠内地援助以及自己的资金基本上建立了学校，但是学校基础设施仍然存在一定问题，比如桌椅陈旧、书籍欠缺等。有人建、没人修的现象也时有发生，希望各级政府和财政部门持续稳定继续加强学校基础设施建设。”（WH，2021.5）

民族地区基本公共教育政策效果表现出的“软硬”实力欠缺，包括师资水平不高和基础设施质量不高，“软硬”实力在一定程度上可以说是民族地区发展基本公共教育的基础性资源，而与东部发达地区相比，差距较为明显。一方面，人才储备不充足，“软实力”有所下降。人才“引进来、留下来”的积极性下降，政策对人才吸引和留住的效果有所减弱，人才外流情况相对严重。另一方面，基础设施建设相对薄弱，“硬实力”不够。实际中，民族地区对基本公共教育的设施配套不够完善，在客观条件上限制了民族地区基本公共教育的进一步发展，政策效果也达不到预期水平。

总而言之，尽管民族地区基本公共教育政策效果的成效体现在“软硬”实力上，但有待提升的地方也是“软硬”实力。在对比中，或许可以认为政策效果过于关注对“量”的提升，而忽视了对“质”的追求，“量”的提升带来的政策效果相对比较直接，而“质”的追求更加注重内在提升和长期发展，为政策效果发挥带来了一定的难度。同政策文本分析表现的政策样态相似，虽然比较关注基础性的层面，但是缺少相应的层次性提升。因此，民族地区基本公共教育政策，存在重“量”轻“质”的问题，这使民族地区基本公共教育政策尽管在不同历史时期内“软硬”实力有很大提升，但是将其放到全国范围内比较时，“软硬”实力的不足和弱点便十分明显。

（三）供需匹配对接不够精准

除了上述在横向比较中存在的不足，还有基本公共教育供需匹配不够精准问题，影响了民族地区人民群众对政策效果的满意度。一方面，民族地区基本公共教育政策需求和供给对接不够精准，而供需对接不精准在很大程度上将影响各民族地区人民群众的体验感。

“基本公共教育的供需匹配精准度不高，特别是一些少数民族的额外需求，他们希望有什么样的老师、什么样的硬件、什么样的课程设置等。”（WX，2021.3）

“居民对基本公共教育的诉求越来越高，有些配套虽然有，但是赶不上、对不上居民的诉求。”（WF，2020.12）

基本公共教育尤其是民族地区的基本公共教育，很大程度上需要考虑语言文字、风俗习惯、文化传统等的影响，这便催生了一些额外需求。在社会经济发展中，尤其是与东部发达地区相比，各民族地区人民群众对基本公共教育的需求早已超过当前的政策供给，但是相关政策却没有充分考虑这些，影响了相应的政策效果。

另一方面，供需不足体现在学生个性化的教育中。基本公共教育归根结底是教育发展的一部分，因此好的基本公共教育需要注重“因材施教”，为学生发展提供个性化的基本公共教育，但是目前来看，不少民族地区忽略了学生个人层面的个性化供需匹配。

“学生学习水平有限，汉语水平有点低，但很多学校没有配备专门的藏汉教学老师，一个老师同时带很多门课程，没有人对人地实现专门教学。”（WH，2021.5）

“一些地区只注重应试，追求高分，一味地让孩子们学习，却忽略了孩子们德智体美劳全方面的发展。受到现实条件的约束，读书的过程只注重理论方面的学习，却没有做到理论与实操并进，提高孩子们的动手能力。”（LB，2020. 12）

民族地区基本公共教育政策落实到学生上，对于一些个性化的需求往往容易忽视，“模板”教育、“无差异”教育等正是忽略了学生的个性化需求，导致学生的特点和特长无法充分发挥，从而影响民族地区基本公共教育政策效果的发挥。

总之，民族地区基本公共教育政策效果在供需匹配方面的不足，可以概括为一些额外需求没有得到满足、供给跟不上需求变化速度、个性化的供需匹配不到位等。这在政策文本分析中也得到了证明，即民族地区基本公共教育政策在各民族地区的特色不够突出，往往结合本地实际情况考虑不够，缺少了“一地一策”的政策特点，因而民族地区一些额外的基本公共教育需求往往容易被忽视，从而使得政策效果不能充分发挥。

（四）优质师资分配不均

民族地区基本公共教育政策效果在优秀师资力量分配上也存在不足，而基本公共教育尤其离不开教师作用的发挥，这使得不足更加明显。师资力量也是各民族地区人民群众在基本公共教育政策效果中较为关注的地方。

“民族地区一些优秀的学校将好的老师和学生资源汇集，而其他稍微差点的学校很难有好的老师，很难达到均衡发展，造成好的越好、差的越差的现象。”（LB，2020. 12）

“师资力量分配不均匀，基础设施建设上也是，尤其体现在农村和城市地区，这样教育质量就有差距了。”（QD，2020. 12）

这种不均衡的优秀师资分配，不仅影响着当下民族地区学生接受的基本公共教育水平，还会影响到一个地区内部的发展，如农村牧区很多学生为了接受更好的教育，大多转向城市求学，而在基本公共教育阶段家长往往跟着孩子来到了城市，久而久之农村牧区的“空心化”现象严重，影响了当地社会经济的发展。这种优质资源不均衡的现象，也会使得民族地区基本公共教育政策的投入与产出比有所下降。

“当地政府对教育没有大的投入就不会有大的回报，尤其是相对落后地区，而基本公共教育的产出与投入是长期性的，这样容易将重点放在城市建设和经济发展方面。”（LB，2020.12）

“新疆基本公共教育在优质资源分配上，尤其是教师力量和水平分配上不均衡，这往往容易导致人们聚集到资源较好的地方接受教育，但一些相对落后的地方也会注重对基本公共教育的投入，这样容易对投入产出比造成影响。”（WX，2021.3）

在教育带来的促进作用见效缓慢时，见效更快的领域投入往往会增大，这便影响了落后民族地区基本公共教育投入，而对优质师资力量的吸引又同当地社会经济发展水平相联系。在这样的循环中，民族地区基本公共教育政策效果发挥程度大打折扣。

综上所述，民族地区基本公共教育政策让各民族地区人民群众体会到了不同层面的政策效果，也在同其他地区的对比中反映出了一些有待提升的地方。从各民族地区人民群众感受到的成效和不足来看，大多对民族地区基本公共教育政策涉及的基础性层面，如基础设施建设等方面较为满意，而对于一些制度、体系、机制等层面的满意度则有所不足。这在一定程度上表明，民族地区基本公共教育政策仍然有很大的发展空间，才能使各民族地区人民群众，切切实实感受到上升到制度层面的政策效果，感受到民族地区基本公共教育服务体系带来的政策效果。这些有待提升之处背后则存在一些影响因素，导致民族地区基本公共教育政策效果无法充分发挥。在第四章，本书将对这些不同层面的影响因素进行探讨。

第四章　影响因素：民族地区基本公共教育政策效果发挥的掣肘

民族地区基本公共教育政策取得了一定的政策效果，使得民族地区基本公共教育均等化水平逐年上升，但是在实际中，政策效果并非同政策目标所期望的一样，也存在有待提升的地方。通过政策文本分析、TOPSIS定量分析以及半结构访谈可以发现，民族地区基本公共教育政策受到政策因素、配套保障和客观环境等的影响，这些因素影响着民族地区基本公共教育政策效果的发挥，需要我们在实践过程中加以考虑。

第一节　民族地区基本公共教育政策要素有待完善

民族地区基本公共教育政策是中央政策主导下的地方政策协同，政策效果的有效发挥离不开中央层面政策的顶层驱动，也离不开民族地区地方政府的科学落实。但是在对政策文本和半结构访谈分析中发现，民族地区基本公共教育政策在政策主题、政策工具和政策参与等方面均有待完善，这些情况在一定程度上影响了民族地区基本公共政策实践效果的发挥。

一、政策主题创新乏力：政策效果张力稍显疲软

相比中央层面，民族地区地方政策主题创新稍显乏力，在一定程度上影响着民族地区基本公共教育的发展，并会影响到政策变迁过程中政策效果的发挥。如中央层面的《“十三五”推进基本公共服务均等化规划》针

对义务教育的重点任务，提出："推进建设标准、教师编制标准、生均公用经费基准定额、基本装备配置标准统一和'两免一补'政策城乡全覆盖，基本实现县域校际资源均衡配置，扩大优质教育资源覆盖面，提高乡村学校和教学点办学水平。"① 相较之下，西藏出台的《西藏自治区"十三五"时期基本公共服务体系发展规划》不仅发布内容晚，在内容上虽然提出要具体结合本区的实际情况，但是在政策主题中却未充分体现本区特色，在具体规划上几乎同中央层面相一致，如"加快推进县域内城乡义务教育学校建设标准统一、教师编制标准统一、生均公用经费基准定额统一、基本装备配置标准统一和'两免一补'全覆盖，扩大优质教育资源覆盖面，提高乡村学校和教学点办学水平"②。对于义务教育这一政策主题基本停留在对中央层面规划的"简单复述"，缺少了同本地实际情况相结合的规划性和可操作性。

民族地区基本公共教育政策虽然在政策主题上同中央政策发展趋势相符合，但是政策主题在一些方面创新不够，从而使得政策效果张力释放不足，进一步影响到政策效果的实现程度。第一，政策主题层次感不够强。民族地区基本公共教育政策变迁历程中，虽然形成了民族地方各具特色的政策主题，但是表现出的层次感并不强，表明在整个政策变迁历程中，政策主题关注的领域、内容、举措等相对较单一。政策效果提升需要每个政策变迁时期，由政策主题层层递进所带来的牵引力推动，而不少民族地区在政策变迁多个阶段均对同一个政策主题给予了关注，尽管确保了政策效果的延续性，但是在发挥政策张力的效果上稍显薄弱。

第二，政策主题结合实际不够充分。虽然民族地区基本公共教育政策形成了各具特点的演进，但是这些特点主要表现为各民族地区对于同一政策主题在不同时期和不同方式上的关注。如前所述，一些政策主题的具体实施与本地特色结合不够。政策效果在"因地制宜"的环境中最能得到发

---

① 国务院关于印发"十三五"推进基本公共服务均等化规划的通知[EB/OL].(2017-03-01)[2021-11-10]. http://www.gov.cn/zhengce/content/2017-03/01/content_5172013.htm.

② 西藏自治区"十三五"时期基本公共服务体系发展规划[EB/OL].(2018-11-20)[2021-11-10]. https://www.xizang.gov.cn/zwgk/xxfb/ghjh_431/201902/t20190223_61955.html.

挥，在一定程度上具有“普适性”的政策主题制约了政策效果在当地实际情况中的发挥。

第三，政策主题系统性不够完整。民族地区基本公共教育政策主题大多关注于基本公共教育具体领域，而对于如何实现、如何推进、如何保障、后续如何发展等问题尚未形成相应的完整体系。这便使得政策效果缺少系统性的提升，容易影响政策效果的发挥。

二、政策工具使用单一：政策效果发挥不尽充分

通过前期政策文本分析可以发现，民族地区政策工具在使用上较中央层面灵活性较低、协同性不强，政策工具多以权威型工具为主，激励型工具较少，而且不同类型的政策工具组合相对固定，尚未随着政策变迁形成一整套精细化的政策工具体系。

如中央层面的《“十三五”推进基本公共服务均等化规划》在基本公共教育领域的学前教育行动计划中提出，“加强普惠性幼儿园建设……积极扶持企事业单位办幼儿园、集体办幼儿园和民办幼儿园向社会提供普惠性学前教育服务”①，权威型与激励型政策工具同时运用，并且拓展了普惠性学前教育服务政策工具在企事业、集体办、民办等领域中的运用。相比中央层面对政策工具的组合与运用，宁夏在相应规划中针对普惠性幼儿园建设则提出：“扶持企事业单位、集体办园和普惠性民办幼儿园发展……充分利用农村中小学闲置校舍和其他富余小学改建幼儿园、增设附属幼儿园或幼儿班。”② 相比中央层面，宁夏的政策工具使用力度相对较弱，且对于社企合作提供基本公共教育方式的创新力度不强，使得这一政策工具发挥的积极作用有所减弱。尽管有“充分利用”的激励型政策工具，但是政策工具并没有关于对“充分利用”受众主体的具体激励型举措，而且对后

① 国务院关于印发“十三五”推进基本公共服务均等化规划的通知[EB/OL].(2017-01-23)[2021-11-10]. http://www.gov.cn/zhengce/content/2017-03/01/content_5172013.htm.

② 宁夏回族自治区人民政府关于印发自治区“十三五”推进基本公共服务均等化规划的通知[EB/OL].(2017-03-17)[2021-11-10]. https://www.pkulaw.com/lar/32d0d604d0741d5a0d1163a74f7da5ebbdfb.html.

续如何运用政策工具完成改建和增设幼儿园等并未做出结合本地区实际的具体阐述。

民族地区政策文本表现出的政策工具问题，将会在具体政策实践中影响政策效果发挥。第一，缺少精细化的政策工具配套。民族地区基本公共教育领域政策工具，需根据不同环节有针对性地实施，但多关注资金、基础设施等层面政策工具的使用，对一些需发挥持续作用的人才、技术、管理等方面的政策工具关注较少。纵观整个政策文本，政策工具在不同基本公共教育阶段、发展环节、具体任务等方面，大多具有普遍性，未针对各项事物属性特点配套相应的政策工具。

第二，不同类型政策工具间协同不到位。民族地区政策工具使用主要有激励型、信息传递型和权威型政策工具，依靠单一的政策工具往往无法在复杂的政策环境中促使政策目标的有效实现，同样也会限制政策效果的释放。民族地区基本公共教育政策效果发挥，需多个政府部门和多元主体协同配合，才能达到预期的目的。但是，实际存在的问题是，各类型政策工具之间协同不到位，相互使用的“力度”没有形成平衡性合力，如关于留守儿童接受基本公共教育的相关政策，在以权威型政策工具要求其接受义务教育时，缺少了对相关责任主体的激励。

第三，政策工具使用和组合单一。正如政策文本分析所述，民族地区基本公共教育政策工具在整个政策变迁历程中，权威型政策工具较多见，激励型政策工具运用力度不足，信息传递型政策工具使用深度不够。虽然以权威型政策工具为主能够在短期内促使政策效果实现，但是对于长期收益性的政策而言，往往需要更多的激励型工具和信息传递型工具配合，才能深层次激发政策效果的活力。

三、政策参与程度较低：政策效果活力释放有限

民族地区基本公共教育政策效果不足有一部分表现为供给匹配不精准问题。从政策层面来看，一方面，由于公众对政策自下而上参与的程度不够高，需求表达不到位，在政策供给与需求之间形成了一定的“信息代沟”，供需不匹配。

“我觉得供需不匹配主要在于公众对政策的参与度不高，现在的情况就是关于教育方面的信息公开做得不够好，各地区人民对基本公共教育政策了解不充分，参与渠道比较少，而且政府鼓励参与少、分享也少，影响了公众对政策的了解。”（WX，2021.3）

民族地区基本公共教育政策效果的落实程度，很大程度上取决于民族地区各族人民群众的参与程度。民族地区群众参与到政策决策中，能够表达自身真实需求并影响自身利益获得，并且在参与决策的同时能够为政策提供更多的集体智慧。当公众需求充分得到表达后，民族地区基本公共教育政策的供给与需求才有可能匹配。

尤其是有时候受一些信息和渠道限制，以及公众政策参与的自觉性和主动性等因素影响，自下而上的参与往往不够充分，加之个人能力限制和“用脚投票”的现象时有发生，民族地区基本公共教育政策需求侧表达的科学性和民主性不够高。如果公众参与不足，政府就难以了解到民族地区基本公共教育的实际需求，相应的基本公共教育政策同民族地区实际需要的契合度也就较低。

另一方面，民族地区基本公共教育政策自上而下的参与也不尽充分，正如毛泽东所言，“没有调查，就没有发言权”，作为人民至上的服务型政府，在实际中政策主体更应该主动自上而下地“从群众中来，到群众中去”。

“民族地区的公共教育政策要切实地符合当地的实际情况，符合群众的需求，不能与其他地区一概而论。”（LB，2020.12）

“民族地区基本公共教育政策的完善，首先应该了解基层群众的需要，其次应看到基层的弱势和不足。”（ZF，2021.5）

可见，自上而下的政策参与不足，导致政策主体不能深入实际去了解各地区人民对基本公共教育的真实需求。在实际中，自上而下的政策参与往往需要通过大规模的调研，深入民族地区基本公共教育政策的各个环节和方面，涉及大量人力、物力和财力。一些政策主体有时受到客观条件制约没有能力进行调查，还有时出于主观上“觉得麻烦”等态度，容易忽视这一关键环节。

民族地区基本公共教育政策参与不足，主要是自下而上和自上而下两个层面不足。政策制定往往是一个自上而下的过程，但这个过程也需要自下而上的充分参与。当这两个层面政策参与不足时，在政策主体和政策客体之间会形成信息隔阂，影响政策实际供给内容与公众需求之间的匹配程度。现在不少政策主体开放的政策参与渠道，大部分是基于网上"社情民意"调查，宣传不到位、鼓励参与不充足、参与渠道单一。这些都影响了两个政策参与层面的对接，在一定程度上影响了民族地区"因地制宜"地开展基本公共教育，从而影响到民族地区基本公共教育政策效果发挥。

综上所述，来自政策层面的一些因素影响了民族地区基本公共教育政策效果的发挥，而政策要素是构成一个相对完善政策的关键。但是民族地区基本公共教育政策在政策主题、政策工具和政策参与三个方面均体现出了对政策效果的制约，这一定程度表明政策要素之间的相互协同不足，政策中存在协同失效的问题。在协同失效中民族地区基本公共教育政策系统往往存在一些"漏洞"，容易导致政策效果在"漏洞"中流失，从而使最终产出的政策效果达不到预期。

第二节　民族地区基本公共教育政策配套保障不够完备

民族地区基本公共教育政策效果的持续发挥，同样离不开配套保障的持续跟进，但是民族地区基本公共教育政策在激励举措、财政支持和评估机制方面的不完备，影响了政策效果的进一步发挥。

一、激励举措力度不够：政策效果后劲动力不足

激励举措是确保民族地区基本公共教育政策落实的重要手段，也是整个政策变迁历程中确保相关政策延续动力发挥的有效方法，同时影响着政策效果在当下与长远的表现。但是，由于民族地区基本公共教育政策相关激励举措力度不够，一些教师在实际中待遇比较低、福利得不到保障，工作干劲有所下降，使得相关政策在具体实施的过程中不能持续发挥动力与

作用。

“一些高海拔地区教师的工资我认为还有一些低，尤其是阿里和那曲等地区，工资低就没人愿意来，师资质量也得不到保障。”（WH，2021. 5）

“教师的福利和待遇比较低，特别是高海拔和特别贫困的地区，久而久之基本生活保障不了，这样就没人愿意来。”（ZF，2021. 5）

除了当地现有教师激励保障不完备、不到位，对优秀教师和人才的激励保障力度不够。基本公共教育是一项长期发展的基本公共服务，除了需要充足的人力资源储备，还需要后续激励举措保障，而缺少后续激励保障往往容易流失一些优秀的人才。

“可能有些问题相对难以解决，比如适应民族地区的人才培养政策，把人才引进来容易，但怎么留住挺难的。”（WX，2021. 3）

“留不住人才，一些好的师资都涌向了一些较发达的地方，基本的配套服务设施相对薄弱，而且当地政府对于人才引进和人才培养的重视程度不高，相关政策不够完善。”（LB，2020. 12）

总之，对当前师资和未来师资的激励措施力度不够或不到位，制约了民族地区基本公共教育政策效果在长期发展中的后劲发挥。人力资源是民族地区基本公共教育不可或缺的“软实力”，而在实际政策效果发挥中，民族地区的师资力量往往储备不足、质量不高，很多优秀教师流入了发达地区。

一方面，这与民族地区不尽完备的激励措施有关，尤其是对师资引进及后续保障，缺少一套成体系且可落实的完整激励制度与体系，使得优秀人才“留下来”的干劲和动力得不到持续性激发，不少学校教师队伍的人才流失，导致民族地区基本公共教育政策在后续落实和发展中缺少后劲动力，政策带来的持续效果大打折扣，从而影响了后续民族地区基本公共教育政策效果的提升。

另一方面，这也体现出民族地区对人才储备的认识不足和不到位，在其他发达地区悄然开启“抢人大战”时，民族地区地方政府仍然没有出台相应完整的、力度较大的人才激励和保障举措，在“留不住人”的情况下也陷入了“引不进人”的尴尬局面，久而久之影响了民族地区基本公共教育政策效果的发挥。

二、自我“造血”能力较弱：政策效果提升甚微

基本公共教育是基本公共服务重要领域之一，尽管基本公共服务涉及的问题较为广泛，但是财政收支影响着一个地方的基本公共服务能力，尤其是财政收入水平决定了当地财政的自足能力，对于基本公共教育这一领域同样如此。民族地区财政能力较低，影响了民族地区基本公共教育政策效果的发挥。

“民族地区基本公共教育政策效果发挥更多的还是受财政限制，由于经济水平相对较低，所以在校园环境、基础设施、师资力量、生活水平等各个方面受到限制，总体来说进步的空间或者提升的空间还很大。”（ZF，2021.5）

“我觉得还是财政限制吧，西藏依靠‘输血’的发展模式是不健康的，有些地方学校在内地帮助下建了起来，但是后期维护和发展依靠当地资金却十分困难。”（WH，2021.5）

“地方财政限制直接影响了师资力量建设，包括一些基础设施建设，没钱怎么能把好的教育资源吸引过来。”（QD，2020.12）

可见，财政能力不足制约了民族地区基本公共教育政策效果的发挥。本书从各民族地区财政自给率计算中进一步分析了该影响因素。在财政自给率较低的地区，地方政府可能会挤占或挪用基本公共服务的转移支付资金，从而不利于基本公共服务发展①。基本公共教育是基本公共服务的重要领域之一，民族地区基本公共教育政策又同财政支持相关，并能体现在政策效果中。为此，本书选取民族地区基本公共教育政策变迁2006—2020年的财政收入与财政支出数据，计算了民族地区总体财政自给率（见图4.1）。从民族地区总体财政自给率来看，在2006—2020年的民族地区基本公共教育政策变迁历程中，财政自给率均未超过40%，表明民族地区

① 朱光，鲍曙光．转移支付与地方政府公共支出偏向——基于面板门槛效应的分析[J]．运筹与管理，2019，28（12）：153－161.

推动基本公共教育服务发展的能力较低，相关政策也受到限制难以发挥作用。在实际中，民族地区基本公共教育水平在整个政策变迁历程中 *C* 值得分均低于全国平均水平，并且每个政策变迁阶段的 *C* 值得分增幅均在 0.03 左右浮动，增长幅度较小。

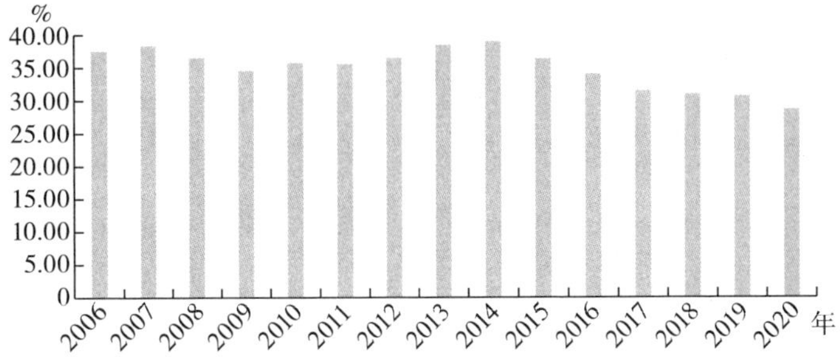

图 4.1　2006—2020 年民族地区财政自给率

资料来源：笔者绘制。

从各民族地区财政自给率来看（见图 4.2），虽然在民族地区基本公共教育政策变迁历程中，各地区财政自给率的演进趋势参差不齐，但是在各个政策变迁阶段各地区财政自给率均未超过 50%。

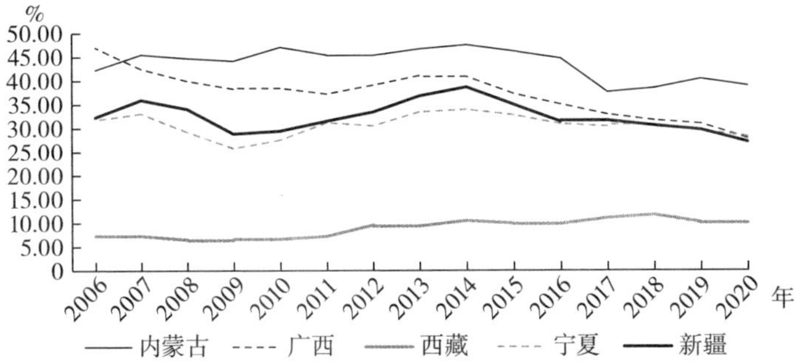

图 4.2　2006—2020 年各民族地区财政自给率演进趋势

资料来源：笔者绘制。

从 2006—2020 年各民族地区财政自给率演进趋势来看，西藏财政自给率长期处于民族地区落后位置，在整个政策变迁历程中基本处于 5%~15%，表明西藏基本公共教育自我发展能力较弱、发展水平低下，这也同政策实践效果长期处于全国落后位置相一致。内蒙古、宁夏和新疆的财政自给率演进趋势大致相同，总体上呈先升后降趋势，体现在政策实践中，这三个民族地区的基本公共教育均等化水平在经历了四个政策变迁阶段后，*C* 值得分全国排名也呈现出先升后降的规律。广西则不同，广西财政自给率在民族地区基本公共教育政策变迁历程中，总体呈上升趋势，相应地，其 *C* 值得分的全国排名在各政策变迁阶段逐步上升。但是，从各民族地区财政自给率演进曲线中也可以发现，每个政策变迁阶段的财政自给率增幅并不大，相应的各民族地区 *C* 值得分增幅甚微。

综上可知，民族地区财政能力不足对政策效果限制较大，财政自给率较低限制了民族地区基本公共教育政策效果的进一步发挥，表明民族地区自我“造血”能力不足，发展基本公共教育服务的能力有限，使得相应的政策效果在每个政策变迁“间断点”的增长幅度较小，影响了各民族地区人民群众对政策效果满意度的提高。

三、评估机制尚不健全：政策效果内驱动力不足

完善的政策评估机制是确保民族地区基本公共教育政策效果不断提升的重要手段，不仅能在评估中通过科学的指标体系构建和测度，发现政策存在的问题，也能反映出政策实施后各民族地区人民群众的满意度，是今后不断提升政策效果的内驱动力。然而，在实际情况中，对民族地区基本公共教育政策评估体系与实际工作和人民需求差距较大，政策评估的作用不能充分发挥。

“在实际中，虽然这个政策实施了，但是我们也希望看到一些官方的，或者其他第三方的政策评估，让我们老百姓知晓哪里做好了、哪里还有待提升，调查调查我们的满意度。”（WX，2021.3）

“有了政策评估，政策落实到地方的可行性更高，政府也能在后续政策中知道老百姓哪里满意、哪里不满意。”（LB，2020.12）

可见，各民族地区人民群众认为政策评估能够有效提升民族地区基本公共教育政策效果，也能提升人民群众的满意度。然而，民族地区对基本公共教育政策评估仍然有所欠缺。一方面，评估机制标准不统一。目前来看，各民族地区尚未形成结合本地实际的评估机制，尤其是在各个部门之间，一些具体标准存在偏差，这样容易造成民族地区基本公共教育政策在

落实中出现口径不一、行动不一的现象，还容易缺少对政策“自省”过程的改进，从而影响政策效果的发挥。

另一方面，缺少来自社会、专家、公众以及第三方组织的专业机构对民族地区基本公共教育政策进行第三方评估。缺少第三方评估，不利于以专业化视角，相对透明公开和公平公正地考察民族地区基本公共教育政策效果，尤其是评估缺少公众参与，使民族地区基本公共教育政策不能真正落实于人民的意愿，被人民检验，不利于政策效果的有效提升。

综上所述，相关配套措施不完备影响了民族地区基本公共教育政策效果的发挥，完善的配套措施离不开制度体系的保障。在实际发展中，民族地区基本公共教育政策缺少了针对配套措施的制度体系。因此，激励措施和财政间协同不够有力，有时往往财政到位了，但是在实际激励中资金不到位，而缺少政策评估更是对两者缺少了制度性约束。

第三节　民族地区基本公共教育政策效果的环境约束

除了政策文本和具体实践中表现出的对政策效果有影响的因素，民族地区基本公共教育政策还受到政策环境的影响，其中之一便是客观环境对政策的制约。民族地区复杂的政策环境，决定了民族地区基本公共教育政策需要有多元性，同时说明政策制定任务的艰巨性。来自国内外环境的客观因素，影响了政策效果的发挥。

一、国际环境：复杂因素交织的多元影响

习近平总书记指出：“当前，我国处于近代以来最好的发展时期，世界处于百年未有之大变局，两者同步交织、相互激荡。”[①] 可见，当今世界处于不断变化与发展之中，无论是政治上大国博弈愈加频繁，还是经济贸易往来增加与资本要素流动加剧，抑或创新技术飞速发展，这些事物的快

① 百年未有之大变局，总书记这些重要论述振聋发聩[EB/OL].(2021-08-27)[2023-07-15]. http://www.qstheory.cn/zhuanqu/2021-08/27/c_1127801606.htm.

速变化与交织均为国际形势的发展与走向增加了极大的不确定性，瞬息万变的国际形势给民族地区基本公共教育政策发展带来了极大的挑战。

第一，从政治层面来讲，世界上主要国家之间的力量对比发生了极大变化，新兴国家群体性崛起以及西方主导的世界格局开始改变，这些不稳定变化使得各国相互依存程度不断加深，但又随时可能因为不确定性因素而发生改变。一些全球治理架构新设想不断涌现，各国在国际博弈中寻求政治实力①。周边国家政策走向的不确定性有所增加，这会影响到民族地区“一带一路”倡议、西部大开发战略、对口支援政策等的规划与落实。然而，民族地区基本公共教育政策同这些领域政策相关性很强，政策效果发挥也受其影响。此外，在这种背景下，不少民族地区着重加强对所处政治环境的深入探讨和思考，强化政策维护民族团结、民族交往交流交融和社会稳定的作用，这便为政策效果发挥增加了诸多需要考虑的因素。

第二，从经济层面来看，经济全球化程度和广度加深，商品、货币、技术、信息、劳务等资源实现了在世界范围内的优化配置，给发展中国家带来发展机遇的同时也加剧了地区之间的发展不平衡程度。尽管在西部大开发新格局和“一带一路”建设中，民族地区社会经济得到快速发展，但是外来资本和技术趋向于流入更为发达的地区，使得一些较为落后的民族地区成为发展中的“弱势群体”，久而久之便会埋下隐患。经济发展事关民族地区社会稳定，尤其是外来经济要素加大了区域之间的差距，民族地区基本公共教育政策将受到经济条件的制约，在内容拓展和执行张力上会受到影响，比如一些英语课程师资力量、先进基础设施设备等也会受到影响。

第三，从科学技术创新发展层面来看，科学是一种在历史上起推动作用的、革命的力量。全球科技创新的飞速发展，使得人类社会进入大数据和人工智能时代，已然开启了第四次科技革命的大序幕。新一轮科技革命带来的赋能作用，除了给相关产业结构和社会生活带来冲击，也正在重构全球政治博弈局面、全球创新版图、全球经济结构等，并在全球范围内引

---

① 张宇燕．理解百年未有之大变局[J]．国际经济评论，2019(5):4,9－19.

起了政治、经济、社会、文化等各领域的连锁反应。随着科学技术迅速发展，如何克服国家脆弱性爆发、强化社会坚韧性，成为当前中国国家治理现代化的迫切难题①。然而，民族地区基本公共教育政策对科学技术的运用普遍不足，科学技术发展水平不高、创新性不强，在一些基本公共教育政策必要的领域内，尤其是教育现代化进程中，科学技术落后已成为限制政策效果的因素之一。

二、国内环境：历史方位的多维影响

民族地区基本公共教育政策效果发挥的影响因素，在国内环境中主要有经济、政治和地理位置等方面。

（一）民族地区经济发展相对落后

“我国发展不平衡不充分问题仍然突出”②，体现在民族地区社会经济发展中也是如此。经济发展水平是影响民族地区基本公共教育发展质量和水平的重要因素，经济发展的不平衡不充分制约了民族地区基本公共教育政策效果的发挥。

一方面，经济发展的不平衡体现在民族地区之间、民族地区同其他地区两个层面。民族地区之间经济发展受到各地区主客观环境影响，经济发展水平并不平衡。受地理位置、气候条件、资源禀赋等影响较小的民族地区，经济发展水平相对较高，如广西占据了北部湾的优势并且地理位置相对靠南，2020 年地区生产总值为 22120. 87 亿元，内蒙古则为 17258. 04 亿元，而宁夏仅为 3956. 34 亿元③，远低于广西。地区生产总值的不均衡加大了基本公共教育在各民族地区间的发展差距。

民族地区和其他地区之间的不平衡相对明显，就社会经济的发展水平而言，广西 2020 年地区生产总值为 22120. 87 亿元，全国排名第 19 位，已然是民族地区地区生产总值在全国排位中的最高水平，但是同东部发达省

---

① 肖楠. “世界处于百年未有之大变局”[N]. 北京日报,2019 - 01 - 14(13).

② 中华人民共和国国民经济和社会发展第十四个五年规划和 2035 年远景目标纲要[EB/OL]. (2021 - 03 - 13)[2021 - 07 - 15]. http://www. gov. cn/xinwen/2021 - 03/13/content_5592681. htm.

③ 资料来源:国家统计局,https://data. stats. gov. cn/easyquery. htm? cn = E0103.

份的差距依然较大[①]。区域发展差距仍然较大，整体发展不够协调，在与其他发达地区比较中，这种经济上的不平衡发展，容易使民族地区难有更多的经济实力投入基本公共教育领域，从而制约民族地区基本公共教育政策效果的发挥。

另一方面，民族地区经济发展的不充分主要体现在创新能力有待提升、市场活力不足和产业结构单一等方面，这使得民族地区经济难以充分释放发展动力，进而制约民族地区基本公共教育政策效果。一是民族地区创新能力不高，市场主体缺少相应的创新意识，缺少高精尖科学技术的研发与转化运用。二是市场活力不足，资源流动效率远低于发达地区，并且政府出台的营商政策尚未形成较为完整的体系，较其他地方相对落后的营商环境使得市场主体活力不能充分激发。三是产业结构单一，民族地区产业结构以第一产业和第二产业为主，发展效益较差，第三产业发展势头不足，并且对东部发达地区依赖程度较高，产业承接能力不足。经济发展不充分容易制约民族地区基本公共教育政策效果的发挥，尤其是教育现代化事业离不开当地创新技术和第三产业的支持。

（二）民族事务治理难度较大

自然环境、地理位置、历史文化、宗教因素等复杂交织的影响，使得民族地区地方政府民族事务治理难度增大。加之基本公共教育涉及各族人民生存和发展的基本权利，并不是孤立存在而是属于社会发展的一部分，随社会历史进程而发生变化，这动态性的变化同民族事务相结合也为治理增加了难度。民族事务的内涵非常广泛，可以包容与民族有关的一切方面[②]。因此，民族地区基本公共教育是民族事务治理的重要内容，如果治理中对任何问题处理不当，都可能影响到民族地区社会稳定和民族团结，复杂交织的影响与基本公共教育的动态性变化为民族事务治理增加了难度。

① 2020年中国内地各省市GDP排行榜[EB/OL].（2021－02－04）[2021－07－16]. https://www.sohu.com/a/448786584_712322.

② 唐卫青. 民族理论与民族政策教程[M]. 武汉：湖北人民出版社，2016：60－62.

尤其是进入新时代以来，我国社会的主要矛盾已经转化为人民日益增长的美好生活需要和不平衡不充分的发展之间的矛盾，表明民族地区各族人民群众对基本公共教育有着更优质化的追求，这加大了民族事务治理的难度，也对地方政府治理体系和治理能力现代化提出了更高要求。同时，由于政策变迁与完善需要一定的时效性，并不能朝令夕改，这便需要民族事务治理时刻坚持以人民为中心的原则，采取脚踏实地的举措，实施精准有效的措施，拥有面对突发性问题的能力，应用动态调适的执行手段等，实现对一系列综合因素的协同与整合，“以不变应万变”适应当下多变的现实环境。可见，民族事务治理难度较大，但地方政府治理能力有限，有可能制约民族地区基本公共教育政策效果进一步发挥。

（三）各民族地区地理环境的影响

影响各民族地区基本公共教育政策效果的因素来自多个维度和层面。其中，地理因素对民族的影响是巨大的，对民族的人种、生存方式、社会结构、性格、文化、语言等塑造方面产生了巨大影响①。民族地理学认为，民族地域性会影响民族地域分布的历史演进、现状特征、人口状况、活动特点等，并在政策制定、教育文化事业发展、社会经济发展、维护祖国安全稳定以及促进其他学科交叉发展等方面具有重要的研究意义与价值②。因此，从民族地理学视角出发，探析制约民族地区基本公共教育政策效果因素具有启发意义。

具体到各民族地区来看，新疆地处亚欧大陆中心，是我国西北重要的一部分，地理位置和脆弱的生态环境决定了新疆自古以来就是东西方多民族迁徙流动的大舞台、民族的大熔炉。尽管新疆地域广阔，但是上述因素使得民族分布格局差异很大，在社会经济发展、历史文化、宗教传统等方面不尽相同。因此，这给基本公共教育政策增加了治理难度，需要考虑的因素较多。

广西地处我国南部，具有连接东中西部、沿海沿边、沿江的区位优

---

① 冯雪红，束锡红，聂君．民族关系的新视角与新探索[M]．上海：上海人民出版社，2015：6－8.

② 杨武．中国民族地理学[M]．北京：中央民族学院出版社，1993：4－10.

势，能够充分发挥沿海沿江对当地基本公共教育、社会经济发展、对外贸易等方面的促进作用。相比其他民族地区，广西所处的纬度较低，优良的气候条件使得其拥有丰富多样的自然资源。相对优越的地理位置和环境条件，使得广西在汇集基本公共教育资源和获得发展机遇上有着充分潜力，但是从全国水平来看，发展差距仍然较大。

内蒙古以东西跨度大为主要地理特征，草原湖泊众多，但是生态环境相对脆弱，形成了具有特点的游牧经济，加之历史上封建主义和农奴主义的长期压迫，导致农牧区的社会经济发展水平落后，使得贫困人口占据了农牧区的大多数。这些因素造成的基本公共教育差异，使得基本公共教育政策制定与实施有一定难度，流动公共服务往往难以满足其所需。

宁夏南北地理环境有着明显的差异，作为古代丝绸之路的必经之地，宁夏自古以来就是多民族杂居地区。宁夏在“一带一路”建设中有着很大的发展机遇，但地理面积、气候条件、区域位置等因素制约了人才和资源的引进，在机遇与制约因素中如何有效平衡，影响着基本公共教育政策效果的发挥。

西藏位于青藏高原，平均海拔 4000 米以上，有“世界屋脊”之称，气候条件相对恶劣，特殊的地理位置限制了西藏的人口和资源流动，使得西藏的社会经济发展不充分。在这些复杂因素的影响下，西藏基本公共教育政策发展缓慢。体现在政策效果中同样如此，基本公共教育均等化水平长期在全国处于落后地位。

总而言之，各民族地区地理位置的差异性造就了其不同的发展历程与现状，但在发展过程中也有一些共同性。从民族地理学视角来看，地理位置差异对民族地区基本公共教育政策产生了不同影响，并且一些受到地理位置影响较大的民族地区，政策效果发挥进一步受到制约。

第五章 驱动作用：民族地区基本公共教育政策变迁的动因

在揭示了“何时变”和“如何变”的核心问题之后，接下来政策变迁“为何变”成为研究的另一个核心问题，需要进一步探讨。其中，“间断－均衡”理论认为，促使政策变迁的原因主要有四个方面，分别是焦点事件驱动、过程驱动、决策系统内部决策者认知导致的代表性连接、政策精英之间的共识冲突①。那么，驱动民族地区基本公共教育政策变迁的动因是否也来自这四个方面？在具体实践中又体现出哪些差异？本章将对这些问题做出详细探讨。此外，由于本书选定的研究主体为民族地区，因此对驱动动因的探讨基于整个民族地区的宏观层次。

第一节 外部动因

任何事物的发展都离不开外部客观环境带来的影响。纵观民族地区基本公共教育政策变迁历程，导致政策变迁的外部动因主要有民族地区社会经济发展驱动、政治制度变迁推动、中央注意力转移和焦点事件触发等方面。

---

① 琼斯．再思民主政治中的决策制定：注意力、选择和公共政策［M］．李丹阳，等，译．北京：北京大学出版社，2010：23－24.

一、社会经济发展的驱动

纵观民族地区基本公共教育政策变迁历程，基本公共教育已经随着经济发展深深嵌入社会经济发展的格局中，不少重要的关于社会经济发展的大政方针均对基本公共教育进行了谋篇布局。随着社会经济在不同历史时期驱动，民族地区基本公共教育政策经历了以逐步覆盖、适度调整、稳步提升、优质发展为主要内容的变迁。从长期来看，新时代社会经济走向更高水平发展，在动态变化中民族地区基本公共教育政策也会不断完善，并最终实现对基本公共教育各个领域的高质量覆盖。

进入21世纪，我国经历改革开放后实现了人民生活由温饱向总体小康的转变，尤其是民族地区在西部大开发的历史背景下更是取得了跨越式发展，这一时期也伴随着“基本公共服务”这一相关理念和内涵的提出，表明各族人民对基本公共教育有了明确期望。其中，西部大开发实质是民族地区大开发，加快民族地区社会经济发展①，并且西部大开发战略明确将教育和人力资源作为西部大开发的四大重点领域之一。各民族地区在西部大开发战略下，通过获得东部沿海地区的剩余经济发展能力，提高了当地经济和社会发展水平。随着社会经济发展水平的提高，基本公共教育的选择和供给更为多样，相关政策逐步将基本公共教育体系覆盖到各民族地区。

在西部大开发的持续进程中，我国相继进行了深化经济体制改革工作。自2011年起，历年深化经济体制改革重点工作对基本公共教育的落脚点不尽相同。例如，2011年强调要“推进公共服务体制改革”，在教育方面则提出“加快义务教育均衡发展”。到2014年则重点强调“统筹推进城乡基层公共资源共建共享和基本公共服务设施建设”，同时要求“深化教育综合改革”。到2016年提出“新型城镇化要与基本公共服务相结合”，并且“鼓励学前教育发展、统筹城乡义务教育一体化”。随着深化经济体制改革重点工作的推进，民族地区基本公共教育稳步提升，走向更高

① 杨清震．西部大开发与民族地区经济发展[M]．北京：民族出版社，2004：5.

水平。

2017 年，我国社会生产力水平总体上显著提高，民族地区人均生产总值大幅提升。从民族地区基本公共教育政策变迁历程来看，这一时期的基本公共教育政策进入优质发展阶段，符合经济发展的高质量和高要求，为各民族地区人民群众提供了更为丰富、质量更高的基本公共教育服务，以此满足人民日益增长的美好生活需要。

在实际生活中，各民族地区人民群众在他们接受的基本公共教育经历中，切实感受到了社会经济发展对民族地区基本公共教育政策的促进作用。

“经济社会发展水平提高有很大作用，当前西藏已完成绝对脱贫，西藏政治、社会持续稳定。农牧民生活水平取得了质的飞跃。西藏地区基本教育政策离不开人民生活水平的提升。”（WH，2021. 5）

“民族地区社会经济发展很明显地推动了政策发展，这是毋庸置疑的。”（QD，2020. 12）

综上可见，经济基础决定上层建筑，教育发展的优先次序由国家经济战略决定，经济发展的这两个方面驱动了民族地区基本公共教育政策变迁。一方面，经济基础决定上层建筑。社会经济发展往往对其他配套事物的发展起到关键作用，政策作为上层建筑的一种，体现了国家的政治法律制度，并且一个国家或地区往往始终以经济发展为中心去开展其他社会事业建设工作。民族地区社会经济发展水平越高，基本公共教育政策也越多样和趋于完善，使得基本公共教育政策与社会经济发展水平处于相适应、不断动态协调的过程。

另一方面，发展中国家的教育投资结构和教育发展优先次序由该国家经济发展战略决定。尤其是我国目前仍然是发展中国家，教育发展优先次序的确立对政府的教育行为和教育决策形成约束，要求相应的教育制度和教育政策适应教育发展战略。在经济发展较为落后的历史阶段，往往由于经济发展多依靠劳动密集型产业，对劳动力教育水平要求不高、需求不大，而随着经济发展水平的提升，对高精尖科技竞争力的需求日益增长，此时教育向多维度发展。[①] 因此，民族地区基本公共教育政策变迁受到了社会经济发展的驱动。

但与此同时，也不可以忽略教育对社会经济发展的影响。在任何意义上，教育都是影响社会经济发展的基本因素之一，没有对人力资本的大量投资，任何国家都无法实现可持续的经济发展，可以说教育在确保经济和社会进步以及改善收入分配方面发挥着非常关键的作用。[②] 因此，当社会经济驱动民族地区基本公共教育政策发生变迁时，民族地区基本公共教育质量和水平的提升，将促进民族地区社会经济的可持续发展。

二、政治制度变迁的推动

除了社会经济发展产生的驱动作用，社会转型时期的制度环境也会驱动政策变迁。制度具有层次性，任何公共政策都无法逃离制度带来的影响，基本公共政策之所以具有公共属性，是因为制度规定了其职责与功能，[③] 基本公共教育政策也同样如此。因此，在中国特色社会主义制度环境中，民族地区基本公共教育政策变迁受到了不同层面制度变迁的驱动。

进入 21 世纪以后，随着中国现代化“三步走”第二阶段目标的实现，中国社会的根本性变革越来越突出，此后发展过程中还伴随着 2008 年、2013 年和 2018 年三次规模较大的行政管理体制改革。2008 年改革实现了对行政管理体制自身的优化，并强调改革要符合管理本身规律。2013 年改革在 2008 年改革的基础上，继续以转变职能和简政放权为重点。2018 年改革的范围和力度远远超过以往，提出了许多创造性的改革措施，将行政体制改革嵌入国家治理体系，深化到党和国家的机构中。这一系列改革举措使民族地区服务型政府建设取得显著成效，在行政体制改革中促使政策发生变迁。

---

① 曹淑江．发展中国家的经济发展战略与教育发展优先次序[J]．教育研究，2016，37(9)：135－142.

② OZTURK I. The role of education in economic development：a theoretical perspective[J]. Journal of rural development and administration, 2001, 33(1)：39－47.

③ 唐贤兴．大国治理与公共政策变迁：中国的问题与经验[M]．上海：复旦大学出版社，2019：21.

进入新时代，面对百年未有之大变局，国内外的政治形势相较于以前更加复杂多变。与此同时，党的十九大提出了“铸牢中华民族共同体意识”，对民族区域自治制度的发展形成了规约①，使得民族区域自治制度在新时代发挥的作用更加重要。这也促使这一时期民族地区基本公共教育政策，除了保障各民族地区人民群众的基本权利，还要实现对各族人民更高质量基本公共教育的需求供给，更要发挥基本公共教育政策在铸牢中华民族共同体意识中的作用。

综上可见，无论是政治环境变化还是行政体制改革，社会转型期的制度环境与教育政策之间存在一种必然的逻辑联系②。这种必然的逻辑联系使得民族地区基本公共教育政策变迁离不开制度环境变迁的影响。一方面，政治制度变迁的连续性作用于政策变迁历程中。制度变迁是一个连续过程，是均衡走向均衡的过程，在不同时期有着不同的路径特征和变迁样态③。制度变迁的连续性使得每个阶段的民族地区基本公共教育政策目标之间有着承上启下的特点，并且在内容上随着当时的政治制度改革而发生相应的变化。伴随着制度变迁的这一特征，民族地区基本公共教育政策变迁也是一个从均衡走向间断再走向均衡的过程，呈现出连续又循环的样态。

另一方面，政治制度对政策变迁的驱动有长远影响。这种影响产生的路径依赖作用不仅体现在过去的政策中，也会对当下政策制定以及未来政策变迁方向产生影响，这使得每个政策变迁阶段既有这一时期政策的阶段性特征，体现出了不同的政策目标导向，也存在对上一个政策时期的延续。因此，民族地区基本公共教育政策变迁的每个阶段，既是对上一个阶段的继承，也是发展，体现了制度变迁及路径依赖对于公共政策变迁的深远影响。这种深远影响还表现为民族地区基本公共教育政策随着政治制度的完善和发展而实现螺旋式上升。民族事务治理、服务型政府建设、国家

---

① 周平．民族区域自治制度的内在逻辑[J]．学术界，2019(6)：5－18.

② 邓旭．制度规约下的我国教育政策执行[J]．教育理论与实践，2008(1)：24－27.

③ 丰雷，郑文博，张明辉．中国农地制度变迁70年：中央—地方—个体的互动与共演[J]．管理世界，2019，35(9)：30－48.

治理体系和治理能力现代化等制度的发展是一个循序渐进的过程，制度的不断完善会促使政策同当下制度发展水平相匹配，从而对民族地区基本公共教育政策产生长远影响。

三、中央注意力的转移

在我国公共政策决策系统中，政策决策往往和中央决定息息相关，中央层面的一些重要讲话和会议精神，传达着某一时期中央的注意力分配。如前所述，政策文本高频关键词和政策主题能够在一定程度上反映一段时期政府对某项问题、某个方面的注意力分配。根据民族地区基本公共教育政策文本的注意力分析与政策主题聚类，发现在不同政策变迁时期中央的注意力分配均发生了明显变化，而且在政策变迁“间断点”的重要政策也体现了中央的注意力转移。

进入21世纪前，江泽民深刻指出：“初见端倪的知识经济预示人类的经济社会生活将发生新的巨大变化。”“许多国家政府都把振兴教育作为面向新世纪的基本国策，这些动向预示未来教育将发生深刻的改革，我们应当及早准备，迎接新的挑战。”① 这预示着教育给社会经济发展带来的促进作用将大大增加，政府意识到国家综合国力和国际竞争能力，将越来越受到教育发展的影响，这促使教育在未来始终处于注意力分配的优先战略地位，为后续驱动民族地区基本公共教育发展奠定了基础。

具体而言，2005年中央民族工作会议是进入21世纪后召开的第一次民族工作会议，会议强调“把扶持民族地区发展教育事业、加强民族地区人才资源开发作为促进民族地区经济社会发展的重要手段和途径之一”②。这次会议传达出的信号，为后续民族地区基本公共教育相关政策发展奠定了基础。2006年党的十六届六中全会中央关注到，“城乡、区域、经济社

① 面向21世纪教育振兴行动计划[EB/OL].(1998-12-24)[2021-08-10].http://www.moe.gov.cn/jyb_sjzl/moe_177/tnull_2487.html.

② 教育部关于贯彻落实《中共中央 国务院关于进一步加强民族工作加快少数民族和民族地区经济社会发展的决定》做好民族教育工作的通知[EB/OL].(2005-10-28)[2021-09-15].http://www.moe.gov.cn/s78/A09/s7046/201006/t20100609_171611.html.

会发展很不平衡，人口资源环境压力加大；就业、社会保障、收入分配、教育、医疗、住房、安全生产、社会治安等方面关系群众切身利益的问题比较突出”“缩小地区间基本公共服务差距”“坚持公共教育资源向农村、中西部地区、贫困地区、边疆地区、民族地区倾斜”①。由此“基本公共教育”这一议题被分配了更多注意力，相对欠发达的民族地区受到了中央的高度重视与帮扶。

2010年召开的全国教育工作会议，是中央在21世纪召开的重要全国教育会议，会议上中央的注意力转移到“建设人力资源强国，为全面建设小康社会、加快推进社会主义现代化提供更有力的人才保证和人力资源支撑”，并指出“要进一步加大农村、边远贫困地区、民族地区教育投入”②，对民族地区分配了更多注意力，推动民族地区基本公共教育政策变迁进入下一个适度调整的政策时期。

在2013年和2014年教育部工作要点中，中央的注意力转向了“着力提高质量效益”“办好人民满意的教育”“合理配置教育资源，向民族地区倾斜”等方面，为民族地区基本公共教育政策转向稳步提升起到了驱动作用。

进入新时代，我国的社会主要矛盾发生了变化，这种矛盾体现在教育中，有人曾形象地解读为“过去想上学，如今想上好学”，中央这一时期的注意力转为“办好人民满意的教育是我们奋斗目标和前进的动力”③。表明这一时期中央的注意力开始向优质的基本公共教育转移，促使这一时期民族地区基本公共教育政策转向优质发展时期。

在实际中，各民族地区人民也真切感受到了中央对民族地区基本公共教育政策的重视。

---

① 中共中央关于构建社会主义和谐社会若干重大问题的决定[EB/OL].(2006-10-11)[2021-09-15].http://www.gov.cn/govweb/gongbao/content/2006/content_453176.htm.

② 在全国教育工作会议上的讲话[EB/OL].(2010-07-13)[2021-09-15].http://www.gov.cn/ldhd/2010-09/08/content_1698579.htm.

③ 教育部部长陈宝生:办好人民满意的教育是我们奋斗目标和前进的动力[EB/OL].(2018-03-14)[2023-07-15].http://www.moe.gov.cn/jyb_xwfb/gzdt_gzdt/moe_1485/201803/t20180314_329998.html.

“就新疆地区来说，领导的重视比以前力度大了很多，上面对下层重视也能促使这个政策深入各个地方，比如贫困地区有了教育扶贫政策。”（WX，2021.3）

“主要体现在中央的高度重视和国家政策的支持，有了来自高层的关注，西藏的基本公共教育政策才会获得社会各界的广泛关注，并且不断改善。”（ZF，2021.5）

“中央、各级政府对西藏的长期关心和关怀，使得西藏在基本公共教育的各个方面都有所提升，发展得很迅速。”（WH，2021.5）

“民族地区基本公共教育朝着好的方面发展，主要原因是党的正确领导，还有中央对民族地区教育的重视程度不断提高。”（LB，2020.12）

因此，在外部环境的影响下，当中央的注意力发生变化时，民族地区基本公共教育政策也会发生变化，并从以下两个方面发生作用。一方面，遵循了“间断－均衡”理论提出的“注意力驱动下的政策选择”命题。由于有限理性存在，决策者面对复杂环境因素往往难以时刻保持理性，可以说复杂环境在一定程度上已经限制了决策者理性的充分发挥，这使得中央必须谨慎对待有效的注意力分配。因此，在民族地区基本公共教育政策变迁的不同阶段，体现出的政策关注点有所差异，往往是当下相对紧迫的问题和现实需求吸引到决策者注意力，促使相应的政策出台。

另一方面，府际结构下的领导注意力在不同议题上的分配，呈现出政府层级高低下的优先性原则。中央领导权威的优先性原则确立了中央对地方的政策引导，确保地方与中央在政策议题上保持高度一致性[①]。在府际结构下注意力分配的优先原则中，地方政策以中央政策为蓝本和指引，促使中央的注意力转移驱动了民族地区基本公共教育政策发生变迁。

体现在政策上，便是民族地区基本公共教育政策变迁，受到了中央层面政策的驱动。例如，在政策变迁“间断点”的不同年份，中央从国家层面提出了宏观性和纲领性的政策文件。2006 年《中华人民共和国国民经济

① 陶鹏，初春．府际结构下领导注意力的议题分配与优先：基于公开批示的分析[J]．公共行政评论，2020，13(1)：63－78，197.

和社会发展第十一个五年规划纲要》提出，“按照公共服务均等化原则，加大国家对欠发达地区的支持力度”“优先发展教育”①。2010 年《国家中长期教育改革和发展规划纲要（2010—2020 年）》提出，“全面提高少数民族和民族地区教育发展水平”②。2013 年《中共中央关于全面深化改革若干重大问题的决定》提出，“深化教育领域综合改革……大力促进教育公平……逐步缩小区域、城乡、校际差距”③。2017 年《“十三五”推进基本公共服务均等化规划》提出，“国家完善基本公共教育制度”等④。这些宏观政策的具体要求成为民族地区制定相应政策所要遵循的目标，也由此促使民族地区基本公共教育政策根据以上不同历史时期的政策目标发生了变迁。

四、焦点事件的触发

驱动民族地区基本公共教育政策的外部动因，除了社会经济发展和政治制度变迁，也可能包括一些来自不同层次、具有重大意义和突发性的焦点事件。

2006 年国家层面正式提出了“基本公共服务”的愿景与理念，为民族地区今后发展基本公共教育指明了道路。2011 年民族地区乃至我国已经全面实现“两基”、教育部除西藏（2012 年签署）外的 4 个民族自治区和新疆生产建设兵团签署义务教育均衡发展备忘录。2013 年全面部署深化教育领域综合改革任务，教育开始在精准扶贫中发挥作用，这些焦点事件使得民族地区基本公共教育政策变迁由适度调整进入稳定提升阶段。党的十九届六中全会、党的十九大、全国两会强调优质教育等，这些全国性焦点事

① 中华人民共和国国民经济和社会发展第十一个五年规划纲要[EB/OL].(2006-03-14)[2021-09-10]. http://www.gov.cn/gongbao/content/2006/content_268766.htm.

② 国家中长期教育改革和发展规划纲要(2010—2020 年)[EB/OL].(2010-07-29)[2021-09-10]. http://www.moe.gov.cn/jyb_xwfb/s6052/moe_838/201008/t20100802_93704.html.

③ 中共中央关于全面深化改革若干重大问题的决定[EB/OL].(2013-11-15)[2021-09-15]. http://cpc.people.com.cn/n/2013/1115/c64094-23559163.html.

④ 国务院关于印发“十三五”推进基本公共服务均等化规划的通知[EB/OL].(2017-03-01)[2021-11-10]. http://www.gov.cn/zhengce/content/2017-03/01/content_5172013.htm.

件驱动民族地区基本公共教育政策转向高质量发展。

除此之外，在民族地区基本公共教育政策变迁时期内，还有一些较为具体的焦点事件触发了相关政策出台，尽管没有导致政策发生阶段性变迁，但是依然因进入了政策议程而值得关注。诸如，农民工子女上学难、流动人口随迁子女接受基本公共教育服务困难、残疾人上学难等。这些问题引发了不少社会矛盾和纠纷，一系列焦点事件驱动各民族地区积极出台相关政策解决这些问题。还有一些具有积极性和促进性的焦点事件，诸如科学技术的发展促进了教育信息化战略的出台。

可见，焦点事件对民族地区基本公共教育政策的驱动可以是多维度的，也可以是不同属性的。一方面，驱动政策变迁的焦点事件可以来自多个维度，危机、民选官员、立法委员会、战争、新技术和科学变革、激进的经济变革以及利益集团、反对政策的联盟动员的改良主义者动员等事件的出现，均可能打破政策长期均衡而造成变化使政策发生间断①。因此，促使民族地区基本公共教育政策变迁的焦点事件并不局限于某一个特定的或者直接相关的领域，在其他有可能同民族地区基本公共教育政策产生协同的社会领域发生的焦点事件，也具备促成政策变迁动因的概率。

另一方面，不同属性的焦点事件，可以是来自政治体制、经济改革、技术变革、工作会议、大会报告、社会事件等的消极层面或者积极层面。消极层面和积极层面的焦点事件经过一段时间或者舆论发酵的情况下，均有可能成为促成政策变迁的动因。从民族地区基本公共教育政策变迁历程来看，政治体制、经济改革、技术变革、工作会议和大会报告往往扮演着积极角色，而社会事件则多为消极层面影响。社会事件的消极影响正是促使社会问题上升至政策议程的重要来源之一，使得其他动因发挥积极作用，推动相关政策及社会向前发展。

此外，焦点事件的积累也有可能引发政策变迁。这类焦点事件相比全

① SPETH J G. Punctuated equilibrium and the dynamics of US environmental policy[M]. New Haven: Yale University Press, 2008:10 - 12.

国层面的事件聚焦于某一个具体问题或者政策领域，一般来说需要经过较长时间的发酵才会引起关注，但也不可否认当出现一些激烈的社会矛盾或问题时，这些焦点事件由于自身性质或在其他因素催化下，往往能够形成推动政策变迁的重要力量。

第二节　内部动因

除了推动民族地区基本公共教育政策变迁的外部动因，内部动因也是重要作用力之一，如果没有内部动因的配合，外部动因的作用也不能完全发挥。从公共政策系统论的角度来看，驱动民族地区基本公共教育政策变迁的内部动因主要由两部分组成，即基本公共教育需求的驱使和政策学习中的自我更新。

一、基本公共教育需求的驱使

我国是一个人口众多的统一的多民族国家，各民族地区所处自然环境迥异，有着各自的历史传统、习俗文化和语言文字，而且社会经济发展水平有所不同。这些因素的存在共同影响着民族地区各族人民的基本公共教育需求，使需求既有共同特点又有本民族特色和偏好。各族人民对基本公共教育需求随着影响因素的改变呈现出动态变化，推动着民族地区基本公共教育政策变迁。

“西藏当地教育发展需要发挥了促进作用，在教育与实践相结合中人民对于基本公共教育的需求变化了，这就要求政策也跟着变。”（ZF，2021.5）

“这与社会中人民对于基本公共教育的需求和意愿也有关系，比如一些民族地区的氛围是知足常乐，当然这种想法不是不对，但是需求不高和需求高的地方，产生的政策肯定不同，所以需求肯定会对民族地区基本公共教育政策变化产生影响。”（WX，2021.3）

进入21世纪，我国实现了人民生活由温饱向总体小康的转变，民族地区各族人民开始追求更高层次的需求，自我发展的需求愿望强烈，对基本公共教育各级各类的需求开始增长。进入新时代，此时面临更加突出的问题是发展不平衡不充分，这已经成为满足人民日益增长的美好生活需要的主要制约因素[1]。民族地区各族人民群众对基本公共教育的需求无论从质量上，还是多样性抑或精准化上，均已经在不同政策变迁时期发生了变化。

此外，各族人民对基本公共教育的需求变化也促成了一些具体政策的出台。诸如，基本公共教育同精准扶贫相结合，尽管民族地区基本公共教育取得了一定程度的发展，但是一些贫困地区人口素质仍然有待提升，区域内部之间的基本公共教育差距越来越大。由于教育能够促进个人人力资本提升，提高人民生活水平从而使其摆脱贫困困扰，因而在“精准扶贫”中教育对贫困地区人口扶贫具有重要作用，这使得基本公共教育政策对扶贫、贫困人口的关注有所提升。时代发展使得各族人民意识到终身学习的重要性，对终身学习的渴望和需求，促使继续教育成为基本公共教育体系的重要部分。内蒙古等民族地区根据当地人民群众需求制定了额外的基本公共教育政策，根据农牧民定期迁徙的生活方式和对基本公共教育的需求，积极开展了流动公共服务供给工作，形成了具有民族地区特色的基本公共教育政策。

综上可见，各民族地区人民群众动态化的需求不断驱动着民族地区基本公共教育政策变迁。一方面，教育在一个国家、民族地区的实现程度，取决于这个国家、民族地区对教育的需要程度[2]。尽管民族地区基本公共教育的发展在一定程度上依赖于民族地区经济繁荣发展和人民物质生活水平的提高。但是，想要实现社会经济的长期发展，既离不开人力资本的积累与发展，也离不开教育发挥的育人树人作用，尤其是各族人民接受教育

---

① 新华网．习近平：决胜全面建成小康社会 夺取新时代中国特色社会主义伟大胜利——在中国共产党第十九次全国代表大会上的报告［EB/OL］．（2017－10－27）［2021－10－10］．http://www.xinhuanet.com/2017－10/27/c_1121867529.htm.

② 郝时远．我国的教育实现程度与少数民族地区教育需求程度的特殊性［J］．民族研究，1985（6）：7－15.

的时间和程度越高，越能以自省的方式意识到对基本公共教育的需求，也更能精准地选择适合个人发展的基本公共教育，并且人民生活水平的提升也离不开个人的不断学习。因此，不断变化的各族人民对基本公共教育的需求，在动态化过程中推动了民族地区基本公共教育变迁，成为我国和民族地区在社会经济发展中不容忽视的重要任务。

另一方面，根据马斯洛需求层次理论，人的需求有一个从低级向高级发展的过程，最低层级的需求是维持人生存发展的衣食住行等生理需求，最高层次则为实现自我发展的自我需求。但人的需求是复杂的，存在低级需求和高级需求同时出现的现象。教育往往能够使人通过学习知识和技能，提升自我素质、掌握知识和生存技能、开阔眼界和视野，最终实现自我发展的现实需求，由此基本公共教育可以被认为是属于马斯洛需求层中较高级的需求。当基本的温饱问题得以满足，人民生活水平日益提升，对教育需求也将不仅限于对基础层面的追求，对教育多样性、发展性、可持续性等方面的要求开始逐渐增长，因此需要推动民族地区基本公共教育政策变迁以适应各族人民群众对更高层次的教育追求。

二、政策学习中的自我更新

无论是宏观层面还是微观层面，民族地区基本公共教育政策变迁经历了逐步覆盖阶段（2006—2010 年）、适度调整阶段（2011—2013 年）、稳步提升阶段（2014—2017 年）和优质发展阶段（2018 年至今）。中央层面、民族地区层面、各民族地区层面每个时期中的注意力、政策主题以及政策工具的使用呈现出不断优化的趋势，均反映出政策变迁在政策学习中的自我更新。

在政策学习的作用下，政策在政策变迁的后一个时期对前一个时期存在自我更新，如每 5 年出台一次的国家教育事业发展规划、基本公共服务规划、国民经济发展规划等具有宏观性和指向性的政策文件。这些规划时隔 5 年出台的内容、措施、目标等均不同于上一时期，而且比上一时期在政策制定上更加完善，体现了政策学习带来的积极作用。具体到某项政策，如《义务教育法》自 1986 年颁布以来，先后于 2006 年、2015 年和

2018 年进行了三次修订，其中 2006 年修正版第四条修改为“凡具有中华人民共和国国籍的适龄儿童、少年，不分性别、民族、种族、家庭财产状况、宗教信仰等，依法享有平等接受义务教育的权利，并履行接受义务教育的义务”，使得基本公共教育能够覆盖更为广泛的群体。2015 年修正版第四十条规定，“教科书价格由省、自治区、直辖市人民政府价格行政部门会同同级出版行政部门按照微利原则确定”，从各个层面确保了基本公共教育资源——教科书价格稳定，有助于在各个民族地区尤其是贫困地区基本公共教育的推行。

此外，政策学习也体现在政策效果中。从民族地区基本公共教育政策变迁历程来看，政策效果在每个政策“间断点”展现出的基本公共教育均等化水平均要比上一个时期高，而政策学习出现的自我更新时期往往与政策发生“间断点”的阶段相符合。这在一定程度上说明政策在实践效果的反馈中通过政策学习实现了对上一时期政策的补充与完善，促使政策发生变迁。

总之，政策学习不仅体现在“间断 - 均衡”的宏观和微观政策变迁历程中，也存在于一些具体政策变迁中，还体现在政策实践中，促使政策在变迁中不断走向完善与优化。政策学习过程所产生的学习后果，往往较为明显地表现为政策目标的变化，这与本书构建的“间断 - 均衡”理论框架中判断政策“何时变”的标准相一致。由此可以认为，政策学习也是促进政策变迁的一种动因[①]。政策学习促成了后续政策对前序政策的不断完善，从而促使政策随之发生变迁。

政策学习是“基于知识和过去的经验以及对未来预期的判断”，由经验或新信息引起与政策目标有关的思想或行为意图变化[②]。决策者通过不断调整对政策发展的认识理解，能够促成对政策学习的知识积累。决策者在实践中获得的理论知识和经验做法是不断积累和更新的，当政策制定者

① 朱亚鹏，孙小梅．政策学习与政策变迁：以人才住房政策为例[J]．广东社会科学，2020(5)：178 - 188，256.

② HOWLETT B M．The lessons of learning：reconciling theories of policy learning and policy change [J]．Policy sciences，1992，25(3)：275 - 294.

依据过去政策经验对相关政策进行优化和调整时，政策学习就发生了，同时又在政策实践中促成了对下一阶段政策的目标、内容或具体举措的更新，实现对已有政策的不断完善与创新，从而促成了政策变迁。

第六章　逻辑探寻：民族地区基本公共教育政策变迁的脉络

前文对民族地区基本公共教育政策变迁历程、不同维度下政策效果和政策变迁动因进行了分析，为理解民族地区基本公共教育政策变迁提供了较为完整的版图。这些政策变迁的版图中又蕴含着一些变迁脉络。从政策本身、政策客体、政策主体、政策变迁动因等方面总结政策变迁脉络，不仅有助于更加完整和全面地了解民族地区基本公共教育政策变迁的历程，同时对于调整“间断－均衡”理论在民族地区的适用条件，形成适用于民族地区情景下政策变迁的“间断－均衡”理论分析框架具有重要意义。

第一节　政策本身的变迁脉络

民族地区基本公共教育政策本身的变迁历程包括政策变迁“间断－均衡”与延续性并存、政策内容从立足当下到兼顾可持续发展、政策领域从单一维度走向多维协同、地方政策从耦合中央到兼顾特色发展。分析变迁脉络有助于在政策变迁中回顾过去，并在未来科学把握政策变迁走向。

一、政策变迁“间断－均衡”与延续性并存

从政策变迁历程来看，民族地区基本公共教育政策变迁符合“间断－均衡”规律，但是每个政策变迁阶段之间又存在延续性。具体而言，经历了逐步覆盖阶段（2006—2010 年）、适度调整阶段（2011—2013 年）、稳步

提升阶段（2014—2017 年）和优质发展阶段（2018 年至今），在一个时期的基本公共教育政策目标完成后，政策变迁动因发挥正反馈作用，促使新的政策形象树立，政策目标发生改变，政策变迁进入下一时期，以此循环往复，构成一个不断循环的“间断 - 均衡”式政策变迁过程，每个阶段的整体发展历程均体现了对上一个阶段的延续和提升。

从每个政策变迁阶段所发布的政策内容来看，后一个时期的政策是在前一个时期政策基础上的进一步提升与完善。根据社会经济发展、各族人民需求等实际情况，政府出台了更为丰富和完善的基本公共教育政策。具体到政策文本中，诸如在《国家基本公共服务体系“十二五”规划》《“十三五”推进基本公共服务均等化规划》两份政策文件对发展基本公共教育重点内容的表述中，“十三五”时期比“十二五”时期在保留义务教育、高中阶段教育和学前教育的基础上，增加了“继续教育”的内容，进一步拓展了基本公共教育的领域边界，覆盖的范围也更加广泛。从对义务教育的表述来看，“十二五”时期强调“巩固九年义务教育普及成果，全面提高义务教育的质量和水平”，而在“十三五”时期则提出“扩大优质教育资源覆盖面”，较“十二五”时期的“全面提高”发展到“扩大覆盖面”，并且重点强调了“优质教育资源”，同这一时期的政策总目标相符合。此外，在其他政策文件中，诸如“大力”“增强”“进一步”“继续”等词的表述，以及各政策变迁阶段政策注意力词频和词序的变化，均能体现民族地区基本公共教育政策既存在“间断 - 均衡”又具有延续性。

因此，民族地区基本公共教育政策变迁历程呈现出“间断 - 均衡”与延续性并存，最终呈现螺旋式上升的规律。其一，政策变迁呈现出“间断 - 均衡”规律。在民族地区基本公共教育政策变迁历程中，政策总目标发生了多次变化，从“逐步覆盖”“适度调整”“稳步提升”到“优质发展”，这使得政策变迁过程中三个时期存在“间断点”，“间断点”之间则为政策变迁的均衡时期。

其二，政策变迁呈现出延续性规律。从每个政策变迁阶段之间的联系来看，后一个时期的政策并不是同前一个时期政策之间“完全间断”，而是在注意力、关注领域、政策工具、政策目标等方面存在对上一个政策时期的延续。即民族地区基本公共教育政策在每个政策“间断点”，后一个时期的政策目标相比前一个时期政策的宏观站位更高、更具有前瞻性，这也使得政策较前一个时期更加优质。

其三，在“间断－均衡”与延续性并存下呈螺旋式上升的政策变迁。政策学习并不能完全脱离上一个时期的政策，而且从基本公共教育本身而言，教育是一个具有百年大计的历史性工程，发展和提升不可能在一个阶段的历史时期内完成。因此，对基本公共教育政策的完善也是一个循序渐进的过程，需要在之前的基础上实现下一阶段更高水平的发展。此外，社会经济发展是一个由低级到高级的过程，随着生活水平的不断提高，各族人民的需求也由简单到复杂、从基本到高级。因此，民族地区基本公共教育政策呈现出了在“间断－均衡”与延续性并存共同作用下的发展脉络，即政策变迁往往是在“间断－均衡”中呈螺旋式上升的变化形态。

二、政策内容从立足当下到兼顾可持续发展

无论从中央层面还是从民族地区层面来看，基本公共教育政策可以说经历了一个从起步到提升、从全面覆盖到优质发展的过程，这反映了政策内容由立足当下到兼顾可持续发展的脉络。

具体而言，进入21世纪后，我国对教育的重视程度发生变化。政府针对基本公共教育结合当下的实际情况出台了一些政策，如《国家教育事业发展“十一五”规划纲要》提出，“教育投入不足，与教育事业持续健康发展的需求有较大差距，一些关系人民群众切身利益的教育问题还没有得到很好解决”①，旨在解决现实发展中存在的问题。进入优质发展阶段，《国家教育事业发展“十三五”规划》提出继续教育仍是教育体系中的突出短板、为实现中国教育现代化2030远景目标奠定坚实基础、全民终身学习机会进一步扩大等内容，表明了基本公共教育政策不仅要立足当下的发展需要，更要构建可持续发展的基本公共教育体系，发挥基本公共教育对

① 国务院批转教育部国家教育事业发展“十一五”规划纲要的通知[EB/OL].(2007－05－18)[2021－10－11]http://www.gov.cn/gongbao/content/2007/content_660411.htm.

社会进步和教育现代化的持续助力作用。

各民族地区基本公共教育政策变迁，也呈现出这一变迁脉络。《广西“十三五”基本公共服务均等化规划》相对明确地提出广西未来基本公共教育发展的站位和高度，表明要“健全国民终身教育体系，持续提高教育质量，提高国民素质”，并且关注了信息化技术对基本公共教育可持续发展的促进作用。《内蒙古自治区“十三五”教育事业发展规划》提出教育结构不断优化、教育质量全面提升、教育公平充分保障、人才供给和创新能力明显增强、教育治理能力明显增强等目标，力图在“十三五”时期，教育现代化取得重要进展。宁夏在稳步提升阶段（2014—2017 年）涉及促进义务教育均衡发展的相关政策中，提出了工作目标“三步走”、城乡义务教育规划与常住人口需求相适应、整体提升民族教育质量、实现教育现代化为全国同步全面建成小康社会奠定坚实基础等内容。在政策变迁的不同时期实现了动态调整，将基本公共教育发展逐步同国家战略和民族教育崛起相联系。“十三五”时期西藏关于优先发展教育的政策提出智力脱贫、满足多样化教育服务等内容，注重基本公共教育在社会发展、稳定民生中的可持续作用。在稳步提升阶段（2014—2017 年），新疆关于民族语言文字的政策内容较上一个时期，更强调发挥语言文字为民族地区政治、经济、文化、社会事业全面发展服务，维护民族团结和社会稳定的可持续作用。

总之，民族地区基本公共教育政策变迁呈现出立足当下走向兼顾可持续发展的脉络。一方面，正如经济基础决定上层建筑，当面对较为落后的社会经济发展时，社会建设和政策文件首要目标在于促进经济发展，减少资源的分散，其他公共服务领域主要聚焦当下问题的解决。只有先实现一定程度的经济恢复和发展，才有实力推进基本公共教育。

另一方面，就教育的社会经济收益而言，获得回报的周期较长。因此，最初构建民族地区基本公共教育政策体系，需要在发展经济的同时为该体系打好各个方面的基础，为日后教育作用的发挥做好铺垫。随着后期我国经济实力大幅提升，民族地区社会经济有了长足发展，当初单纯立足当下的政策已经不能为社会经济的未来发展做好前期积淀，需要做到未雨绸缪，既要立足当下又要兼顾可持续发展。

三、政策领域从单一维度走向多维协同

随着事物与事物之间发展程度的加深，它们之间的关联由简单化走向复杂化和协同化，基本公共教育政策更是如此。在民族地区基本公共教育政策发展初期，基本公共教育政策同其他政策之间的联系相对单一，关联程度较小。随着社会经济的发展，基本公共教育在不同社会领域之间发挥的作用也越来越重要，同其他基本公共服务领域之间的联系日趋复杂，政策开始注重协同发展。

基本公共教育政策逐步实现对多类群体的关注，如对妇女儿童的权益保障及对农村留守儿童、农民工子女、残疾人等群体的关注。诸如，《中华人民共和国妇女权益保障法》提出，“父母或者其他监护人必须履行保障适龄女性儿童少年接受义务教育的义务”①，将基本公共教育同妇女和女性儿童少年的权利相结合。《中华人民共和国残疾人保障法》要求，“国家保障残疾人享有平等接受教育的权利”“保障义务教育，着重发展职业教育，积极开展学前教育，逐步发展高级中等以上教育”②，基本覆盖了基本公共教育的各个阶段，保障了残疾人群体享有的基本公共教育权利。同时还注重在协同治理中发挥对社会经济的促进作用，如《中共中央 国务院关于打赢脱贫攻坚战的决定》提出，“着力加强教育脱贫”③，将基本公共教育同脱贫攻坚相结合。《西部大开发“十三五”规划》强调基本公共教育对西部大开发的促进和发展作用④。《中共中央 国务院关于建立更加有效

① 中华人民共和国妇女权益保障法[EB/OL].(2018－11－05)[2021－10－11]. http://www.npc.gov.cn/npc/c12435/201811/d28b0dc10bea4beaab8b3a6d956e07be.shtml.

② 中华人民共和国残疾人保障法[EB/OL].(2010－12－05)[2021－10－11]. http://www.scio.gov.cn/32344/32345/32347/33466/xgzc33472/Document/1449134/1449134.htm.

③ 中共中央 国务院关于打赢脱贫攻坚战的决定[EB/OL].(2015－12－07)[2021－10－11]. http://www.gov.cn/zhengce/2015－12/07/content_5020963.htm.

④ 发改委关于印发西部大开发“十三五”规划的通知[EB/OL].(2017－01－13)[2021－10－11]. http://www.gov.cn/xinwen/2017－01/23/content_5162468.htm.

的区域协调发展新机制的意见》将基本公共教育同区域协调发展相结合①。《中国教育现代化 2035》则将基本公共教育发展与信息现代化的发展步伐相协调②。《中共中央关于坚持和完善中国特色社会主义制度 推进国家治理体系和治理能力现代化若干重大问题的决定》强调构建服务全民终身学习的教育体系，充分发挥教育在推进国家治理体系和治理能力现代化方面的作用③。

各民族地区除了将基本公共教育覆盖到不同领域和人群，还根据自身的实际状况将基本公共教育同社会现实状况与经济发展、其他社会事业相结合，加强了基本公共教育政策在不同领域的协同。诸如，广西将北部湾经济区发展规划同基本公共教育政策相结合，通过两者相互作用提升北部湾经济水平，实现了基本公共教育与区域经济规划领域的协同。宁夏通过教育移民的手段助力中南部地区脱贫，切实结合了本地区贫困特点和需求，与精准扶贫领域相协同。内蒙古将少数民族聚居地繁荣发展同基本公共教育政策相结合，并针对农牧民户籍固定性与生活方式流动性，提出了流动公共服务政策，与农牧民生存发展需要相协同。新疆在兴边富民行动中充分发挥基本公共教育在保家卫国、筑牢边疆屏障方面的积极作用，与国家安全相协同。西藏将基本公共教育与促进民族团结相结合，在民族教育中铸牢中华民族共同体意识，与社会稳定和民族团结相协同。

可见，无论是中央还是各民族地区，基本公共教育政策均呈现出与其他政策领域的协同。第一，从本质上看，基本公共教育应覆盖到不同民族的人群，尤其更要关注处于不同情境下的、无法或者难以正常接受基本公共教育的群体，如留守儿童、贫困地区适龄儿童、进城务工子女、残障人士等。只有对各个维度和各种情况的人群充分覆盖和考虑，使所有人享有

---

① 中共中央 国务院关于建立更加有效的区域协调发展新机制的意见[EB/OL].(2018-11-29)[2021-10-11].http://www.gov.cn/zhengce/2018-11/29/content_5344537.htm.

② 中共中央、国务院印发《中国教育现代化 2035》[EB/OL].(2016-02-23)[2021-10-11].http://www.gov.cn/zhengce/2019-02/23/content_5367987.htm.

③ 中共中央关于坚持和完善中国特色社会主义制度 推进国家治理体系和治理能力现代化若干重大问题的决定[EB/OL].(2019-11-05)[2021-10-11].http://www.gov.cn/zhengce/2019-11/05/content_5449023.htm.

接受基本公共教育的机会和权利，基本公共教育的作用才能真正发挥。因此，基本公共教育政策不仅限于教育领域，在上述群体的权益保障方面也发挥着重要作用。

第二，从政策协同要求来看，民族地区基本公共教育政策变迁势必会走向协同发展。政策协同能够实现不同政策要素间的有效跨界合作，实现政策过程中对跨界问题的管理，抑或超越单独职能部门对某一问题进行解决①，从而不断推进公共政策走向完善。基本公共教育政策是我国的一项重要政策，涉及的政策内容不仅仅归属于单一的教育部门管理。教育是民族振兴和社会进步的基石，对其他社会领域的发展起到了助推作用。因此，想要促进基本公共教育在民族地区发展，势必需要联动各个政府层级、政府部门发挥相应职责和职能，通过不同政策领域之间的相互协同，推动民族地区基本公共教育政策完善与落实。

第三，从重要性来看，民族地区基本公共教育政策应实现与其他领域的协同发展。相比其他地区，民族地区基本公共教育政策在维护民族关系、民族团结和社会稳定等方面的作用和功能更加突出。这便需要基本公共教育政策构建与其他政策领域的协同关系，在协同中合理分配政策涉及的公共利益，多维保障各民族地区人民群众的不同需求，全面提升民族地区社会发展水平，从而在多个政策领域的协同联动中，发挥基本公共教育政策的多重功能。

四、地方政策从耦合中央到兼顾特色发展

民族地区层面政策呈现出随中央耦合协同但又各具特色的发展脉络。一方面，地方政策需要与中央政策耦合协同。中央层面的基本公共教育政策具有宏观性，它是对全国范围内基本公共教育发展的谋篇布局和合理规划，尤其包括了对民族地区不同时期的政策指导和具有政策导向性的帮扶，还有对新疆、西藏对口支援政策、财政支持政策、特殊优惠政策等。

① 张国兴，高秀林，汪应洛，等．政策协同：节能减排政策研究的新视角[J]．系统工程理论与实践，2014，34（3）：545－559.

因此，民族地区层面的基本公共教育政策以中央层面出台的政策为目标导向，并依据其原则和目标进行具体规划与实施。

另一方面，民族地区基本公共教育政策在民族区域自治制度及央地关系下，需要在变迁历程中体现出各自特色。广西提出建立“学分银行”和推进教育精准扶贫，以创新方式推进基本公共教育，强调坚持教育资源配置向革命老区、少数民族集聚区、边境地区、贫困地区倾斜，并对建档立卡贫困户子女实施15年免费教育。内蒙古注重在农村牧区、边远、贫困地区扩大学前教育资源，确保幼儿接受覆盖全面、质量较高的基本公共教育，并且对31个国家级贫困旗县实施农村牧区义务教育营养改善计划试点，定向培养“一专多能”的乡村教师。宁夏实施优质教育资源“扩面提升”工程，搭建学生多样化选择、多路径成才的“立交桥”，深入推进“百所回民中小学标准化建设工程”。新疆突出抓好双语教育和加强教师队伍建设。西藏强调在尊重和保障人民群众使用本民族语言文字接受教育权利的基础上，确保各学段少数民族学生基本掌握和使用国家通用语言文字，并对义务教育阶段实施“四有工程”、高寒高海拔地区学校供暖工程、风雨操场建设工程，在推进教育现代化方面提出了“西藏教育云”建设与应用计划。

总之，在中央政策和地方政策耦合协同、地方政策各具特色的发展脉络中，政策往往呈现出自上而下和地方积极创新的模式。即中央依据国家发展实际情况制定国家战略发展和改革的大政方针，在大政方针中通过“有意模糊”和“明确边界”的方式，给予地方政府政策创新和适应空间，然后地方政府解读中央政策，保证地方实践与中央大政方针、国家发展战略相一致，并在此基础上因地制宜地进行地方性探索和创新[①]。民族地区在民族区域自治制度下，被赋予了在教育事业等公共服务领域更多的权力。可见，我国民族地区基本公共教育政策既能耦合协同中央而又凸显地方特色，在宏观谋篇布局与地方能动性的结合中，充分体现了中国特色社

① 丰雷，郑文博，张明辉．中国农地制度变迁70年：中央—地方—个体的互动与共演[J]．管理世界，2019，35(9)：30-48.

会主义制度的优越性。

第二节　政策客体的变迁脉络

本章的政策客体主要指基本公共教育的需求侧与供给侧，在民族地区基本公共教育政策变迁历程中，基本公共教育在需求侧、供给侧均呈现出一定的发展脉络。

一、需求侧从注重基本到追求全面、优质

民族地区各族人民对基本公共教育动态变化的需求经历了从重视基本到追求全面、优质的发展脉络，促成了政策变迁。

具体到政策来看，在“十一五”时期和“十三五”时期，关于基本公共教育发展的目标有所差异，“十一五”时期主要目标在于“国民平均受教育年限增加到9年”①，这一目标基本达到各族人民接受义务教育的年限，同当时各族人民对基本公共教育需求相符合。“十三五”时期提出“教育现代化取得重要进展，劳动年龄人口受教育年限明显增加”②。这表明各族人民对基本公共教育需求层次和阶段日渐扩大，使得政策不仅限于增加适龄人口受教育年限，还要考虑符合劳动年龄人口的受教育年限，为各族人民提供不同年龄阶段接受基本公共教育的机会，并推进教育现代化发展。

民族地区政策中，如《内蒙古自治区国民经济和社会发展第十一个五年规划纲要》提出“全面普及农村牧区九年制义务教育”③，《内蒙古自治

① 中华人民共和国国民经济和社会发展第十一个五年规划纲要[EB/OL].(2006-03-14)[2021-09-10]. http://www.gov.cn/gongbao/content/2006/content_268766.htm.

② 中华人民共和国国民经济和社会发展第十三个五年规划纲要[EB/OL].(2016-03-17)[2021-09-10]. http://www.gov.cn/xinwen/2016-03/17/content_5054992.htm.

③ 内蒙古自治区国民经济和社会发展第十一个五年规划纲要[EB/OL].(2006-07-17)[2021-07-16]. http://fgw.nmg.gov.cn/ywgz/fzgh/202103/t20210326_1314927.html.

区“十三五”教育事业发展规划》则要求“促进义务教育均衡发展”①，表明了基本公共教育随着民族地区各族人民群众的需求由单纯普及到均衡发展。宁夏在逐步覆盖阶段（2006—2010 年）和优质发展阶段（2018 年至今）出台的与义务教育均衡发展相关的政策文件也体现了需求侧的变化。2007 年《关于义务教育均衡发展行动计划的通知》提出：“为保障适龄儿童、少年接受良好的义务教育。”2017 年《自治区人民政府关于统筹推进县域内城乡义务教育一体化改革发展的实施意见》则提出：“随着新型城镇化的深入推进，户籍制度改革、计划生育政策调整、人口及学生流动给城乡义务教育学校规划布局和城镇学位供给带来很大挑战。”② 相关政策的不同表述从侧面说明，在逐步覆盖阶段（2006—2010 年）人民对基本公共教育的需求停留在“接受良好的义务教育”，需求层面的目标较为单一。但是到优质发展阶段（2018 年至今），由于各种因素的影响，基本公共教育均衡发展不仅限于某一具体教育阶段，人民群众的需求开始呈现出跨地域、多元化背景交织、优质全面等多维特点。

综上可见，民族地区基本公共教育政策变迁历程，也是民族地区各族人民群众基本公共教育需求从注重基本走向全面、优质的过程。这一脉络也与我国主要矛盾随时代发生的变化相吻合，如我国自新中国成立至进入新时代，经历了三次主要矛盾的转变：人民对于建立先进的工业国的要求同落后的农业国的现实之间的矛盾、人民日益增长的物质文化需要与落后的社会生产之间的矛盾、人民日益增长的美好生活需要和不平衡不充分的发展之间的矛盾。这些主要矛盾的转变从侧面表明了各族人民需求侧的动态化调整，随着人们不断追寻更高的马斯洛需求层次，对基本公共教育的需求从相对基础到更高层次、更全面和优质。

---

① 内蒙古自治区“十三五”教育事业发展规划[EB/OL].（2017－09－27）[2021－09－12]. https://www.nmg.gov.cn/zwgk/zfxxgk/zfxxgkml/ghxx/202012/t20201208_312925.html.

② 自治区人民政府关于统筹推进县域内城乡义务教育一体化改革发展的实施意见[EB/OL].（2017－07－04）[2021－09－12]. http://www.nx.gov.cn/zwgk/qzfwj/201801/t20180115_669372.html.

二、供给侧从单一供给到多元协同、精准供给

民族地区基本公共教育政策变迁历程，在供给侧呈现出从单一供给到多元协同、精准供给的演进脉络。具体到政策中，基本公共教育政策从“十二五”时期到“十三五”时期的转变，明显呈现出创新供给方式的变化脉络。《国家基本公共服务体系“十二五”规划》提出要在政府实施有效监管、机构严格自律、社会加强监督的基础上，在实践证明有效的领域创新供给方式[①]，诸如推进政府购买公共服务、探索社资合作等模式，同时逐步有序扩大基本公共服务领域对外开放。到《“十三五”推进基本公共服务均等化规划》则变为推进政府购买公共服务、加强政府和社会资本合作、扩大开放交流合作[②]。对于供给侧方面的条件更为宽松，鼓励程度也更大，对充分发挥供给侧结构性改革作用以及基本公共教育供给模式的创新探索具有积极作用。

民族地区层面也体现了供给侧的变化，如广西对于师资力量的供给在“十二五”时期和“十三五”时期有所不同：“十二五”时期在教师队伍建设上从政策引导、项目培训、专项资金投入、工资保障长效机制、宿舍等方面保障民族地区的教师人力资本供给；“十三五”时期除了上述供给举措，还提出了实行县域公办学校校长、构建教师交流制度、实施中西部中小学首席教师岗位计划、加强双语教师培训等举措，提供更加丰富多元和更具灵活性的师资力量供给，为满足各族人民的不同层次需求提供了更精准化的基本公共教育供给。

总之，民族地区基本公共教育政策变迁历程中，供给侧变化由需求侧驱动，满足不断推进国家治理体系和治理能力现代化的要求。一方面，需求侧促进供给侧发生变化。民族地区基本公共教育政策核心目标之一，便是满足各族人民群众对基本公共教育的需求。因此，当需求侧从基本走向

---

① 国务院关于印发国家基本公共服务体系“十二五”规划的通知[EB/OL].(2012-07-11)[2021-11-10]. http://www.gov.cn/zwgk/2012-07/20/content_2187242.htm.

② 国务院关于印发“十三五”推进基本公共服务均等化规划的通知[EB/OL].(2017-01-23)[2021-11-10]. http://www.gov.cn/zhengce/content/2017-03/01/content_5172013.htm.

全面、优质，必然也要求供给侧发生转变，以此应对需求侧的变化。供给侧结构性改革主要是从公共服务等领域的要素端和生产端入手，通过优化要素结构、破解不合理的制度障碍、激发多元主体活力，促进资源的合理配置①，进而满足需求侧多元化和精准化的要求。

另一方面，除了需求侧的驱动，供给侧结构性改革与国家治理体系和治理能力现代化紧密相连。供给侧结构性改革是以改革为核心、以现代化为主轴的制度供给创新，要求多元主体在更多层面展开充分互动，从而形成同社会经济发展相匹配的制度安排和机制联结②。其中涉及的多元主体互动，是供给侧从单一供给走向多元协同、精准供给的要义所在，尤其是在基本公共服务领域，教育作为百年大计，对供给侧提出了更高要求，也影响着国家治理体系和治理能力现代化。

第三节　政策主体的变迁脉络

政府是民族地区基本公共教育政策变迁历程的主体，其职能和治理方式也随着政策变迁呈现出一定的变迁脉络，大致可以从转向人民更满意的服务型政府、政府管理转向协同治理两个政策主体视角进行理解。

一、转向人民更满意的服务型政府

2006 年党的十六届六中全会对构建社会主义和谐社会做出了全面部署，强调要建设服务型政府，强化社会管理和公共服务职能。这是首次在党的文件中提出建设服务型政府的明确要求，这一年也是基本公共服务及其相关理念首次上升至国家层面的一年。2007 年，党的十七大报告提出了“加快行政管理体制改革，建设服务型政府”，再次明确了服务型政府建设的重要任务。从此之后，地方各级政府逐步开展服务型政府建设，职能也

① 纪念改革开放40周年系列选题研究中心，王佳宁，盛朝迅．重点领域改革节点研判：供给侧与需求侧[J]．改革，2016(1)：35－51.

② 贾康，苏京春．论供给侧改革[J]．管理世界，2016(3)：1－24.

更加关注于切实为人民服务的基本公共教育。党的十八大以来，政党话语对服务型政府建设的表述经过了多次升级，着力将服务型政府转型升级为人民满意的服务型政府①。2012年党的十八大报告提出建设“人民满意的服务型政府”，2017年党的十九大报告仍然强调“建设人民满意的服务型政府”，明确了服务型政府的建设目标和判断标准应该是人民满不满意。党的十九届四中全会再次强调“必须坚持一切行政机关为人民服务、对人民负责、受人民监督，创新行政方式，提高行政效能，建设人民满意的服务型政府”②，从多个维度指明了人民满意的服务型政府建设方向。民族地区基本公共教育政策变迁最终进入优质发展阶段、各民族地区教育水平和质量不断提升的政策效果，从侧面表明了我国对建设人民更满意的服务型政府的长期追求。

一方面，人民更满意的服务型政府更加注重同民族地区各族人民群众的互动，更加关注人民群众的获得感、幸福感和安全感。出于被服务者的要求和愿望而提供相应服务，是人民群众与服务者信息交流、相互协商、意见交互、共识凝聚的双向互动过程③。这便使得地方政府在与人民的互动中，极大地提升了民族地区基本公共教育政策的民主性和科学性，提升了人民群众对基本公共教育政策的满意度。

另一方面，与管制型政府和生产型政府不同，服务型政府的出发点和落脚点均在于以人民为中心，始终坚持为人民服务。由于基本公共教育本身的出发点和落脚点旨在为民族地区各族人民群众提供不同领域的教育均等化、普惠化和优质化的服务，因此民族地区基本公共教育政策也包含了对这一理念的实践。在政策变迁历程中，基本公共教育政策最终的政策目标落脚于“办好人民满意的教育”，这与“建设人民满意的服务型政府”

① 谢新水．从服务型政府到人民满意的服务型政府——一个话语路径的分析[J]．探索，2018(2)：144－151.

② 中共中央关于坚持和完善中国特色社会主义制度 推进国家治理体系和治理能力现代化若干重大问题的决定[EB/OL]．(2019－11－05)[2021－10－11]．http://www.gov.cn/zhengce/2019－11/05/content_5449023.htm.

③ 刘熙瑞．服务型政府——经济全球化背景下中国政府改革的目标选择[J]．中国行政管理，2002(7)：5－7.

不谋而合。

二、政府管理转向协同治理

在民族地区基本公共教育政策变迁历程中，政府职能发生了明显转变，而政府在管理方式上也随之发生了相应变化，由政府管理转为协同治理。协同治理是政府与其他多元主体以相对平等的关系参与到对基本公共教育的共同治理中来，弥补单一主体治理的局限性。体现到民族地区基本公共教育政策中，《2004—2010 年西部地区教育事业发展规划》中并无明确的关于多元主体参与治理的内容，大多关于资金和财政上的多元支持，诸如“积极鼓励和引导社会力量投资和出资办学”“获得广泛社会支持，多渠道增加教育经费”“积极鼓励东、中部地区的社会力量到西部办学”① 等，对于多元主体参与治理的表达相对模糊。《国家教育事业发展“十一五”规划纲要》则相对充分地体现出治理方式的转变，诸如“全社会共同努力，开创教育发展新局面”“鼓励社会各界和广大人民群众，采取多种形式和办法，支持学校建设，参与学校管理，积极为教育发展贡献力量”②。在优质发展阶段，多元主体协同治理在基本公共教育领域体现得更为充分，如《国家教育事业发展“十三五”规划》提出了“鼓励社会力量进入教育领域”“鼓励社会力量参与举办职业教育”“加快构建政府、企业、社会共同参与的终身学习激励机制”③ 等内容。

可见，在民族地区基本公共教育政策变迁历程中，逐步形成了“政府引导、市场主导、公众参与”基于多元主体的基本公共教育协同治理格局。其一，政府扮演着引导者的形象，即“掌舵而不是划桨”，在协同治理中能够通过鼓励合作、开展竞争、规范管理等行为，框定民族地区基本公共教育政策所要实现的目标，将提升多元主体协同治理有效性与构建人

① 2004—2010 年西部地区教育事业发展规划[EB/OL].(2004-09-23)[2021-10-11]. http://www.moe.gov.cn/s78/A03/ghs_left/moe_1892/s6616/moe_630/201006/t20100602_88628.html.

② 国务院批转教育部国家教育事业发展“十一五”规划纲要的通知[EB/OL].(2007-05-18)[2021-10-11]. http://www.gov.cn/gongbao/content/2007/content_660411.htm.

③ 国务院关于印发国家教育事业发展“十三五”规划的通知[EB/OL].(2017-01-10)[2021-10-11]. http://www.moe.gov.cn/jyb_xxgk/moe_1777/moe_1778/201701/t20170119_295319.html.

民满意的服务型政府相结合。

其二，市场主导则充分发挥市场在资源配置中的决定作用，为多元主体协同合作提供资源与合作动力，加快资源流动的速度，在利益导向中提升民族地区基本公共教育的供给绩效。

其三，公众参与表达对民族地区基本公共教育的诉求。民族地区基本公共教育政策的出发点和落脚点均在于人民群众，公众参与能直接反映出当下最需要的基本公共教育需求，也能在政策变迁一个阶段后，通过满意度反映政策导向下供给与实际需求的契合程度和精准对接程度。

综上，由于政府管理强调权力的纵向控制，社会的发展需求需要服务于政治目标，当社会在发展进程中出现新问题时，政府习惯用自上而下的行政逻辑来处理①。这种方式已经不能适应民族地区基本公共教育优质化发展的要求，也不适应民族地区基本公共教育的精准供给，进而政府管理方式转为协同治理，协同治理能够适应民族地区基本公共教育在各个方面的不断变化，而这一脉络也在政策变迁中得以体现。

第四节 政策动因的变迁脉络

驱动民族地区基本公共教育政策变迁的动因呈现出复杂交织的变迁脉络，并且存在强度差异。

一、政策变迁动因的复杂交织

从驱动民族地区基本公共教育政策变迁的动因来看，不同维度的驱动因素相互联系、相互影响。虽然有外部动因和内部动因，从表面而言，这些动因似乎是相互独立于不同维度。但是从本质上看，政策变迁是由这些动因之间的复杂交织关系共同促成的，在复杂交织的关系中达到量变引起质变，促使民族地区基本公共教育政策发生变迁。

① 江文路. 从控制型政府管理到回应型政府治理——重塑民众政治信任差序格局的改革探索[J]. 党政研究,2020(2):90-99.

从多种驱动因素的复杂关系来看，社会经济发展、政治制度、各民族地区人民群众需求、注意力转移其实相互交织和影响，具体体现在：一是经济基础决定上层建筑，社会经济发展起到了重要作用。随着经济发展水平的提升，政治制度的作用不断向更高层次演进，由最初的维护社会稳定向“放管服”改革、国家治理体系和治理能力现代化演进。二是政治制度变迁维护了社会经济发展的稳定性，并且在制度转型中充分发挥了市场在资源配置中的决定性作用，提升了社会经济发展的动力。三是各民族地区人民群众需求在社会经济发展和中国特色社会主义制度优越性的不断释放中，有条件产生多元化、个性化和层次化的需求。四是决策者注意力分配受到了社会经济发展、政治制度变迁、人民需求变化交织因素的影响。

从某一项具体驱动因素来看，也存在着同其他事物复杂交织的关系。诸如，焦点事件对民族地区基本公共教育政策变迁具有驱动作用，但并不是所有焦点事件均能促成政策“间断”而驱动政策发生变迁。焦点事件往往需要影响力度较大或长时间的问题发酵，往往偏向于连续的焦点事件积累，或者焦点事件与社会经济发展、政治变迁等外部环境的影响有关，但在一定程度上也有一些重大的焦点事件促成了民族地区基本公共教育政策的出台与变迁。因此，需要一定的条件才能促成政策“间断”导致政策变迁，取决于焦点事件发生的范围、强度和触发时间①。一是焦点事件与已有问题相结合，加深并强化了对已有问题的注意力投放程度。二是焦点事件产生预警作用，与潜在威胁相结合，诱发人们对社会潜在的、巨大危险的关注。三是焦点事件与其他类似事件相融合，产生对已有问题新的解读和界定②。综上，往往是多个事件在多种复杂动因的混合下发挥作用，驱动民族地区基本公共教育政策变迁。

因此，外部动因、内部动因之间存在着复杂交织脉络。这一脉络也可以从整个民族地区基本公共教育政策变迁中体现出来，每个历史时期的社会经济发展、政治体制改革、政府注意力转移、焦点事件、人民需求等动

---

① 格斯顿. 公共政策的制定、程序和原理[M]. 朱子文，译. 重庆：重庆出版社，2001：25.

② 金登. 议程、备选方案与公共政策[M]. 丁煌，译. 北京：中国人民大学出版社，2004：98－99.

因均不是单一存在和发展的，这些不同维度的动因呈现并发性和复杂交织的脉络。

二、政策变迁动因存在强度差异

虽然这些驱动因素通过相互复杂交织的作用均有可能促使民族地区基本公共教育政策发生变迁，但是这些动因的驱动作用存在强度差异，其中经济发展、政治体制改革和中央注意力转移较其他动因的驱动强度更大。

第一，经济基础决定上层建筑，这一论断经过了时间和实践的检验与论证。新中国成立 70 多年经济发展的本质都是根据生产力与生产关系、经济基础与上层建筑相适应的辩证关系，探索出一条随时代需求和国情要求不断变化的发展道路①。在这条不断辩证的道路上，民族地区社会经济的发展影响着制度变迁的方向和维度，同样也影响着民族地区基本公共教育政策变迁。

第二，政治制度变迁发挥着不可忽视的作用。“政治是经济的集中表现”，是列宁基于俄国社会主义实践提出的重要理论论断，对当前中国推进社会主义市场经济和社会主义现代化建设依然有着重要的借鉴意义，它是经济基础和上层建筑辩证统一关系的具体表现。虽然政治以经济为基础，经济发展的方向和灵魂是政治，但是在社会主义建设过程中，政治不能替代经济②。毛泽东也指出：“政治工作是一切经济工作的生命线。”政治体制改革与经济发展通过协同作用推动政府职能、政府行政体制、政府治理能力和水平等变化，间接引导着政策变迁的方向，还影响着政策制定和实施主体的治理能力与水平，也影响着政策目标的确立以及未来发展走向。

第三，中央注意力转移也发挥了重要的驱动作用。国家执政党的领导水平和执政能力影响了一个国家公共政策制定科学性、有效性和灵活性的

① 李钢．新中国 70 年经济体制变革的统一逻辑[J]．首都经济贸易大学学报,2020,22(1):3 -9.

② 马立政．社会主义经济发展必须精准把握“政治是经济的集中表现”——纪念列宁诞辰 150 周年[J]．毛泽东邓小平理论研究,2020(12):62 -68,105.

程度。[①] 同样，国家领导人对某一议题的注意力转移与分配，不仅意味着政治、经济等重要资源的分配和倾斜，也往往能带来某一议题的重大变革。[②] 党的领导体现着中国人民共同利益的价值观念、路线、政策等。[③] 中央的注意力转移与分配体现了对基本公共教育现实需要与未来发展的科学研判，符合民族地区基本公共教育发展的脉络，促使相应的政策随着中央注意力的转移发生了变迁。

总体而言，民族地区基本公共教育政策在变迁历程中受到了经济发展、政治体制改革和中央注意力转移的强劲推动。从本质上看，党的领导使得中国能够实现政治高度集中统一与行政高度分权有机结合，同时党对于资本的驾驭，能够将资本追逐利润最大化的动机引导到实现人民福祉最大化的方向上来。[④] 党的领导和中央的注意力转移促使民族地区基本公共教育政策发生变迁，在本书对各民族地区人民群众的访谈中人们对此普遍达成共识。就某种程度而言，党代表广大人民的最根本利益，注意力分配是对人民意志和切实的基本公共教育需求的体现，在党的领导下经济发展与政治体制实现了最大限度的协同，共同推动了民族地区基本公共教育政策发生变迁。

第五节　“间断－均衡”理论分析框架的再认识

民族地区基本公共教育政策变迁历程不仅符合“间断－均衡”理论分析框架所提出的基本假设，也符合揭示出的政策变迁规律。但是，在具体实践运用中也存在和西方情景的不同之处，这些不同之处表明“间断－均衡”理论在民族地区情景下运用存在差异性。因此，需要对“间断－均

① 唐皇凤．使命型政党：新时代党长期执政能力建设的政治基础[J]．武汉大学学报（哲学社会科学版），2018，71（3）：37－47.

② 陈思丞，孟庆国．领导人注意力变动机制探究——基于毛泽东年谱中2614段批示的研究[J]．公共行政评论，2016，9（3）：148－176，189－190.

③ 张恒山．党的领导与执政辨析[J]．中国社会科学，2004（1）：4－17，205.

④ 鄢一龙．党的领导与中国式善治[J]．行政管理改革，2020（1）：16－25.

衡”理论运用的差异进行分析，并对该政策变迁理论的分析框架进行调整，构建起符合民族地区情景的基本公共教育政策变迁理论分析框架。无论是将理论本土化还是完善相关政策变迁分析，均有着极为重要的意义。

一、“间断－均衡”理论分析框架运用的差异分析

“间断－均衡”理论分析框架建立在西方政治制度基础上，是西方情景下所发展出的理论分析框架。“间断－均衡”理论已经在不同制度情景中的国家以及各个政策变迁领域得到了证实，在我国其他政策领域被广泛运用，也在本研究的实践分析中得到了验证。但是由于我国政治体制与西方大不相同，在具体实践分析中“间断－均衡”理论又存在一定的差异性。因此，要想使“间断－均衡”理论分析框架更加贴合民族地区情景，需要首先从不同维度分析“间断－均衡”理论分析框架在实际运用的差异性，进而根据差异性对理论分析框架进行完善。其中，差异性主要体现在以下几个方面。

第一，政治子系统和政治宏观系统存在差异。“间断－均衡”理论分析框架认为，在政策变迁的长期均衡和短暂间断的过程中，政策形象在政治宏观系统和政治子系统中的不同政治议定场所被讨论。严格来说，我国政治子系统和政治宏观系统并不能清晰地划分，相应地也导致了政策决策路径的差异以及政策形象的作用路径不同。这也使得政策形象在各子系统中如何被讨论及如何在宏观系统和子系统间进行转换很难被清晰地划分。

第二，正负反馈机制中所呈现的政策形象不同。以共识和协商为特征的党领导的多党合作和政治协商制度的政策决策模式，不同于西方多党派之间为争夺各自政治利益而产生的竞争，我国在政治结构和议题动员上与西方政党竞争有所不同①。“间断－均衡”理论中的正负反馈机制作用，服务于政党间的竞争，并在相互利益竞争中使政策发生间断或均衡。我国的政策决策始终在党领导的多党合作和政治协商下，坚持以人民为中心、为

① 孙欢．间断平衡框架及在我国政策分析中的适用性：基于政策范式［J］．甘肃行政学院学报，2016(6)：31－42，126.

人民服务的准则，以实现人民利益为目标。在党的领导下，通过对各民主党派进行协商、凝聚共识、利益整合等，最大限度地满足社会各方面利益诉求，达到为人民服务的最终目的，使得正负反馈机制发生的作用不同于西方。

第三，制度摩擦发挥的作用不够明显。“间断－均衡”理论认为制度摩擦具有重要作用，制度摩擦限制了政府对不断变化的社会过程做出平稳反应的能力。其中，制度摩擦可以理解为政治制度将新的参与者所带来的新信息输入转化为政策输出所涉及的成本，制度摩擦导致政策在信息输出上出现持续间断的情况。注意力的改变和制度摩擦的加剧导致短期内“政策垄断”可能被打破。更分散的政治制度则意味着更多的制度摩擦[①]，在制度摩擦中政策发生重大变迁的可能性也就更大。

相反，在中国共产党执政的环境下，政治体系中的政策制定几乎没有过多的外部政治力量干预[②]。党领导的多党合作和政治协商制度旨在为人民服务，不同于西方政党竞争因利益而产生制度摩擦的情况。因此，制度摩擦导致的信息传递和处理方式大不相同，这使得政策注意力发生变迁的方式不同，一些重大决策往往是代表广大人民利益的党派首先达成共识。在这个过程中制度摩擦的发生概率较小，制度摩擦导致政策发生“间断－均衡”重大变迁的作用并不明显。

第四，驱动政策变迁的动因发挥的作用强度不同。由政策精英之间共识冲突产生的制度摩擦发挥的作用较小，而其他层面的动因发挥的作用较大，中央注意力转移、社会经济发展、政治体制改革和焦点事件等方面发挥了重要作用。党是中国特色社会主义事业的领导核心，在主要国家政策和大政方针中拥有关键权力，代表中国最广大人民的根本利益，关注人民群众的基本需求。因此，中央对民族地区基本公共教育问题的注意力分配，对相关民族地区基本公共教育政策的变迁具有关键作用。

---

① JONES B D, BAUMGARTNER F R, BREUNIG C, et al. A general empirical law of public budgets: a comparative analysis[J]. American journal of political science, 2009, 53(4): 855－873.

② CHAN K, ZHAO S. Punctuated equilibrium and the information disadvantage of authoritarianism: evidence from the People's Republic of China[J]. Policy studies journal, 2016, 44(2):134－155.

总之，“间断 - 均衡”理论分析框架在我国民族地区基本公共教育政策变迁历程的实践中，在政治子系统和政治宏观系统、政策形象作用、制度摩擦程度和动因强度等方面存在差异，需要对这些差异进行考虑，修缮民族地区情景下的“间断 - 均衡”理论分析框架。

二、“间断 - 均衡”理论分析框架的民族地区情景

结合前文基于民族地区基本公共教育政策变迁实践对“间断 - 均衡”适用性、差异性和具体运用的分析，本书通过以下三个方面的调整，在一定程度上实现对民族地区情景下“间断 - 均衡”理论分析框架的修缮。

第一，“间断 - 均衡”理论分析框架适用的制度环境。有学者认为，“间断 - 均衡”理论分析框架仅适用于美国、欧盟等西方政治制度环境[①]。这一结论忽略了“间断 - 均衡”理论分析框架本身所处的动态发展环境，并且在已有的国内外研究、不同国家的政治制度中均已得到了证实，本书也验证了民族地区基本公共教育政策变迁历程符合“间断 - 均衡”的变迁规律。因此，“间断 - 均衡”理论分析框架不仅适用于西方多个政党执政下制度摩擦频繁的政治环境，也适合党领导下稳定的政治环境。此外，尽管政策变迁过程会发生突然“间断”和一段时期的“均衡”，但为了维持社会稳定、经济发展平稳、政府公信力和形象等，任何政策都不能朝令夕改，即使有政策需要发生“间断”，也是伴随着前期众多要素的积累，抑或根据形势情况及时调整政策[②]。因此，中国稳定政治环境中的政策变迁同样适用于“间断 - 均衡”理论分析框架。

第二，对“间断 - 均衡”理论分析框架中判断政策变迁“间断点”的补充。如前所述，“间断 - 均衡”理论中对政策何时发生“间断”的描述过于抽象。因此，结合政策范式中政策总目标的变化即政策发生“间断”

---

① 骆苗，毛寿龙．理解政策变迁过程：三重路径的分析[J]．天津行政学院学报，2017，19(2)：58 - 65.

② 刘开君．公共政策变迁间断—平衡模型的修正及应用——兼论新中国科研政策变迁的渐进与突变规律[J]．北京社会科学，2016(11)：112 - 120.

的理念，对“间断－均衡”理论分析框架进行了相应的调整与补充。政策总目标发生变化的判断依据反映了中央层面宏观的价值倾向与注意力分配，使其在中央与地方的政策体系构成和价值倾向中，呈现出自上而下的“层级性”及“推进—响应”等显著特征①。这体现出我国政策变迁的规律和特点，为从不同维度更加充分地分析“间断－均衡”理论分析框架提供了参考。

第三，对政策变迁的动因进行了调整。如前所述，“间断－均衡”理论认为，促使政策变迁的原因主要来自外部和内部，如焦点事件驱动、过程驱动、决策系统内部决策者认识导致的代表性连接、政策精英之间的共识冲突②。在具体的政策分析中发现，尽管驱动民族地区基本公共教育政策变迁的动因同样分为外生动因和内生动因，但是具体动因与“间断－均衡”理论分析框架不同，而且作用强度不同。因此，结合前文分析与已有研究文献，驱动民族地区基本公共教育政策变迁的动因，应该着重考虑中央注意力、社会经济发展、政治体制改革等因素，以及在不同维度上中央政策给地方政策带来的驱动作用。

在综合考虑制度环境的前提下，结合民族地区实际情况与中国公共政策、公共管理的相应特性，形成了如图 6.1 所示的民族地区情景下基本公共教育政策变迁“间断－均衡”理论分析框架。

从图 6.1 中可以看出，民族地区情景下基本公共教育政策变迁的“间断－均衡”理论分析框架，与西方情景中提出的“间断－均衡”有所不同。但在党领导的稳定政治制度环境、民族区域自治制度环境下，以基本公共教育政策变迁为分析案例的“间断－均衡”规律得到了验证。

来自内部和外部不断动态变化的因素导致了先前的政策问题性质发生改变，需要重新树立政策形象，并在正负反馈机制和政治协商政策场域的共同作用下反复论证，最终使政策总目标在符合最广大人民根本利益的情

① 文宏．间段均衡理论与中国公共政策的演进逻辑——兰州出租车政策（1982—2012）的变迁考察[J]．公共管理学报，2014，11（2）：70－80，142.

② 琼斯．再思民主政治中的决策制定：注意力、选择和公共政策[M]．李丹阳，等，译．北京：北京大学出版社，2010：23－24.

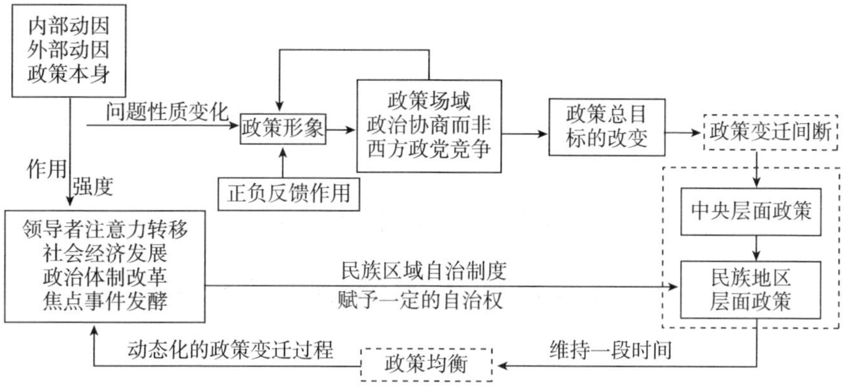

图 6.1　“间断 - 均衡”理论分析框架的民族地区情景

资料来源：笔者绘制。

况下发生改变，此时判断政策变迁的“间断点”出现，政策发生变迁。首先是中央层面的政策总目标发生变化，然后驱动了民族地区层面的政策变迁。这反映出在具有重要意义和关系国计民生的基本公共教育等重大领域，往往是中央层面政策变迁驱动地方层面的政策变迁，但是地方层面政策可以在此基础上创新与完善。其中，民族区域自治制度为民族地区政策变迁提供了更多的自主权，在具体分析和实践中凸显出更多的民族特色。在经历一段时间的政策均衡期后，随着动态化的发展环境，政策变迁进入下一个“间断 - 均衡”时期。

总而言之，民族地区情景下的基本公共教育政策变迁“间断 - 均衡”理论分析框架，从制度环境、政策变迁动因、政策形象与政策场域互动、中央与地方层面政策变迁等方面呈现出与西方情景的不同之处。这一方面表明该理论在不同制度环境下强大的适用性和可持续发展性，另一方面也为进一步完善“间断 - 均衡”理论分析框架在不同制度环境和情景下的政策变迁研究提供了有益补充。

第七章　优化民族地区基本公共教育政策的思路与路径选择

民族地区基本公共教育政策在时代中发生变迁并不断走向完善。尽管在变迁历程中一些因素影响了政策效果的发挥，但是纵观整个政策变迁历程中呈现出的变迁脉络，民族地区基本公共教育政策的路径优化也存在机遇，只有正确把握机遇，才能在未来进一步完善民族地区基本公共教育政策。面对发展机遇，需以铸牢中华民族共同体意识、坚持以人民为中心和坚持理论与实践统一为政策的价值导向，并从民族区域自治制度、政策决策、政策执行、政策监督与评估、相关保障机制等不同维度的优化路径入手，进一步完善民族地区基本公共教育政策。

第一节　把握民族地区基本公共教育政策发展的机遇

我国已经进入新时代，综合国力与国际地位、主要矛盾、社会生活、治理状况和人民群众的精神面貌等方面均发生了重要转变①。民族地区基本公共教育政策面临前所未有的发展机遇，包括中华民族共同体意识不断增强、民族交往交流交融程度加深、民族区域自治制度深化发展和中央支持力度持续增大。

① 冯立鳌．新时代·新思想·新特征——习近平新时代中国特色社会主义思想及其理论特征[J]．广东社会科学,2018(1):5－10,254.

一、中华民族共同体意识不断增强

中华民族共同体意识不断增强，为民族地区基本公共教育政策发展凝聚了精神力量，同时也为其注入了强劲动力。中华民族共同体意识有一个孕育、成长和成熟的过程，主要经历了三大历史时期：在古代华夷民族共同体时期孕育和萌芽、在近代民族国家建构进程中逐步形成、在新中国成立后得到稳固与发展[①]。在中华民族多元一体格局深化和各民族守望相助中经历了漫长的历史时期，中华民族共同体意识在民族血脉中延绵深入。从强调铸牢中华民族共同体意识，到目前中华民族共同体意识在具体行动中被实践[②]，铸牢中华民族共同体意识得到进一步深化发展。相比前几个历史时期，铸牢中华民族共同体意识已经深入政治、经济、社会、文化、生态等各个领域，体现在民族地区各族人民群众生活的方方面面，发挥着越来越重要的作用。

一方面，铸牢中华民族共同体意识汇集了民族地区各族人民群众的精神力量。在共筑各族人民共同精神家园的同时，于无形中将民族地区各族人民群众凝聚到一起，在意识上凝聚了“中华民族一家亲”的价值共识，将中华民族共同体意识深深地扎根于人民心中。在行为上和实践中，民族地区各族人民群众在生活中形成了守望相助、互帮互助、团结共进、谁也离不开谁的局面，将血脉和命运相连接，将民族发展同国家发展紧密连接，对国家认同程度进一步加深。

这为在民族地区推行基本公共教育政策凝聚了统一共识，筑牢了行动基础，有力促进了民族地区基本公共教育政策的落实。诸如，构建中华民族共同体、铸牢中华民族共同体意识，需要有中华民族的“共同语言”[③]，这与推广国家通用语言文字紧密联系。随着国家通用语言文字的深入推

---

① 淦思明，王磊．近年来国内关于中华民族共同体意识研究述评[J]．云南行政学院学报，2021，23(1)：12－21．

② 徐黎丽，韩静茹．论中华民族共同体的现代含义[J]．思想战线，2021，47(1)：52－60．

③ 苏德，张良，江涛．新时代背景下的少数民族双语教育：机遇·挑战·策略[J]．民族教育研究，2019，30(4)：69－74．

进，基本公共教育在民族地区更为广泛和深入地开展，尤其是政策实施上减少了语言方面的客观条件限制，为民族地区各族人民群众增加了更为多样化的选择。

另一方面，中华民族共同体意识的不断增强，为民族地区基本公共教育政策带来了发展的新动力和新视野，注入了新鲜活力，提升了政策的发展层次和高度。新动力为发展民族地区基本公共教育政策带来了不同维度的力量，尤其是在各族人民精神家园的塑造上，能够充分发挥意识形态、政策价值、政策具体行动层面的凝聚作用，从多个维度落实并推进民族地区基本公共教育政策。新视野则为民族地区基本公共教育政策的未来发展与进一步完善指明了方向与道路，基于铸牢中华民族共同体意识提升了政策发展的站位和高度。民族地区基本公共教育政策不仅要承担起促进基本公共教育发展的作用，也要承担起维护社会稳定与民族团结的责任。立足“维护祖国统一”“增强民族团结”“提升中华民族凝聚力”等更高站位，走向更高水平发展。

因此，随着中华民族共同体意识的不断增强，民族地区基本公共教育政策应在新动力和新视野的指引下，为铸牢中华民族共同体意识贡献力量。民族地区政府应在满足民族地区各族人民群众多样化的基本公共教育需求的基础上，主动提升政策的政治站位，在多元化的共性和差异中充分发挥基本公共教育政策在不同层面的作用。

二、民族交往交流交融程度加深

民族交往交流交融程度的加深，为民族地区基本公共教育政策发展带来了和谐的政策环境、需求的充分表达环境、共同性因素增多等不同维度的机遇。民族交往交流交融是一个历史过程，早在中国古代便开始了这一进程。从历史上看，我国民族地区各族人民在交往交流交融中和谐共赢，并且每一次深度的民族交往交流交融，都会催生更加强大的统一多民族国家。党的十九大报告指出，“加强各民族交往交流交融，促进各民族像石榴籽一样紧紧抱在一起”[①]，使得民族交往交流交融的程度进一步加深。

第一，民族交往交流交融的不断加深，为民族地区基本公共教育政策提供了和谐、稳定和繁荣的政策环境。在民族交往交流交融不断深入的过程中，民族地区各族人民群众在生活领域之间的联系越来越频繁，紧密程度也越来越深，人员流动规模进一步加大，使得交往交流交融方式更加多元，促使民族之间的纽带进一步加强、各民族之间的感情与日俱增，为民族地区基本公共教育政策深入开展营造了稳定的政策环境。

第二，为各族人民提供了和谐的需求和利益表达环境。各族人民在交往交流交融中通过对风俗习惯、社会文化和宗教信仰的相互认同，形成了相互包容、相互理解、相互尊重的和谐局面，促使人们更积极地表达对基本公共教育的需求。这为把握各族人民需求、提供精准化的基本公共教育服务、促进政策落地提供了良好的条件，促进政策在民族地区各族人民群众的监督中不断完善。

第三，随着民族交往交流交融的深入，基本公共教育政策制定与实施的共同性和稳定性因素增多，突发性和风险性因素减少，推进基本公共教育发展的政策措施也更为多样化，政策实施的力度和广度加深，政策对基本公共教育的促进作用能够充分发挥。不仅能满足民族地区各族人民群众的基本公共教育需求，还能促进民族地区基本公共教育政策科学化和民主化。

综上，面对历史机遇，民族地区地方政府应脚踏实地、深入细致、求同存异地深入本地区人民生活，在深入调研中使人们加深对基本公共教育政策的理解和领悟，更好满足民族地区各族人民群众的多元化需求，在此基础上利用基本公共教育政策之间的利益联结和价值凝聚，推动民族交往交流交融向纵深发展。

① 习近平：决胜全面建成小康社会 夺取新时代中国特色社会主义伟大胜利——在中国共产党第十九次全国代表大会上的报告［EB/OL］.（2017 - 10 - 27）［2021 - 10 - 10］. http://www.xinhuanet.com/2017 - 10/27/c_1121867529.htm.

三、民族区域自治制度深化发展

民族区域自治制度是民族地区基本公共教育政策发展的制度保障。“在国家统一领导下实行民族区域自治，体现了国家尊重和保障少数民族自主管理本民族内部事务的权利，体现了民族平等、民族团结、各民族共同繁荣发展的原则，体现了民族因素与区域因素、政治因素与经济因素、历史因素与现实因素的统一”[①]，具有鲜明的中国特色。党的十九大报告对“坚持和完善民族区域自治制度”的重申虽然看似简单，但实际上却是对该制度作为新时期民族工作核心制度地位再确认的高潮[②]。这一转变从法治层面为民族地区基本公共教育政策的完善提供了更为强劲的保障。

在民族区域自治制度中，民族地方的自治机关在教育等基本公共服务领域享有自治权，能够切实根据本地区各族人民群众的实际情况制定相应的政策。尤其是“民族区域自治作为一项基本政治制度决不能动摇，具体的政策举措和实现形式要因地制宜、与时俱进，更好做到统一和自治相结合，民族因素和区域因素相结合”[③]。这为充分发挥民族区域自治制度在国家治理、处理民族关系、推进基本公共教育、完善各项民族政策等方面的作用提供了保障和支持，也使民族地区基本公共教育的政策执行力度更大，内容更贴近各族人民的生活，为其进一步完善和发展提供了强大的制度保障。

因此，民族地区地方政府应在民族区域自治制度的强大保障中，在党中央领导下正确运用在教育等方面的自治权，提升政府对基本公共教育的治理能力和治理水平，在中央领导与充分发挥自治权的结合中，探索出一条符合民族地区基本公共教育政策的发展道路。

---

① 中央民族工作会议暨国务院第四次全国民族团结进步表彰大会[EB/OL].(2005-05-28)[2021-10-10]. https://www.gmw.cn/01gmrb/2005-05/28/content_240705.htm.

② 郑毅. 论民族区域自治法治发展的“因地制宜”和“与时俱进”[J]. 云南社会科学,2019(6):86-94.

③ 汪洋在广西壮族自治区成立60周年庆祝大会上的讲话[EB/OL].(2018-12-10)[2021-10-10]. http://www.xinhuanet.com/2018-12/11/c_1123834115.htm.

四、中央对民族地区支持力度持续增大

民族地区的发展离不开中央的正确领导和支持。党的十九大报告指出："实施区域协调发展战略。加大力度支持革命老区、民族地区、边疆地区、贫困地区加快发展，强化举措推进西部大开发形成新格局。"① 随着政策的跟进和各方面条件改善，民族地区社会经济发展力度更加强劲、后劲更加绵长有力，人民群众需求的满足程度更高、生活水平日益提升，民族地区基本公共教育政策必将走向更为优质化的发展阶段。

具体到各民族地区，中央多次对内蒙古做出重要指示，强调大力弘扬"蒙古马精神"，从全局和战略高度为解决内蒙古发展中面临的一系列重大理论和实践问题谋篇布局、规划蓝图、指明方向。广西"老、少、边、山、贫"的特点皆俱，随着中央一系列扶持政策的出台，广西以交通为重点的基础设施建设取得突破，发展环境显著改善，战略地位实现较大提升。宁夏在中央的谋篇布局中，在坚持不懈推动高质量发展、坚决打赢脱贫攻坚战、抓好生态环境保护、加强民生保障和社会治理等方面获得发展机遇。新疆在中央的指导下，发挥"一带一路"核心区位优势，推进社会经济发展，把新疆区域性发展战略纳入国家发展总体布局中，丰富发展路径，提升发展层次，打造内陆发展和沿边发展的高地。西藏紧紧围绕"一带一路"倡议，构建包容、开放、合作的政策体系，不断加快了对外开放和发展的步伐。

因此，民族地区地方政府应该始终紧紧跟随党的领导，紧跟中央政策步伐，加强对中央层面基本公共教育政策的内涵解读和细节创新，把握国家发展的战略方向和宏观规划，在府际关系的央地互动中加强对基本公共教育政策的多维支持，积极探索基本公共教育政策在多维领域的嵌入式和协同式发展，促使民族地区基本公共教育政策走向更高水准。

综上所述，这些来自中央的大力支持，促使民族地区社会经济得到高

---

① 习近平：决胜全面建成小康社会 夺取新时代中国特色社会主义伟大胜利——在中国共产党第十九次全国代表大会上的报告[EB/OL].（2017－10－27）[2021－10－10]. http://www.xinhuanet.com/2017－10/27/c_1121867529.htm.

质量发展，为发展基本公共教育政策奠定了雄厚的基础。民族地区地方政府基于更高水平、更高质量的经济发展，制定一系列可持续发展的基本公共教育政策。这不仅为当下民族地区基本公共教育实现全方位发展提供了制度保障，更是为日后政策变迁过程中对抗风险性、突发不确定性和质量再提升奠定了基础，使得民族地区基本公共教育有能力与有机会实现更为远大和宏伟的目标。因此，民族地区地方政府应该在新的历史方位中把握好机遇，在机遇中促进基本公共教育政策实现更加优质的发展。

第二节　坚持民族地区基本公共教育政策发展的价值导向

民族地区基本公共教育政策变迁历程表明，政策变迁是动态连续的主动选择过程，教育政策须跟随变化的教育事业和体系改变，否则相应的政策效果难以得到有效发挥，对教育发展的促进作用也将大大减弱①。价值导向对政策变迁起到指引规划和明确方向的作用，即使民族地区基本公共教育政策是主动选择的过程，也受到价值导向的影响。因此，面对新时代历史机遇与百年未有之大变局挑战的交织，结合民族地区基本公共政策变迁历程，需从铸牢中华民族共同体意识、坚持以人民为中心和坚持理论与实践相统一的价值导向三个层面，继续优化民族地区基本公共教育政策。

一、铸牢中华民族共同体意识

“做好新时代党的民族工作，要把铸牢中华民族共同体意识作为党的民族工作的主线。”② 民族地区基本公共教育政策是民族工作的重要内容，铸牢中华民族共同体意识为民族地区基本公共教育政策的进一步发展与完善指明了方向。关于中华民族共同体意识的话语表述并非一成不变，在时代变迁中经历了“牢固树立中华民族共同体意识”到“积极培育中华民族

① 徐绪卿，王一涛．论我国民办高等教育政策从“规范”向“扶持”的转型[J]．高等教育研究，2013，34(8)：42－48.

② 习近平出席中央民族工作会议并发表重要讲话[EB/OL].(2021－08－28)[2021－12－01]. http://www.gov.cn/xinwen/2021－08/28/content_5633940.htm.

共同体意识”再向“铸牢中华民族共同体意识”的话语转变，表明已经成为新时代的主旋律①。因此，需在时代变迁中将铸牢中华民族共同体意识的内在理念和演进规律融入民族地区基本公共教育政策及其价值理念。此外，教育发挥的潜移默化和缓慢渗透的育人作用，有助于将民族团结教育理念在各民族地区人民群众的心中深深扎根，在民族地区基本公共教育政策的推行中进一步铸牢中华民族共同体意识。因此，无论从哪个方面来看，民族地区基本公共教育与铸牢中华民族共同体意识均紧密相连，政策的继续完善与发展离不开中华民族共同体意识的增强。

一是在铸牢中华民族共同体意识中，民族地区基本公共教育政策应将教育需求的“多元”与“一体”相结合。中华民族多元一体的格局使得中华民族形成了各民族在地理分布上的交错杂居、文化上的相互借鉴、经济上的相互依存和情感上的相互亲近的局面②。这种情况也导致了民族地区基本公共教育存在需求多样性与差异性，特别是我国各民族地区的自然环境与社会人文环境差异很大，在不同地理环境、语言环境、文化氛围下存在着对基本公共教育的额外需求。这便要求民族地区基本公共教育政策在未来发展中，要在“一体”的大环境下充分考虑“多元”的基本公共教育需求，既不能忽视民族地区各族人民群众的额外需求，也不能过于强调需求上的差异性而忽视共同性需求，要在铸牢中华民族共同体意识的价值导向中将“一体”与“多元”有机结合。

二是扎实推进民族团结教育。我国站在新时代的历史方位，在全球化的背景和社会主义现代化建设的现实条件下，铸牢中华民族共同体意识的一项重要内容就是通过人民对民族国家的政治认同来推动“中华民族共同体”的建构③，民族团结教育显得更加重要。因此，民族地区基本公共教育政策要处理好两者的关系，将国家统一与各民族现实的基本公共教育需

---

① 淦思明，王磊．近年来国内关于中华民族共同体意识研究述评[J]．云南行政学院学报，2021，23(1)：12－21.

② 赵刚．民族政策与中华民族共同体意识的建构[J]．学术界，2017(2)：86－96，323－324.

③ 王维平，朱安军．以政治认同持续推进中华民族共同体建构[J]．西北师大学报(社会科学版)，2020，57(3)：29－36.

求相结合，在政策制定和执行过程中采取多样化的形式，在各级各类学校开展丰富多样的民族团结教育活动，公布践行民族团结思想的案例，发挥互联网和大数据作用，将政策的文本力量转化为教育潜移默化的实践力量，从而实现民族地区基本公共教育政策维护国家团结统一与社会稳定的重要政策功能。

三是推广国家通用语言文字。推广国家通用语言文字是民族地区基本公共教育政策当下深入推行与实现未来长远发展的重要举措，在铸牢中华民族共同体意识、促进各民族交往交流交融、增强民族凝聚力等方面发挥了重要作用。民族地区基本公共教育需求多样化的特征体现在教育语言文字的多样性上。因此，进一步完善和发展民族地区基本公共教育政策，需在民族地区尤其是相对薄弱的地方全面推广和普及国家通用语言文字，在基本公共教育实践中提供多样化的教学模式，培养和储备双语教学师资力量，为民族地区各族人民提供更为多样化的选择。

四是继续加强优质教育资源的协同。铸牢中华民族共同体意识中需要保障中华民族共同体成员的物质利益，在教育领域便是为共同体中的成员提供优质的教育资源①。民族地区基本公共教育较其他发达地区相对薄弱，在优质教育资源上相对也比较欠缺，相关政策除了直接促进民族地区基本公共教育发展，也应该在实践中丰富优质基本公共教育资源的协同互动，充分利用对口支援等政策扶持，进一步探索西藏内地班、内地新疆高中班等民族地区与其他发达地区基本公共教育协同互助的教育模式。根据民族地区生态环境和人文环境开展研学旅行与夏令营等基本公共教育交流活动，加强各族人民群众的学习及交流，在丰富民族地区基本公共教育政策实践的同时铸牢中华民族共同体意识。

总而言之，民族地区基本公共教育政策与铸牢中华民族共同体意识紧密相连，对政策的定位不应限于作用当下，而应该大胆地引领未来，充分发挥促进民族地区发展和实现中华民族伟大复兴中国梦的作用。

---

① 张学敏，石泽婷．民族教育发展与中华民族共同体意识建设的内生逻辑——新中国70年民族教育及其政策回溯与前瞻［J］．西南大学学报（社会科学版），2019，45（4）：5－18，197.

二、坚持以人民为中心

党的十九届六中全会通过的《中共中央关于党的百年奋斗重大成就和历史经验的决议》指出："坚持人民至上。党的根基在人民、血脉在人民、力量在人民，人民是党执政兴国的最大底气。"① 我国的国家性质决定了政府是为人民服务的政府，其工作宗旨也是"全心全意为人民服务"。政策作为执行政府意愿的一种手段，面向对象始终为广大人民群众，尤其是事关人民基本生存与发展的基本公共教育政策，更应该落实以人民为中心的价值导向，充分发挥基本公共教育的服务作用、提升作用和塑造作用，促进人的全面发展。

其一，坚持以人民为中心的基本原则，把实现人民对美好生活的向往作为民族地区基本公共教育政策的奋斗目标。当前，各民族地区人民群众对美好生活的向往已不再满足于物质层面，精神层面的需求也更加迫切。基本公共教育不仅能提升各族人民的知识水平和生活技能，赋予他们满足基本生存的技能从而实现其对物质层面的追求，还能提升他们的精神层次，满足其对个人、社会和国家等精神层面的追求。因此，民族地区基本公共教育政策在发展与完善中既要重视对基本生活和物质层面的促进作用，更要注重发挥在精神层面的塑造与满足功能，从多个维度满足各民族地区人民群众的美好生活需要。

其二，以人民为中心要求民族地区基本公共教育政策效果由各族人民共享。成果共享反映了党的根本宗旨，要始终把实现好、维护好、发展好最广大人民的根本利益作为党和国家一切工作的出发点和落脚点，促进人的全面发展，做到发展为了人民、发展依靠人民、发展成果由人民共享②。民族地区基本公共教育政策的发展成果不仅体现在当下，更是体现在未来个人发展、民族地方建设乃至国家发展层面，是事关百年大计的发展，带

① 中共中央关于党的百年奋斗重大成就和历史经验的决议[EB/OL].(2021-11-16)[2022-11-10]. http://www.gov.cn/zhengce/2021-11/16/content_5651269.htm.

② 潘玲霞."共同富裕"与"成果共享"——中国特色社会主义理论体系中的民生思想[J].社会主义研究,2009(1):40-43.

来的发展成果事关一个民族的崛起与兴盛。因此，民族地区基本公共教育政策不仅要做到立足当下，加强基本公共教育各个层面的建设，更要着眼未来，促使教育带来的发展成果由各民族地区人民群众共同享有，从而全面和可持续地发挥教育事业对祖国未来发展的助力作用。

其三，以人民为中心还体现于基本公共教育在区域之间的均衡发展。以人民为中心的发展思想要求缩小城乡之间、区域之间的发展差距，统筹兼顾各个区域、各个领域、各个层次的发展速度、发展水平与发展质量①。民族地区基本公共教育政策的目的，便在于缩小各民族地区之间、民族地区同其他地区之间在基本公共教育服务上的差距，推动各民族地区人民群众共同享有优质的基本公共教育服务，推动基本公共教育均等化。因此，民族地区基本公共教育政策应借鉴先进地区经验做法，切实合理地规划发展路线，补齐短板与不足。

三、坚持理论与实践相统一

党的十九届六中全会通过的《中共中央关于党的百年奋斗重大成就和历史经验的决议》指出："坚持理论创新……坚持实践是检验真理的唯一标准，坚持一切从实际出发……只要我们勇于结合新的实践不断推进理论创新、善于用新的理论指导新的实践，就一定能够让马克思主义在中国大地上展现出更强大、更有说服力的真理力量。"② 可见，只有理论与实践相统一，才能充分发挥理论价值和实践意义。民族地区基本公共教育政策经历了"间断－均衡"的变迁历程，变迁的驱动因素来自多个层面和维度，且政策变迁脉络更是呈现出不同层面的变化。除了从理论层面对这些政策变迁过程和规律进行把握，更需要结合政策实践效果进行考察。坚持理论与实践相结合，不仅能够从理论上把握民族地区公共政策变迁的演进脉络，更重要的是在理论指导实践的过程中完善民族地区基本公共教育政

① 田烨，于梦杰，秉浩．坚持以人民为中心是新时代推进西部大开发的根本立场与价值导向[J]．贵州民族研究，2020，41（11）：152－158.

② 中共中央关于党的百年奋斗重大成就和历史经验的决议[EB/OL]．（2021－11－16）[2022－11－10]．http://www.gov.cn/zhengce/2021－11/16/content_5651269.htm.

策。只有在实践过程中不断检验理论，形成更为科学的民族地区基本公共教育政策变迁的理论体系，才能在当今机遇与挑战并存的环境中，不断推进民族地区基本公共教育政策走向完善。

第一，正确认识政策变迁。无论是中央层面还是民族地区层面，抑或是具体到各民族地区，基本公共教育政策均呈动态化的演进过程。理解政策变迁的动态化，能帮助我们了解在漫长的政策变迁历程中，某一个政策具体层面变化的总体趋势，也能在变迁中发现趋势和不足，从而在未来发展中把握方向，改正现有的政策缺点。因此，未来民族地区基本公共教育政策的发展需要正确认识不同阶段的政策变迁历程，尤其是把握好中央层面与民族地区层面在政策变迁中的互动关系，充分发挥中央层面的导向性作用。还要把握好各民族地区政策变迁动态化的需求，科学研判各民族地区的实际情况和发展趋势，进一步结合各民族地区的自然、社会、经济等实际情况，因地制宜地促进基本公共教育政策发展，形成既具有各自特色又符合实际的基本公共教育发展道路。

第二，准确把握政策变迁的驱动因素，积极应对民族地区基本公共教育政策变迁的重大时间节点。如前所述，导致政策变迁的动因来自外部因素和内部因素两个层面中的多个维度。在现实中，这些动因往往并不是单一发生的，而是呈现出多个维度的相互交织状态，尤其是新时代历史机遇与百年未有之大变局使动因之间的关系变得愈加复杂。因此，需要充分了解外部因素和内部因素的驱动作用与过程逻辑，充分把握政策变迁发生的条件、时机、要素、内容等。关注中央的注意力分配，深入理解中央相关政策文件的精神，及时预测未来政策变迁走向，未雨绸缪地做好民族地区基本公共教育政策下一步的完善与调整工作。

第三，重视政策的实践意义，在客观实践中完善政策。民族地区基本公共教育政策往往以结果为导向，正如理论在实践中得以不断完善，政策亦是如此，在实践中能够切实将政策设想转变为实际成果。关注政策效果不仅对于完善民族地区基本公共教育政策具有重要作用，而且关乎各民族地区人民群众的获得感、幸福感和安全感。因此，要在政策变迁的历程中重视政策实践效果，对政策实践结果进行时间序列分析，并结合大数据和人工智能等手段对制约政策效果的因素进行分析，发现政策制定与实施中存在不足的地方，精准把握不足和短板。在实践中吸取经验教训，在实践中不断完善理论，在实践中推动民族地区基本公共教育政策发展。

第三节　优化民族地区基本公共教育政策的具体路径

民族地区基本公共教育政策变迁是一个历时较长的过程，要继续完善民族地区基本公共教育政策，应在把握机遇、坚持价值导向的基础上，立足新时代的新要求和新高度，通过坚持和完善制度、提升政策决策水平、加大政策执行力度、优化政策监督和评估体系、建立健全保障机制等多个具体路径进一步完善民族地区基本公共教育政策。在解决现实问题的同时注重可持续、长远规划、把握未来，促使其在未来变迁历程中，为满足人民日益增长的美好生活需要和缓解不平衡不充分的发展之间的矛盾发挥重要作用。

一、坚持和完善民族区域自治制度

民族区域自治是我国的基本政治制度，民族地区基本公共教育政策的进一步完善与发展，离不开民族区域自治制度的制度保障。2021 年国务院《政府工作报告》指出："我们要坚持和完善民族区域自治制度，全面贯彻党的民族政策，铸牢中华民族共同体意识，促进各民族共同团结奋斗、共同繁荣发展。"① 2021 年中央民族工作会议特别强调："必须坚持和完善民族区域自治制度。"② 可见，坚持和完善民族区域自治制度，为保障各民族地区人民群众基本公共教育需求提供了强有力的制度支持。

---

① 政府工作报告——2021 年 3 月 5 日在第十三届全国人民代表大会第四次会议上[EB/OL].(2021-03-12)[2021-05-01]. http://www.gov.cn/premier/2021-03/12/content_5592671.htm.

② 习近平出席中央民族工作会议并发表重要讲话[EB/OL].(2021-08-28)[2021-12-01]. http://www.gov.cn/xinwen/2021-08/28/content_5633940.htm.

其一，要坚持党的领导。“办好中国的事情，关键在党。”① 在民族地区进一步加强党的领导，在党的周围紧紧形成合力，共同凝聚力量推动民族地区基本公共教育发展，推动民族地区团结与进步。各民族地区要认真贯彻落实中央对加快民族地区发展的各项重大决策部署，加强对党的理论的学习和贯彻落实，在党的领导下探索民族地区基本公共教育政策的发展道路，充分发挥民族区域自治的制度优势，不断满足民族地区各族人民对美好生活的新期待、对基本公共教育的新需求。

其二，全面贯彻落实民族区域自治法。“要全面贯彻落实民族区域自治法，健全民族工作法律法规体系，依法保障各民族合法权益。”②《民族区域自治法》是我国保障民族地区及各族人民群众各项权利的基本法律，也是我国做好民族工作、维护好民族关系的重要保障。因此，要加强对《民族区域自治法》的宣传、学习与教育，使各族人民和各级干部提高自觉意识，从而对民族地区基本公共教育政策形成自觉维护与践行意识。同时，抓紧配套法律法规的制定与完善，尤其是民族地区基本公共教育领域，要在以《民族区域自治法》为蓝本的指导原则下，形成相应领域的法律法规，切实从法的维度维护各族人民基本公共教育的权利，让民族地区基本公共教育政策的各项环节在执行中都有法可依、违法必究、执法必严，在法治化过程中推动政策效果的发挥。

其三，坚持统一和自治相结合，团结统一是国家最高利益，是各族人民共同利益，是实行民族区域自治的前提和基础③。因此，地方政府要在遵循《民族区域自治法》等国家相关法律法规的基础上，依法行使自治权，解决好民族地区人民群众关于基本公共教育的特殊问题和额外需求，从而发挥出民族区域自治制度的优势。同时，在民族地区基本公共教育政策中，加强民族团结教育，充分发挥教育对民族地区各族人民群众潜移默

---

① 习近平：在庆祝中国共产党成立100周年大会上的讲话[EB/OL].(2021-07-01)[2021-12-01].http://www.gov.cn/xinwen/2021-07/01/content 5621847.htm.

② 习近平在全国民族团结进步表彰大会上发表重要讲话[EB/OL].(2021-09-27)[2021-12-01].http://www.gov.cn/xinwen/2019-09/27/content_5434024.htm.

③ 丹珠昂奔.沿着中国特色解决民族问题的道路前进[N].中国民族报,2014-11-07(5).

化的作用。

其四，不断创新和完善民族区域自治制度的理论与实践研究。民族地区基本公共教育政策离不开实践，也就离不开民族区域自治制度的理论指导。我国的民族区域自治制度无论是在理论体系还是具体实践中，都是相对成熟并且成功的，但制度是动态变化的，民族地区在发展过程中不可避免地遇到新问题、新要求和新情况①，这便需要在与时俱进中不断完善相关理论和实践。尤其是随着百年未有之大变局的到来，国内外政治、经济、外交和意识形态等方面的局势愈加复杂。进入新时代，我国社会主要矛盾发生变化，民族交往交流交融、民族事务治理和各族人民基本公共教育需求也处于不断的变化之中，对民族区域自治制度的理论和实践提出了更高要求。在此情况下，民族地区要加强中央关于民族区域自治理论的学习，将国内外形势置于宏观站位中进行考虑，又需将理论脚踏实地地运用于民族地区基本公共教育实际问题的解决，及时总结经验教训，在理论与实践中逐步总结出具有民族区域自治特色的经验与做法。同时，依托各民族地区高校，定期进行全面、深入和系统的专题研讨，为地方政府决策咨询建言献策，充分发挥高校学者对理论体系的创新与完善作用。

二、提升民族地区基本公共教育政策决策水平

民族地区基本公共教育政策的决策水平影响着后续政策效果，同时也影响着政策变迁走向。民族地区基本公共教育政策需提升地方政府治理能力和治理水平，吸纳多元主体参与决策，汇集多元主体的集体智慧，并在“一地一策”实践中提升基本公共教育政策决策水平。

（一）提升地方政府治理能力和水平

公共政策的制定和执行主体主要为政府，并且公共政策是政府治理的重要手段②。可以说，政府治理能力和水平的高低直接影响到公共政策决策的质量。因此，提升民族地区基本公共教育政策决策水平，首先要提升

① 高亚雄．对新形势下坚持和完善民族区域自治制度的思考[J]．贵州民族研究，2003(3)：7－11.

② 陈震聃．公共政策与政府治理能力[J]．学术论坛，2015，38(9)：15－19，52.

民族地区地方政府治理能力和治理水平。

其一，革新政府治理理念。理念是行动的先导，面对百年未有之大变局的错综复杂局势，新时代人民日益增长的美好生活需要和不平衡不充分的发展之间的矛盾，民族地区地方政府想要使基本公共教育政策适应时代发展需要，须首先随着时代的变化革新治理理念。一方面，始终坚持以人民为中心，基本公共教育政策制定应该时刻关注各民族地区人民群众的切实需求，避免形象工程、空口承诺和低质低量的基本公共教育服务供给。另一方面，及时更新治理理念，借鉴先进地区经验，抓住信息技术带来的新机遇。民族地区地方政府相比其他地方政府，由于主客观条件的限制，治理能力和水平相对较弱，因此更需要接纳先进地区和先进技术带来的新治理思想，取长补短、因地制宜地将新的治理经验落实到基本公共教育政策制定中去。

其二，深化转变政府职能。政府职能定位是否合适、合理和合度，事关政府能不能正确行使权力、履行义务并提供公共服务，因而明确政府职能定位是发挥其相应作用的关键①。因此，深化民族地方政府职能转变，有助于提升基本公共教育政策水平，充分发挥基本公共教育服务各民族地区人民群众的作用。一是深化政府公共服务职能，明确民族地区地方政府供给公共服务的主体地位和主导作用②，采取多元化、创新化、精准化和标准化的基本公共教育供给方式，满足人民群众不同层次的教育需求。二是充分发挥市场在资源配置中的决定性作用，构建新型的政府与市场关系③，在政府和市场的多维互动中充分激发市场在基本公共教育服务领域的巨大活力和潜力，为民族地区基本公共教育政策继续发展提供资源支持。三是充分调动社会组织和公众参与基本公共教育供给的积极性和热情，发挥广大人民群众的作用，提升基本公共教育政策决策的科学化和民主化水平，从而提升服务型政府提供基本公共教育服务的精准化和协同化

---

① 高小平．行政管理体制改革的关键是转变政府职能[N]．人民日报，2008-02-27(2)．

② 高永久，秦伟江．民族自治地方政府管理创新研究：动因、模式和路径选择[J]．甘肃社会科学，2006(6)：235-238，144．

③ 王浦劬．论转变政府职能的若干理论问题[J]．国家行政学院学报，2015(1)：31-39．

水平。

其三，借助信息技术的赋能作用。《教育部关于印发〈教育信息化十年发展规划（2011—2020年）〉的通知》指出："以教育信息化带动教育现代化，是我国教育事业发展的战略选择。"① 因此，通过信息技术能够提升民族地区基本公共教育政策决策水平和质量。一方面，在政策决策时，通过大数据技术广泛搜集民族地区基本公共教育在基础设施建设、师资力量、群众需求和偏好等方面的信息，充分做好预调研和考察，全面及时地掌握民族地区各族人民群众的真实需求。另一方面，在形成决策方案时，可以通过人工智能技术的自动化研判和超人脑智慧，将已有数据同民族地区发展现状相结合，形成个性化的民族地区基本公共教育政策方案。

（二）建立多元主体参与决策的"智库大脑"

在政策制定和决策时政府应发挥引导作用，广泛吸纳和听取多元主体的意见，充分发挥多元主体的协同治理作用。在这个过程中，必然少不了多元主体在技术、智力和方法上的大力支持。因此，多元主体应从不同维度参与决策，提升政策决策水平，完善民族地区基本公共教育政策，充分提升政策的民主性和科学性。

一方面，构建多元主体"智库大脑"。"智库大脑"通过汇集多元主体的集体智慧，形成对民族地区基本公共教育政策的定向输出，从而提升政策的科学性和可行性。因此，政府应充分发挥引导作用，一是积极主动地从地区高校、公众代表、市场代表等维度，邀请相关专家组建基本公共教育政策决策的"智库大脑"。二是采取岗位轮换制的方式，为"智库大脑"注入新鲜血液和活力。民族地区基本公共教育政策始终处于变迁的历程中，因此"智库大脑"也并非一成不变，需要根据政策变迁阶段，根据政策当下所处的现状和需要提升的内容，轮岗"智库大脑"的专家队伍，充分发挥"智库大脑"精准化的决策作用。三是建立"智库大脑"的人才储备库，通过与民族地区高校合作、基本公共教育供给的市场领域洽谈，建

① 教育部关于印发《教育信息化十年发展规划(2011—2020年)》的通知[EB/OL].(2012-03-13)[2021-12-01]. http://www.moe.gov.cn/srcsite/A16/s3342/201203/t20120313_133322.html.

立“政产学研用”的民族地区基本公共教育政策决策的“智库大脑”人才储备库，并定期向外输送培养人才，引进基本公共教育领域的专家学者进行座谈传授，形成全方位和多层次的政策决策复合型人才储备库。

另一方面，形成“智库大脑”与政府的双向互动机制。政府和多元主体构成的“智库大脑”需要进行定期沟通，在沟通中打破数据孤岛和信息壁垒的限制，在沟通中发挥集体协作的作用，充分发挥“智库大脑”对民族地区基本公共教育政策的提升作用。一是建立独立的双向沟通渠道。为“智库大脑”构建沟通的绿色通道和快速热线，采取线上研讨、圆桌会议、走访互动等多元化的沟通方式，打破政府同“智库大脑”间的交流屏障。二是实行双向打分制。定期在民族地区基本公共教育政策决策的过程中，通过双向打分激励双方在政策决策中保持专业和科学的态度，提升政策决策的科学性。三是确保互动机制的公开、透明和公平。政府作为发挥主导作用的存在，要积极采纳“智库大脑”的政策建议，而“智库大脑”应该在政府引导下，注重内部成员的充分意见交流与平等沟通。

（三）推进各民族地区基本公共教育政策“一地一策”

民族地区基本公共教育政策变迁历程中，各民族地区在政策内容、政策主题、注意力分配、政策工具等方面均体现出了各自特色，但是总体来看同本地区实际情况结合得仍不够紧密，依然有充分的提升空间。2021 年召开的中央民族工作会议指出：“要提升民族事务治理体系和治理能力现代化水平。要根据不同地区、不同民族实际，以公平公正为原则，突出区域化和精准性，更多针对特定地区、特殊问题、特别事项制定实施差别化区域支持政策。”① 这一论述要求民族地区应该在实事求是结合实际的基础上，具体问题具体分析，共性之中体现出民族地区基本公共教育的一些额外需求。因此，“一地一策”充分体现了民族地区基本公共教育政策的决策水平和政策科学性，能够有力提升民族地区基本公共教育发展质量和水平。

---

① 习近平出席中央民族工作会议并发表重要讲话[EB/OL].（2021－08－28）[2021－12－01]. http://www.gov.cn/xinwen/2021－08/28/content_5633940.htm.

第一，要紧紧跟随中央层面政策导向。民族地区基本公共教育政策实现“一地一策”的前提在于紧紧跟随中央层面的政策导向。在政策变迁历程中，中央层面的基本公共教育政策驱动了民族地区基本公共教育政策，在各个方面中央层面均是主要导向；并且，中央层面的政策代表了一定时期内国家发展的战略规划，具有很高的决策水平。因此，民族地区基本公共教育政策在进行决策前，首先要形成专家组，对中央层面的政策从不同维度进行深刻理解和分析，只有牢牢把握政策总目标导向，深刻理解政策文件精神，科学分析在基本公共教育领域中央层面对于民族地区的政策意涵，才能在政策决策中符合国家发展的大方向，并且充分利用国家政策给民族地区带来的发展机遇。

第二，实地调研同先进经验相结合。“一地一策”需要以深入实地调研为基础，只有深入民族地区的实际，才能充分了解各民族地区人民群众对基本公共教育的真实需求。实地调研要在政策变迁的下一个阶段前展开，也要在下一个政策变迁阶段中展开，对不同民族、不同地区、不同时间等方面进行细致的实地考察，还要对基本公共教育硬件实力、师资力量、各教育阶段的需求层次、人民群众阶段性的满意度、需求和供给匹配度等各个方面开展调查。对这些实地调研的因素进行综合考虑，并将其作为后续政策科学决策的积累。此外，在实地调研的基础上，还要加强同其他地区先进经验的结合，通过专家和政府相关人员开展同民族地区相邻省份、对口帮扶省份的经验交流，积极学习政策决策的先进经验，在此基础上同民族地区实际相结合。

第三，发挥地方政府各个部门在政策决策中的协同作用。民族地区基本公共教育政策由中央主导，并在多个部委以及各民族地区地方政府协同中共同推进，政策本身不仅涉及主管教育领域发展的部门，还需要其他政府部门的协同。因此，政府部门之间要建立协同有效的沟通机制和联动工作方式，充分发挥各部门在民族地区基本公共教育政策中的不同作用。避免出现多部门交叉管理、职责混乱不清、步伐不一的局面。尤其注重基本公共教育政策的主体部分同其他政府部门分管的规则、标准和内容的统一，使各政府部门能够统一行动、步调一致、形成合力，共同提升民族地区基本公共教育政策决策水平。

三、加大民族地区基本公共教育政策执行力度

民族地区基本公共教育政策的继续完善，需要在执行过程中得到进一步检验，政策的有效执行能够在实践中检验政策的科学性和合理性，并在实践中促进民族地区基本公共教育政策走向完善。

（一）提升政策执行主体的素质

民族地区基本公共教育政策的落实，离不开政策执行主体的落实，因此除了客观环境带来的影响，政策执行主体的素质直接影响着民族地区基本公共教育政策的落实情况。

其一，培养政策执行主体的责任意识。政策执行主体的责任意识事关具体政策落实过程中的具体行为，要在政策执行前通过座谈会、动员会、宣讲会等培养其相应的主体意识，坚定对承担责任的履行，将民族地区基本公共教育政策以人民为中心的观念时时刻刻落实和灌输到政策执行主体的思想与行为中。同时要激励政策执行主体充分发挥主观能动性，使其在政策执行中灵活应对突发状况和问题。

其二，完善政策执行主体的选拔和培养机制。政策执行主体在一定程度上是民族地区基本公共教育政策效果落实的“形象代言人”，因此在初步选拔和后期培养中，需形成科学完善的选拔和培养机制。前期选拔应从个人能力、职业道德、责任意识等方面进行多方位考核，尤其注重选拔德才兼备的政策执行人才。在后续培养中为相关政策执行主体量身定做适合自身发展的个人规划，促使其充分发挥自身优势和能力。

其三，加强政策执行主体专业知识的学习。民族地区基本公共教育政策的执行是一个复杂的过程，尤其涉及民族地区复杂的主客观环境。这便需要定期加强政策执行主体对基本公共教育、公共政策、民族关系、民族理论等相关专业知识的学习，并通过定期考核的方式检验学习成果。通过学习专业知识提升政策执行主体的科学素养，由此提升民族地区基本公共教育政策的落实力度。

（二）平衡政策执行中的利益分配

尽管民族地区基本公共教育政策的出发点和落脚点是满足各民族地区人民群众基本公共教育需求。但是，落实这些目标过程中，在政策内容上涉及多元主体的不同利益，在政策执行中只有合理地对这些利益进行分配，才能最大限度地发挥民族地区基本公共教育政策效果。

一方面，建立合理的利益分配机制。民族地区基本公共教育政策涉及的利益比较复杂，不仅事关基本公共教育政策主体之间的利益，还涉及民族地区在民族关系、社会稳定、民族团结等方面的利益。因此，在政策执行的过程中，民族地区地方各级政府、各部门、各主体之间要加强协同，通过法规、行政、经济等手段科学合理地分配利益，尤其注重涉及各族人民利益、涉及民族关系和社会稳定利益分配时，要坚持科学谨慎的态度，在注重大局稳定和基本公共教育落实的情况下合理分配利益。

另一方面，完善科学的利益平衡机制。在民族地区基本公共教育政策利益分配的过程中，由于资源有限性的限制，以及多元主体对期望获取的政策利益的不同，如果平衡不好利益分配，基本公共教育政策就无法最大限度地落实。诸如，民族地区基本公共教育政策涉及民族地区一些人民群众的额外需求，如流动公共教育服务等方面，而这些额外的基本公共教育需求需要付出更多的人力和财力，并且要求政策制定更加科学合理，此时就需要政府发挥利益平衡的作用。诸如，通过合理地对市场主体在税收减免、商业用地、行政审批等方面给予优惠，平衡市场在基本公共教育供给中的利益获取。通过建立相应补偿机制平衡多元主体合理利益的获得，实现各方利益的均衡配比，促使民族地区基本公共教育政策有力执行。

（三）畅通政策执行中的信息传输

由于复杂的客观环境，民族地区基本公共教育政策执行较其他地方难度更大，当今社会信息已经成为“新石油”，此时保持信息传输的渠道畅通，能够在执行过程中充分确保信息的时效性，打破信息壁垒的限制，促使政策执行在准确的信息传递中实现动态化调整。

第一，构建多渠道的信息传输通道。要确保政策执行中信息能够及时通达各个主体，建立多渠道、多方式、多地点的信息传输渠道，诸如可以按照点对点的方式，为民族地区基本公共教育政策每项执行项目确定信息传输点，用于搜集和传达民族地区基本公共教育政策中动态化的关键信息，主要通过架构中介环节的方式避免信息在自上而下或自下而上的传递过程中失真、失误或缺失，从而确保民族地区基本公共教育政策每项环节执行到位。

第二，提高信息传递的时效性。民族地区基本公共教育政策由于处于相对复杂的政策环境中，因此影响政策执行的因素都是变化的，此时信息的时效性变得尤为重要。可以适当借助大数据、人工智能等技术，构建重大事项电子审批专用渠道、信息处理智能化平台等数字化渠道，减少信息传递在时效性上的延误，及时实现信息由下至上到由上至下的传输过程，从而实现政策执行过程中实时动态化调整。

第三，提高信息传递安全保障技术水平。民族地区基本公共教育政策在政策执行中，会因为利益分配等问题涉及一些敏感信息和涉密的政务信息。这些信息如果泄露将会极大地影响到政策执行的过程乃至政策目标的实现。因此，在建立信息传播渠道的同时也要提高信息安全保障技术水平，对涉密信息和一些关键政务信息实现加密传输和分层级访问授权，并且及时对这些信息进行相应的备份，在加强信息安全保障下提高信息的使用程度，从而确保政策执行力度的充分释放。

四、优化民族地区基本公共教育政策监督与评估体系

民族地区基本公共教育政策离不开政策监督与评估机制的作用发挥，在运行过程中通过对政策的监督，能够最大限度地确保政策发展过程遵循既定的政策目标，并能够及时纠偏执行政策过程中的不合理和“偏航”行为。政策评估能够通过科学合理的评价方法和手段，对下一次的政策制定产生优化与调整的积极作用。因此，优化民族地区基本公共教育政策监督与评估体系，能够推动政策走向更为优质的发展。

（一）完善政策监督机制

政策监督是公共政策监控主体在法律法规允许的范围内，实现对政策的多个环节和过程进行督促和监察的活动①。由于政策行为所带来的后果无法在政策制定和执行时完全预知，因此在政策行为开始之后进行跟踪监测与督查至关重要②，能够最大限度地保障政策行为的正确方向并符合政策制定时的期望目标。

其一，要制定符合民族地区基本公共教育发展实际的政策监督标准，促使政策监督行为规范化和标准化。合理的监督标准是科学开展政策监督的有效前提，同时也能确保政策执行在适当力度下达到实施效果，过严或过松的政策监督标准都不利于政策执行的科学开展。相关标准的制定要结合民族地区各地基本公共教育的现实发展状况、资源条件、政府治理能力、人才队伍素质等方面的综合因素。要做到分类监督、分区指导和突出重点，不能一概而论和采取“一刀切”的做法。此外，对监督标准的调整也要随着现实状况发生变化，尤其是面对特殊情况下的政策执行，更需要有相对灵活的政策监督标准去判定。

其二，形成多个主体和多个维度的监督体系。基本公共教育政策主要受众为各民族地区人民群众，因此不仅需要由政府成员组成的监督小组，还需要涵盖专家学者、公众和社会媒体。政府主体通过监督能切实体验到政策执行过程中的不足和缺陷，而专家学者能从相对专业的角度提出问题，促进政策进一步提升科学性，公众则促使基本公共教育政策执行更加贴近民生，社会媒体的反应灵敏度能催化监督的发生和及时整改，在多元主体的协同监督中，确保民族地区基本公共教育政策在各个环节的落实。

其三，完善教育督导问责机制。教育督导问责要义在于为教育教学改革与发展服务③。因此，要明确教育督导的职责所在，明确督导主体承担的义务和责任，构建以“谁问责、向谁问责、问什么责、怎么问责”等问

① 陈振明．公共政策分析[M]．北京:中国人民大学出版社,2003:298.

② 邓恩．公共政策分析导论[M]．谢明,等,译．北京:中国人民大学出版社,2002:369.

③ 王媛,陈恩伦．健全教育督导问责机制的路径探析[J]．教育研究,2016,37(5):34－39.

题为核心内容的督导体系，及时发挥监督作用，及时纠正民族地区基本公共教育政策过程中存在的问题。此外，还要组建一支专业化的教育督导队伍，利用专业知识和科学方法督导民族地区基本公共教育政策，并形成对民族地区基本公共教育政策在制定、执行、监督、反馈等各个维度和环节的监督，构建好职责同职位相匹配、责任同问题相关联的问责机制。

（二）构建科学的政策评估体系

评价政策执行的标准一般来源于可操作性和政策执行力两个方面，其中，好的政策执行力应该在一定时间和范围内得到相应的落实①。由此可见，对政策执行的评估重点在于是否符合政策目标、是否满足人民需求。因此，完善对民族地区基本公共教育政策的评估，能够有效提升民族地区基本公共教育政策的科学性。

第一，构建科学合理的政策评估指标。科学合理的评估指标体系能够客观地反映出政策执行过程中的效果，从而为日后政策的科学完善提供参考和指导。因此，民族地区基本公共教育政策评估的指标体系应该来自多个层次和多个维度，既要包括对国家政策的回应、对民族地区实际情况的考察，也要包括政策执行过程中来自公众满意度的评价，更要有对基本公共教育本身的评价，还要包括对社会价值贡献的评估。同时也要有来自多个时间节点的评估，由于民族地区不同时间节点的基本公共教育政策可能受到其他政策方针、社会经济发展走向、人民阶段性需求等因素的影响，因此需要结合民族地区的实际背景，动态化调整政策评估的指标体系，做到既坚持原则又与时俱进，构建起切实反映民族地区基本公共教育政策执行评估的指标体系。

第二，积极运用大数据、人工智能等先进技术，对政策进行智能化评估。大数据和人工智能先进技术将有效提高政策评价在多个环节和时间点的评估能力，政策评估不再局限于政策执行后的效果，而是涵盖了政策事

① 涂端午，魏巍．什么是好的教育政策[J]．教育研究，2014，35(1)：47－53，59.

前、事中和事后可能涉及的各个方面[①]。利用大数据和人工智能技术广泛搜集民族地区基本公共教育政策在每个变迁阶段的政策效果、公众满意度、执行过程中的问题等，实现对各民族地区人民群众关心的话题检测与跟踪、话题自动分类、命名主体识别等工作。对搜集的相关信息进行点对点、主体对项目、任务对任务、时间对任务的分析，实现大数据和人工智能技术对政策执行过程的全流程评估，及时知晓政策变迁过程中产生的问题，从而有针对性地指导政策进行改善。

第三，完善政策评估结果的绩效机制。科学合理的政策评估离不开后续衔接的绩效机制，完善的绩效机制能够发挥激励或者奖惩的作用，激发政策主体的热情，提升民族地区基本公共教育政策后续的科学化和民主化水平。因此，完善的绩效机制应该根据政策变迁以及政策本身的不同环节设定，并且结合相应的难度和评估结果进行科学合理的评判。在评判时要建立赏罚分明的规则和制度，坚持公平公正和公开的原则，奖励机制要多元化和灵活化，同政策主体的期望和意愿挂钩，为其提供多方位的激励补偿。惩罚机制则要严格把控、实事求是、坚持底线，充分发挥绩效机制的约束作用。

（三）加强监督与评估结果的分析

继续完善民族地区基本公共教育政策，还要对政策监督结果与评估结果进行充分的分析与合理的运用，充分利用评估结果数据的描述性、导向性、预测性等特征，在及时地“回头看”中不断推进民族地区基本公共教育政策的完善与发展。

其一，定期组织专家学者对监督和评估结果进行分析。民族地区地方政府内部可以构建监督与评估结果的定期汇报制度，充分掌握政策每个环节、每个阶段和每个过程的具体情况，制定相应的监督和评估报表。定期同基本公共教育领域的专家沟通并形成相应的报告，促使各部门和各人员相互监督、相互促进。组织专家学者对监督反馈的结果以及政策评估结果

---

① 魏航，王建冬，童楠楠．基于大数据的公共政策评估研究：回顾与建议［J］．电子政务，2016（1）：11－17.

进行科学的分析，在多元主体的集体智慧中积极听取意见和建议，取长补短地在理论与实践相结合的经验中完善相关政策，在具体实践中改善政策存在缺陷的地方。

其二，建立循证式的回溯分析机制。循证的内涵就是“把可能成为影响政策制定或执行的最佳证据放置于核心位置，从而帮助人们做出更好的决策”①。民族地区基本公共教育政策变迁历程本身就是一个螺旋上升的过程，因此有必要进行循证式的政策回溯分析，在理论与实践的结合中挖掘出最关键的影响因素以及关键步骤，不仅能最大限度地复盘整个政策过程，还能在复盘中及时发现问题，避免在下一阶段的政策变迁过程中产生同样的问题。因此，要培训并组织相关的政府人员、专业人员、社会公众等多元主体构成专门的循证式分析小组，广泛搜集行为信息、政策信息、时间信息、空间信息等同政策过程紧密相关的信息，在政策效果评估的帮助下进行相应的分析，在每一个阶段的政策实践中推动民族地区基本公共教育政策完善。

其三，定期向社会公布结果。监督和评估结果及时向社会、媒体和公众公开，有助于以透明、自省和负责任的态度提高评估的公信力，减少后续政策发展过程中的阻力。因此，在民族地区基本公共教育政策进行一段时间后，由政府出台相应的评估结果报告，通过定期召开发布会、举办记者问答会、政府接待开放日等活动，展现民族地区基本公共教育政策一段时期的评估结果，并根据结果做好相应的后续部署与行动计划，在多元主体的共同支持中提高民族地区基本公共教育政策的落实力度和执行质量，不断推动相关政策走向完善。

五、建立健全民族地区基本公共教育政策发展保障机制

民族地区基本公共教育政策想要进一步发展，还应做好政策发展的后备保障。因此，民族地区主要需从财政支持和人才队伍建设两个方面，建

---

① DAVIES P. What is evidence - based education? [J]. British journal of educational studies, 1999, 47(2): 108 - 121.

立健全民族地区基本公共教育政策发展保障机制，保障并推动政策效果持续性发挥，促使民族地区基本公共教育服务实现更为优质的提升，满足人民日益增长的美好生活需要。

（一）财政支持保障机制

实现教育的优先发展虽然需要各方面的相互配合与协调，但财政支持保障机制能够有效促使教育各个阶段在基础设施、人力资本、师资力量等方面的投入得到保障。① 人才引进、基础设施建设、服务提供、民意调研等方面均需要有来自财政的支持和保障，可以说，民族地区基本公共教育的推进与完善离不开完整的财政保障机制。

首先，要细化相应的财政支持政策。细化的财政支持政策能够在有限的财政资源下合理分配财政税收和支出，在后续的财政使用过程中也能在条件规制和约束中提升财政的科学性。因此，要细化相应的财政税收和支出的细则与条目，调整和优化各级各类的财政支持资源，形成合理的财政资源配置结构。在此基础上，通过给予多元主体一定的财政补贴、降低征税点、对积极承担社会责任的企业开通办事绿色通道等方式，减少各主体的资金压力，激发社会资本和多元主体参与供给的热情。还可以探索和开发由多元主体参与的基本公共教育供给项目、基本公共教育参与的与满意度挂钩的财政政策，以此调动广大多元主体的积极性。

其次，要完善财政转移支付制度。在财政分权体制下，民族地区公共服务的实现离不开财政转移支付为地方政府提供的财政能力。② 完善财政转移支付制度时，需因地制宜地结合民族地区区域发展差异，并综合考虑基本公共教育发展水平，基于对社会经济发展、人均 GDP、教育投入缺口等客观条件的综合考虑，科学合理地计算转移支付的额度，并在此基础上适当增加对民族地区的教育预算支出，为民族地区基本公共教育发展提供充足的后备资金。还可以基于基本公共服务均等化原则，按照中央财政制

① 张筱峰，刘剑．加强和优化我国教育投资的财政支持政策研究[J]．中国软科学，2003(4)：19－24.

② 吉富星，鲍曙光．中国式财政分权、转移支付体系与基本公共服务均等化[J]．中国软科学，2019(12)：170－177.

度探索民族地区之间、民族地区和其他帮扶省份之间的横向财政转移支付框架，发挥先进地区的带动和辐射作用，促进各民族地区提升基本公共教育服务供给质量和水平。

最后，要改变民族地区地方政府唯 GDP 考核为导向的绩效评价体系。唯 GDP 考核的绩效评价，容易在财政上大力投入对社会经济发展见效快的领域，忽视教育等具有长期收益属性的基本公共服务领域，不利于民族地区社会经济的长远发展。因此，要纠正地方政府重经济发展、轻基本公共教育服务的偏好。探索以基本公共教育投入产出比为目标的绩效考核，并将学生和家长的满意度、优质资源配置比、教育在扶贫和脱贫工作中的权重等作为主要参考指标进行评价。由此，还要建立实时动态、多方构成的财政支出审计和监督制度，采取事前审核、事中抽检、事后审查的闭环多方监督机制，避免教育专项专用资金、教育转移支付经费等财政资金被挪用、侵占、截留、违规使用等现象和问题的发生，保障基本公共教育转移支付经费完全投入于民族地区基本公共教育事业的发展。

（二）人才队伍建设保障机制

与其他发达地区相比，民族地区出于地理位置、气候条件、社会经济发展等原因，长期处于相对落后的状态，而且对人才支持和保障的政策力度不足，也使得民族地区人才流失严重，往往容易陷入人才流失和留不住人的尴尬境地，特别是在医疗、教育等行业较为明显[①]。此外，由于民族地区存在额外的基本公共教育需求，在教学语言和方式上也更为多样，这也为民族地区基本公共教育发展和管理增加了一定难度。基本公共教育要发挥教书育人的作用，最离不开的就是教育事业的人才储备。这些因素的叠加使得民族地区相关的人才队伍建设和人力资源储备无论是在数量上还是质量上，均处于薄弱环节。

为了加强民族地区基本公共教育的人才队伍建设，一方面，可以加大对教育事业的人才支持和引才力度，出台相应的政策和法规，从生活补

① 王凡，战勇．新时代贵州少数民族干部人才队伍建设研究[J]．贵州民族研究，2020，41(7)：158－163.

贴、工资绩效、住房补贴、子女入学、晋升渠道等方面按照科学评价标准给予优惠，保障相应基本公共教育人才的权利，促使他们愿意留下来、愿意走进来。为各类人才制订相应的双语培训计划和个人职业生涯发展规划，挖掘各类人才的特长特点，并将其输送至相应的岗位使其发光发热。可以采取“政产学研用”的“理论＋实践＋研究”培养模式，进一步培养高端的综合型人才，形成有层次、有特长又全面的民族地区教育人才体系。此外，还应定期向区外、国外等拥有先进经验的地区输送人才进行培训，定期聘请其他先进地区的专家学者、教育政策制定的政府人员等到区内进行经验传授，在“引进来与走出去”的培养模式和交流方式中，将先进的知识经验与民族地区的实际相结合，在多元化的理论学习与脚踏实地的实践中，创新性地发展民族地区基本公共教育。

另一方面，加强民族地区少数民族干部的培养和教育。在民族地区，本民族干部熟悉社会环境，并且在语言和文字方面有着先天优势，往往在深入基层的过程中了解各族人民的生活实际，有着较为深厚的群众基础，这为民族地区基本公共教育政策的解读、推行和完善提供了有力的人才保障。因此，要通过高校定向委托培养、双语培训、干部交流轮岗、基层实践、政产学研培训等方式，努力造就一支素质过硬、业务精良、能力突出，真正能够团结带领各族群众听党话跟党走、能够适应新时代民族工作新形势新任务新要求的干部队伍[①]，使之成为促进民族团结、社会稳定、社会经济发展的组织后盾，成为民族地区基本公共教育发展及其政策建言献策的先锋部队。

---

① 刘宝明．新时代坚持和完善民族区域自治制度的几个问题[J]．广西民族研究，2020(4)：9－15.

参考文献

一、中文著作类

[1]陈庆云．公共政策概论[M]．北京:中央广播电视大学出版社,2003.

[2]陈振明．公共政策学:政策分析的理论、方法和技术[M]．北京:中国人民大学出版社,2004.

[3]陈振明．公共政策分析[M]．北京:中国人民大学出版社,2003.

[4]费孝通．乡土中国[M]．北京:商务印书馆,2019.

[5]费孝通．江村经济[M]．上海:上海人民出版社,2006.

[6]费孝通．社会学在成长[M]．天津:天津人民出版社,1990.

[7]郭喜,等．教育、文化和就业基本公共服务均等化研究[M]．北京:中国社会科学出版社,2017.

[8]郭献进,蓝七妹,李丽芬．民族教育理论与政策述论[M]．长沙:湖南师范大学出版社,2011.

[9]国家民委民族问题研究中心．中国民族自治地方发展评估报告[M]．北京:民族出版社,2006.

[10]高放．马克思恩格斯要论精选[M]．北京:中央编译出版社,2016.

[11]郝时远．中国的民族与民族问题——论党解决民族问题的理论与实践[M]．南昌:江西人民出版社,1996.

[12]郝时远．中国特色解决民族问题之路[M]．北京:中国社会科学出版社,2016.

[13]胡锦涛．坚定不移沿着中国特色社会主义道路前进 为全面建成小康

社会而奋斗[M]. 北京:人民出版社,2012.

[14]黄萃. 政策文献量化研究[M]. 北京:科学出版社,2016.

[15]金东海. 少数民族教育政策研究[M]. 兰州:甘肃教育出版社,2002.

[16]李俊清. 变革与繁荣——民族地区公共管理的问题与挑战[M]. 北京:人民出版社,2009.

[17]李俊清. 族群和谐与公共治理[M]. 北京:生活·读书·新知三联书店,2019.

[18]牟冬莲. 民族地区义务教育发展研究[M]. 长春:吉林出版集团股份有限公司,2018.

[19]荣仕星,等. 中国民族地区公共政策研究[M]. 北京:人民出版社,2009.

[20]沈桂萍,石亚洲. 民族政策科学导论——当代中国民族政策理论研究[M]. 北京:中央民族大学出版社,1998.

[21]宋蜀华, 白振声. 民族学理论与方法[M]. 北京:中央民族大学出版社,1998.

[22]孙建军. 我国基本公共服务均等化供给政策研究[M]. 北京:知识产权出版社,2012.

[23]孙绵涛. 教育政策分析:理论与实务[M]. 重庆:重庆大学出版社,2011.

[24]唐卫青. 民族理论与民族政策教程[M]. 武汉:湖北人民出版社,2016.

[25]唐贤兴. 大国治理与公共政策变迁:中国的问题与经验[M]. 上海:复旦大学出版社, 2019.

[26]王希恩. 当代中国民族问题解析[M]. 北京:民族出版社,2002.

[27]王希恩. 马克思恩格斯列宁斯大林论民族[M]. 北京:中国社会科学出版社, 2013.

[28]王希恩. 全球化中的民族过程[M]. 北京:社会科学文献出版社,2009.

[29]王世忠. 民族地区教育均衡发展实证研究[M]. 南宁:广西人民出版

社,2019.

[30]中共中央国务院批准教育部 国家民委 关于加强民族教育工作的意见[M]//王振川. 中国改革开放新时期年鉴. 北京:中国民主法制出版社,1980:859-861.

[31]吴遵民. 教育政策学入门[M]. 上海:上海教育出版社,2010.

[32]韦志均. 我国民族地区经济发展研究[M]. 北京:北京理工大学出版社,2017.

[33]习近平. 论中国共产党历史[M]. 北京:中央文献出版社,2021.

[34]习近平. 论把握新发展阶段 贯彻新发展理念 构建新发展格局[M]. 北京:中央文献出版社,2021.

[35]习近平. 习近平谈治国理政:第1卷[M]. 北京:外文出版社,2018.

[36]习近平. 习近平谈治国理政:第2卷[M]. 北京:外文出版社,2017.

[37]习近平. 习近平谈治国理政:第3卷[M]. 北京:外文出版社,2020.

[38]杨清震. 西部大开发与民族地区经济发展[M]. 北京:民族出版社. 2004.

[39]杨武. 中国民族地理学[M]. 北京:中央民族学院出版社,1993.

[40]尹筑光. 新疆民族关系研究[M]. 乌鲁木齐:新疆人民出版社,1996.

[41]赵安君. 民族教育与民族经济[M]. 沈阳:辽宁大学出版社,1994.

[42]郑长德. 中国少数民族地区的后发赶超与转型发展[M]. 北京:经济科学出版社,2014.

二、英文著作及译作类

[1]BAUMGARTNER F R, JONES B D. The politics of information: problem definition and the course of public policy in America[M]. Chicago:University of Chicago Press, 2015.

[2]ELLIOTT O V, SALAMON L M. The tools of government: a guide to the new governance[M]. New York:Oxford University Press, 2002.

[3]JONES B D, BAUMGARTNER F R. The politics of attention: how government prioritizes problems[M]. Chicago:University of Chicago Press, 2005.

[4]SPETH J G. Punctuated equilibrium and the dynamics of US environmental policy[M]. New Haven: Yale University Press, 2008.

[5]马克思. 资本论选读和简论[M]. 北京:华夏出版社,2016.

[6]鲍姆加特纳, 琼斯. 美国政治中的议程与不稳定性[M]. 曹堂哲,等,译. 北京: 北京大学出版社, 2011.

[7]邓恩. 公共政策分析导论[M]. 谢明,等,译. 北京:中国人民大学出版社,2002.

[8]斯图尔特,赫奇,莱斯特. 公共政策导论[M]. 韩红,译. 北京:中国人民大学出版社,2004.

[9]斯密. 国富论[M]. 张兴,等,译. 北京:北京出版社,2007.

[10]萨巴蒂尔. 政策过程理论[M]. 彭宗超,等,译. 北京:生活·读书·新知三联书店, 2004.

[11]琼斯. 再思民主政治中的决策制定:注意力、选择和公共政策[M]. 李丹阳,等,译. 北京:北京大学出版社, 2010.

[12]格斯顿. 公共政策的制定、程序和原理[M]. 朱子文,译. 重庆:重庆出版社,2001.

[13]李侃如. 治理中国:从革命到改革[M]. 胡国成,等,译. 北京:中国社会科学出版社, 2010.

[14]戴伊. 理解公共政策[M]. 彭勃,等,译. 北京:华夏出版社. 2004.

[15]金登. 议程、备选方案与公共政策[M]. 丁煌,译. 北京:中国人民大学出版社,2004.

三、期刊论文类

[1]ACKRILL R, KAY A, ZAHARIADIS N. Ambiguity, multiple streams, and EU policy[J]. Journal of European public policy, 2013, 20(6): 871 -887.

[2]BOYDSTUN A E, BEVAN S, THOMAS Ⅲ H F. The importance of attention diversity and how to measure it[J]. Policy studies journal, 2014, 42(2): 173 -196.

[3]BUCHANAN J M. An economic theory of clubs[J]. Economica, 1965, 32

(125): 1 - 14.

[4] CHAN K, ZHAO S. Punctuated equilibrium and the information disadvantage of authoritarianism: evidence from the People's Republic of China [J]. Policy studies journal, 2016, 44(2):134 - 155.

[5] CHATTERJEE I, LI I, ROBITAILLE M C. An overview of India's primary school education policies and outcomes 2005 - 2011 [J]. World development, 2018, 106:99 - 110.

[6] CINCOTTA - SEGI A R. "The big ones swallow the small ones" or do they? Language - in - education policy and ethnic minority education in the Lao PDR [J]. Journal of multilingual & multicultural development, 2011, 32(1):1 - 15.

[7] DAVIES P. What is evidence - based education? [J]. British journal of educational studies, 1999, 47(2): 108 - 121.

[8] DOWDING K, HINDMOOR A, ILES R, et al. Policy agendas in australian politics: the governor - general's speeches, 1945 - 2008 [J]. Australian journal of political science, 2010, 45(4): 533 - 557.

[9] DRIESSEN G. The limits of educational policy and practice? The case of ethnic minorities in the Netherlands [J]. Comparative education, 2000, 36(1): 55 - 72.

[10] EWALT J A G, JENNINGS Jr E T. Administration, governance, and policy tools in welfare policy implementation [J]. Public administration review, 2004, 64(4): 449 - 462.

[11] HALL P A. Policy paradigms, social learning, and the state: the case of economic policymaking in Britain [J]. Comparative politics, 1993: 275 - 296.

[12] HOOFNAGLE C J. Beyond Google and evil: how policy makers, journalists and consumers should talk differently about Google and privacy [J]. First Monday, 2009(14):4 - 6.

[13] HORNBERGER N H. Bilingual education policy and practice in the Andes: ideological paradox and intercultural possibility [J]. Anthropology & education quarterly, 2000, 31(2): 173 - 201.

[14] HOWLETT B M. The lessons of learning: reconciling theories of policy

learning and policy change[J]. Policy sciences, 1992, 25(3):275 –294.

[15]HOWLETT B M. Issue – attention and punctuated equilibria models reconsidered: an empirical examination of the dynamics of agenda – setting in Canada[J]. Canadian journal of political science/revue canadienne de science politique, 1997: 3 –29.

[16]HUTCHISON A J, JOHNSTON L H, BRECKON J D. Using QSR – NVivo to facilitate the development of a grounded theory project: an account of a worked example [J]. International journal of social research methodology, 2010, 13(4): 283 –302.

[17]HOGWOOD B W, PETERS B G. The dynamics of policy change: policy succession[J]. Policy sciences, 1982, 14(3): 225 –245.

[18]JONES B D, BAUMGARTNER F R, BREUNIG C, et al. A general empirical law of public budgets: a comparative analysis[J]. American journal of political science, 2009, 53(4): 855 –873.

[19]JONES B D, BAUMGARTNER F R, TRUE J L. Policy punctuations: US budget authority, 1947 –1995[J]. The journal of politics, 1998, 60(1): 1 –33.

[20]JONES B D, BAUMGARTNER F R. A model of choice for public policy[J]. Journal of public administration research and theory, 2005, 15(3): 325 –351.

[21]JONES B D, BAUMGARTNER F R. From there to here: punctuated equilibrium to the general punctuation thesis to a theory of government information processing[J]. Policy studies journal, 2012, 40(1): 1 –20.

[22]LARSEN – PRICE H A. The right tool for the job: the canalization of presidential policy attention by policy instrument[J]. Policy studies journal, 2012, 40 (1): 147 –168.

[23]OVANDO C J. Bilingual education in the United States: historical development and current issues[J]. Bilingual research journal, 2003, 27(1): 1 –24.

[24]OZTURK I. The role of education in economic development: a theoretical perspective[J]. Journal of rural development and administration, 2001, 33(1):39 –47.

[25]PRINSEN S. Punctuated equilibrium theory and the European Union[J]. Journal of European public policy, 2013, 20(6): 854 –870.

[26]PRINDLE D F. Importing concepts from biology into political science: the case

of punctuated equilibrium[J]. Policy studies journal, 2012, 40(1): 21 –44.

[27] RIDDE V. Policy implementation in an African state: an extension of Kingdon's Multiple – Streams Approach[J]. Public administration, 2009, 87(4): 938 –954.

[28] ROGER D, RUKSANA O ,BUCHLER M . Education policy studies in South Africa, 1995 –2006[J]. Journal of education policy, 2010, 25(1):95 –110.

[29] SABATIER P A, WEIBLE C M. The advocacy coalition framework[J]. Theories of the policy process, 2007, 2: 189 –220.

[30] SABATIER P A. The advocacy coalition framework: revisions and relevance for Europe[J]. Journal of European public policy, 1998, 5(1): 98 –130.

[31] SAMUELSON P A. The pure theory of public expenditure[J]. The review of economics and statistics, 1954: 387 –389.

[32] SAURUGGER S, TERPAN F. Do crises lead to policy change? The multiple streams framework and the European Union's economic governance instruments [J]. Policy sciences, 2016, 49(1): 35 –53.

[33] SCHNEIDER A, INGRAM H. Behavioral assumptions of policy tools[J]. The journal of politics, 1990, 52(2): 510 –529.

[34] SIMON H A. Theories of bounded rationality[J]. Decision and organization, 1972, 1(1): 161 –176.

[35] TAUSCZIK Y R, PENNEBAKER J W. The psychological meaning of words: LIWC and computerized text analysis methods[J]. Journal of language and social psychology, 2010, 29(1): 24 –54.

[36]阿木古楞,苏德. 新中国成立70年内蒙古民族教育政策的逻辑进路与时代走向[J]. 民族教育研究,2019,30(5):37 –44.

[37]白维军. 流动公共服务与边疆民族地区社会治理[J]. 民族研究,2017(3):14 –26,122 –123.

[38]白贝迩. 民族地区教育政策评估指标体系的建构——基于政策生命周期理论与教育政策评估标准双维度[J]. 青海民族研究,2021,32(1):47 –52.

[39]曹淑江. 发展中国家的经济发展战略与教育发展优先次序[J]. 教育

研究,2016,37(9):135-142.

[40]曹燕. 政策工具视角下的基础教育公平:回顾与前瞻——基于1979—2016年基础教育公平政策的文本分析[J]. 教育科学,2017,33(4):24-31.

[41]陈昌盛,蔡跃洲. 中国政府公共服务:基本价值取向与综合绩效评估[J]. 财政研究,2007(6):20-24.

[42]陈海威. 中国基本公共服务体系研究[J]. 科学社会主义,2007(3):98-100.

[43]陈建樾. 以制度和法治保护少数民族权利——中国民族区域自治的路径与经验[J]. 民族研究,2009(4):1-11,108.

[44]陈丽君,傅衍. 我国公共政策执行逻辑研究述评[J]. 北京行政学院学报,2016(5):37-46.

[45]陈姝. 新时代民族地区构建中华民族共同体的价值彰显、现实困境与突破路径[J]. 云南民族大学学报(哲学社会科学版),2020,37(4):22-27.

[46]陈全功,程蹊. 民族地区的基本公共服务均等化:涵义、现状水平的衡量[J]. 中南民族大学学报(人文社会科学版),2008(5):97-102.

[47]陈思丞,孟庆国. 领导人注意力变动机制探究——基于毛泽东年谱中2614段批示的研究[J]. 公共行政评论,2016,9(3):148-176,189-190.

[48]陈潭. 公共政策变迁的过程理论及其阐释[J]. 理论探讨,2006(6):128-131.

[49]陈震聃. 公共政策与政府治理能力[J]. 学术论坛,2015,38(9):15-19,52.

[50]褚宏启. 教育现代化的本质与评价——我们需要什么样的教育现代化[J]. 教育研究,2013,34(11):4-10.

[51]单菲菲,高秀林. 基于DEA方法的新疆基本公共服务财政支出绩效评价——以新疆14个地州市为例[J]. 新疆社会科学,2015(2):33-38.

[52]单菲菲,张雅茹. 边疆民族地区对口支援政策的结构特征与历史演进——基于1979—2019年的政策文本量化分析[J]. 中南民族大学学报(人文社会科学版),2021,41(4):45-53.

[53]邓成明,阳建勋. 论基本公共服务均等化的宪法价值[J]. 太平洋学

报,2009(11):72－75.

[54]邓旭. 制度规约下的我国教育政策执行[J]. 教育理论与实践,2008(1):24－27.

[55]董振华."以人民为中心"的理论逻辑和政治价值[J]. 中共中央党校学报,2017,21(6):27－33.

[56]董志强. 制度及其演化的一般理论[J]. 管理世界,2008(5):151－165.

[57]范逢春. 建国以来基本公共服务均等化政策的回顾与反思:基于文本分析法的视角[J]. 上海行政学院学报,2016,17(1):46－57.

[58]丰雷,郑文博,张明辉. 中国农地制度变迁70年:中央—地方—个体的互动与共演[J]. 管理世界,2019,35(9):30－48.

[59]冯立鳌. 新时代·新思想·新特征——习近平新时代中国特色社会主义思想及其理论特征[J]. 广东社会科学,2018(1):5－10,254.

[60]冯元,俞海宝. 我国特殊教育政策变迁的历史演进与路径依赖——基于历史制度主义分析范式[J]. 教育学报,2017,13(3):92－101.

[61]淦思明,王磊. 近年来国内关于中华民族共同体意识研究述评[J]. 云南行政学院学报,2021,23(1):12－21.

[62]高萍. 区域基本公共教育均等化现状、成因及对策——基于全国各省(市、自治区)面板数据的分析[J]. 宏观经济研究,2013(6):91－97.

[63]高亚雄. 对新形势下坚持和完善民族区域自治制度的思考[J]. 贵州民族研究,2003(3):7－11.

[64]高永久,秦伟江. 民族自治地方政府管理创新研究:动因、模式和路径选择[J]. 甘肃社会科学,2006(6):144,235－238.

[65]国家行政学院课题组,姜异康,袁曙宏,韩康. 关于公共服务体系和服务型政府建设的几个问题(下)[J]. 国家行政学院学报,2008(5):17－23.

[66]郝时远. 我国的教育实现程度与少数民族地区教育需求程度的特殊性[J]. 民族研究,1985(6):7－15.

[67]郝亚明,赵俊琪. 改革开放以来中国民族政策的变迁——基于共词分析方法和政策工具的视角[J]. 中南民族大学学报(人文社会科学版),2018,38(3):16－22.

[68]胡伶．教育政策评估标准体系的架构研究[J]．教育理论与实践，2008,28(34):20－24.

[69]胡永宏．对TOPSIS法用于综合评价的改进[J]．数学的实践与认识，2002(4):572－575.

[70]胡祖才．努力推进基本公共教育服务均等化[J]．教育研究,2010,31(9):8－11.

[71]黄晨．政治学的“行动—过程”视角——重思林德布洛姆及其方法论意义[J]．政治学研究,2015(5):32－45.

[72]黄萃,赵培强,苏竣．基于政策工具视角的我国少数民族双语教育政策文本量化研究[J]．清华大学教育研究,2015,36(5):88－95.

[73]黄扬,李伟权．网络舆情推动下的网约车规制政策变迁逻辑——基于多源流理论的案例分析[J]．情报杂志,2018,37(8):84－91.

[74]吉富星,鲍曙光．中国式财政分权、转移支付体系与基本公共服务均等化[J]．中国软科学,2019(12):170－177.

[75]纪念改革开放40周年系列选题研究中心,王佳宁,盛朝迅．重点领域改革节点研判:供给侧与需求侧[J]．改革,2016(1):35－51.

[76]贾康,苏京春．论供给侧改革[J]．管理世界,2016(3):1－24.

[77]江文路．从控制型政府管理到回应型政府治理——重塑民众政治信任差序格局的改革探索[J]．党政研究,2020(2):90－99.

[78]姜晓萍,郭宁．我国基本公共服务均等化的政策目标与演化规律——基于党的十八大以来中央政策的文本分析[J]．公共管理与政策评论,2020,9(6):33－42.

[79]蒋雅俊．改革开放以来学前教育政策的变迁:历史制度主义视角[J]．教育发展研究,2019,39(8):33－40.

[80]蒋云根．我国现阶段教育公共服务存在的问题及对策研究[J]．天津行政学院学报,2008(1):53－58.

[81]康翠萍,邓锐．民族地区学前教育政策回顾与新时代发展构想[J]．中南民族大学学报(人文社会科学版),2019,39(6):72－77.

[82]康翠萍,余双双．少数民族双语教育教师队伍建设探析[J]．中南民族

大学学报(人文社会科学版),2018,38(6):52 – 56.

[83]蓝志勇,苗爱民,李东泉. 深化府际关系改革 推动城乡协调发展[J]. 中国行政管理,2016(11):30 – 35.

[84]李钢. 新中国70年经济体制变革的统一逻辑[J]. 首都经济贸易大学学报,2020,22(1):3 – 9.

[85]李家深,李文军. 教育公平政策注意力的演进及走向探析——基于《教育部工作要点》的研究[J]. 广西社会科学,2013(2):185 – 188.

[86]李健,成鸿庚,贾孟媛. 间断均衡视角下的政社关系变迁:基于1950—2017年我国社会组织政策考察[J]. 中国行政管理,2018(12):66 – 71.

[87]李少惠,王婷. 我国公共文化服务政策的演进脉络与结构特征——基于139份政策文本的实证分析[J]. 山东大学学报(哲学社会科学版),2019(2):57 – 67.

[88]李祥,王路路,陈凤. 我国民族教育政策变迁的脉络、特征与展望——基于《教育部工作要点》的文本研究[J]. 民族教育研究,2019,30(1):19 – 29.

[89]李雪峰,王慧,贾晋. 民族地区农村普惠性学前教育政策绩效评估——基于四川省"一村一幼"计划的实证研究[J]. 民族教育研究,2020,31(4):123 – 131.

[90]刘国新. 马克思主义民族发展观的逻辑内涵和实践创新[J]. 贵州民族研究,2019,40(8):8 – 14.

[91]刘宝明. 新时代坚持和完善民族区域自治制度的几个问题[J]. 广西民族研究,2020(4):9 – 15.

[92]刘开君. 公共政策变迁间断 – 平衡模型的修正及应用——兼论新中国科研政策变迁的渐进与突变规律[J]. 北京社会科学,2016(11):112 – 120.

[93]刘梅. 民族地区基本公共服务均等化的实现路径:基于财政收支结构的分析[J]. 西南民族大学学报(人文社会科学版),2010,31(6):189 – 192.

[94]刘琼莲. 论基本公共教育服务均等化及其判断标准[J]. 中国行政管理,2014(10):33 – 36.

[95]刘尚希. 基本公共服务均等化:现实要求和政策路径[J]. 浙江经济,2007(13):24 – 27.

[96]刘天,程建坤. 改革开放40年我国义务教育均衡发展的政策变迁、动因和经验[J]. 基础教育,2018,15(6):22－31.

[97]刘伟. 文本分析法在公共管理学研究中的应用[J]. 中国行政管理,2014(6):93－98.

[98]刘熙瑞. 服务型政府——经济全球化背景下中国政府改革的目标选择[J]. 中国行政管理,2002(7):5－7.

[99]刘晓燕,侯文爽,单晓红,等. 多层级视角下京津冀科技创新政策府际关系研究[J]. 科技进步与对策,2019,36(8):115－123.

[100]刘云,叶选挺,杨芳娟,等. 中国国家创新体系国际化政策概念、分类及演进特征——基于政策文本的量化分析[J]. 管理世界,2014(12):62－69,78.

[101]龙翠红,易承志. 基本公共服务均等化、义务教育均衡发展与公共政策优化——我国义务教育政策变迁与路径分析[J]. 湘潭大学学报(哲学社会科学版),2017,41(6):14－20.

[102]龙立军. 间断平衡理论视角下70年中国少数民族教育政策变迁分析[J]. 云南民族大学学报(哲学社会科学版),2020,37(1):22－31.

[103]卢海阳,郑逸芳,黄靖洋. 公共政策满意度与中央政府信任——基于中国16个城市的实证分析[J]. 中国行政管理,2016(8):92－99.

[104]骆苗,毛寿龙. 理解政策变迁过程:三重路径的分析[J]. 天津行政学院学报,2017,19(2):58－65.

[105]吕芳. 公共服务政策制定过程中的主体间互动机制——以公共文化服务政策为例[J]. 政治学研究,2019(3):108－120,128.

[106]吕武. 改革开放以来我国学前教育政策嬗变的动力变迁及其优化路径——基于多源流理论的考察[J]. 现代教育管理,2018(2):45－50.

[107]马广奇. 制度变迁理论:评述与启示[J]. 生产力研究,2005(7):225－227,230－243.

[108]马立政. 社会主义经济发展必须精准把握“政治是经济的集中表现”——纪念列宁诞辰150周年[J]. 毛泽东邓小平理论研究,2020(12):62－68,105.

[109]马尚云. 民族发展的整体系统观[J]. 内蒙古社会科学(文史哲版),

1990(1):37－42.

[110]孟溦,张群．公共政策变迁的间断均衡与范式转换——基于1978—2018年上海科技创新政策的实证研究[J]．公共管理学报,2020,17(3):1－11,164.

[111]南锐,王新民,李会欣．区域基本公共服务均等化水平的评价[J]．财经科学,2010(12):58－64.

[112]倪红日,张亮．基本公共服务均等化与财政管理体制改革研究[J]．管理世界,2012(9):7－18,60.

[113]宁洁,韩桥生．以人民为中心:我国国家治理现代化的价值导向[J]．江西社会科学,2020,40(6):186－194.

[114]潘玲霞．"共同富裕"与"成果共享"——中国特色社会主义理论体系中的民生思想[J]．社会主义研究,2009(1):40－43.

[115]濮岚澜．我国学生贷款政策变迁研究[J]．教育发展研究,2007(9):9－14,23.

[116]祁志伟．民族学研究前沿热点分布及其发展趋势——基于国家民委民族研究项目(2014—2018)的分析[J]．广西民族研究,2018(5):61－69.

[117]青觉．马克思主义民族理论的新飞跃——习近平新时代中国特色社会主义民族理论研究[J]．中央民族大学学报(哲学社会科学版),2017,44(6):12－20.

[118]任丙强．地方政府环境政策执行的激励机制研究:基于中央与地方关系的视角[J]．中国行政管理,2018(6):129－135.

[119]任维德．当代中国府际关系中的中央与民族自治地方关系及其重构[J]．内蒙古大学学报(人文社会科学版),2007(4):58－65.

[120]宋心然．中国网约车监管政策变迁研究——以倡议联盟框架为分析视角[J]．中国行政管理,2017(6):103－107.

[121]宋雄伟,张翔,张婧婧．国家治理的复杂性:逻辑维度与中国叙事——基于"情境—理论—工具"的分析框架[J]．中国行政管理,2019(10):69－74.

[122]苏德,张良,江涛．新时代背景下的少数民族双语教育:机遇·挑战·策略[J]．民族教育研究,2019,30(4):69－74.

[123]苏利阳,王毅. 中国"央地互动型"决策过程研究——基于节能政策制定过程的分析[J]. 公共管理学报,2016,13(3):1-11,152.

[124]孙欢. 间断平衡框架及在我国政策分析中的适用性:基于政策范式[J]. 甘肃行政学院学报,2016(6):31-42,126.

[125]孙绵涛. 关于教育政策分析若干理论问题的探讨[J]. 教育研究与实验,2002(2):1-6,72.

[126]孙杰远,韩小凡. 70年少数民族基础教育发展的"中国经验"[J]. 民族教育研究,2019,30(6):5-14.

[127]石火学. 教育政策创新解读:基于公共政策的视角[J]. 江苏高教,2013(6):8-11.

[128]唐皇凤. 使命型政党:新时代党长期执政能力建设的政治基础[J]. 武汉大学学报(哲学社会科学版),2018,71(3):37-47.

[129]陶鹏,初春. 府际结构下领导注意力的议题分配与优先:基于公开批示的分析[J]. 公共行政评论,2020,13(1):63-78,197.

[130]田烨,于梦杰,秉浩. 坚持以人民为中心是新时代推进西部大开发的根本立场与价值导向[J]. 贵州民族研究,2020,41(11):152-158.

[131]涂端午,魏巍. 什么是好的教育政策[J]. 教育研究,2014,35(1):47-53,59.

[132]韦兰明,李文钰,张莹. 新中国民族团结进步教育发展脉络及演变特征[J]. 贵州民族研究,2021,42(5):156-162.

[133]王凡,战勇. 新时代贵州少数民族干部人才队伍建设研究[J]. 贵州民族研究,2020,41(7):158-163.

[134]王刚,王誉晓. 倡议联盟框架的理论验证与应用改进——基于典型邻避案例的分析[J]. 公共管理与政策评论,2020,9(5):58-72.

[135]王海峰. 民族地区公共政策执行中的影响变量分析[J]. 西北师大学报(社会科学版),2015,52(2):60-68.

[136]王茂侠. 边疆民族地区发展和稳定的特殊工作机制——以五次中央西藏工作座谈会为中心[J]. 民族研究,2012(6):25-32,108.

[137]王浦劬. 论转变政府职能的若干理论问题[J]. 国家行政学院学报,

2015(1):31－39.

[138]王胜章．加强民族自治地方政府公共服务建设需要注意的几个问题[J]．云南行政学院学报,2006(3):104－107.

[139]王维平,朱安军．以政治认同持续推进中华民族共同体建构[J]．西北师大学报(社会科学版),2020,57(3):29－36.

[140]王英伟．政府注意力差异化配置对公共政策样态的塑造——以中国生育政策为例[J]．吉首大学学报(社会科学版),2019,40(4):143－152.

[141]王媛,陈恩伦．健全教育督导问责机制的路径探析[J]．教育研究,2016,37(5):34－39.

[142]王延中．铸牢中华民族共同体意识 建设中华民族共同体[J]．民族研究,2018(1):1－8,123.

[143]王世忠,王明露．中国共产党民族教育政策的三重逻辑[J]．中南民族大学学报(人文社会科学版),2021,41(10):80－88.

[144]魏福成,胡洪曙．我国基本公共服务均等化:评价指标与实证研究[J]．中南财经政法大学学报,2015(5):26－36.

[145]魏国红,郑万军．民族政策与国家整合:中国民族政策与民族关系的趋向[J]．贵州民族研究,2019,40(2):1－7.

[146]魏航,王建冬,童楠楠．基于大数据的公共政策评估研究:回顾与建议[J]．电子政务,2016(1):11－17.

[147]文宏．间段均衡理论与中国公共政策的演进逻辑——兰州出租车政策(1982—2012)的变迁考察[J]．公共管理学报,2014,11(2):70－80,142.

[148]吴敏．我国反对民族分裂主义政策的监督机制与效果分析——以新疆地区为例[J]．江南社会学院学报,2008(2):57－61.

[149]夏旭彦,王延隆．建党百年民族教育政策的发展特征与基本经验——基于党的重要政策文献的分析[J]．民族教育研究,2021,32(3):15－22.

[150]谢德新,邱佳．回顾与研判:改革开放以来我国民族职业教育政策的变迁逻辑与趋势展望[J]．中国职业技术教育,2019(16):49－55.

[151]谢新水．从服务型政府到人民满意的服务型政府——一个话语路径的分析[J]．探索,2018(2):144－151.

[152]徐黎丽,韩静茹. 论中华民族共同体的现代含义[J]. 思想战线,2021,47(1):52-60.

[153]徐晓新,张秀兰. 将家庭视角纳入公共政策——基于流动儿童义务教育政策演进的分析[J]. 中国社会科学,2016(6):151-169,207.

[154]徐绪卿,王一涛. 论我国民办高等教育政策从"规范"向"扶持"的转型[J]. 高等教育研究,2013,34(8):42-48.

[155]徐则平. 边疆少数民族地区教育的宗教影响及对策[J]. 贵州民族研究,2007(5):143-148.

[156]徐喆,李春艳. 我国科技政策演变与创新绩效研究——基于政策相互作用视角[J]. 经济问题,2017(1):11-16,102.

[157]许阳. 中国海洋环境治理政策的概览、变迁及演进趋势——基于1982—2015年161项政策文本的实证研究[J]. 中国人口·资源与环境,2018,28(1):165-176.

[158]薛二勇,李健,单成蔚,等. 实现基本公共教育服务均等化——《中国教育现代化2035》的战略与政策[J]. 中国电化教育,2019(10):1-7.

[159]鄢一龙. 党的领导与中国式善治[J]. 行政管理改革,2020(1):16-25.

[160]谢治菊,朱绍豪. 民族教育政策实施效果评估:理论基础、指标设计与应用反思[J]. 民族教育研究,2017,28(5):5-11.

[161]杨波. 论基本公共服务均等化的演进特征与变迁逻辑——基于2006—2018年政策文本分析[J]. 西南民族大学学报(人文社会科学版),2019,40(5):196-202.

[162]杨代福. 西方政策变迁研究:三十年回顾[J]. 国家行政学院学报,2007(4):104-108.

[163]杨胜才,柳劲松,苏美玲. 广西壮族自治区双语教育政策绩效研究[J]. 云南民族大学学报(哲学社会科学版),2017,34(5):146-151.

[164]杨瑾瑜. 政策、公共政策、教育政策的内涵及其逻辑关系分析[J]. 湖南师范大学教育科学学报,2012,11(3):95-99.

[165]虞晓芬,傅玳. 多指标综合评价方法综述[J]. 统计与决策,2004(11):119-121.

[166]郁建兴．中国的公共服务体系:发展历程、社会政策与体制机制[J]．学术月刊,2011,43(3):5－17.

[167]喻登科,周荣,郎益夫．我国区域基础教育资源配置均等化指数测量的实证——基于2000—2009年面板数据的分析[J]．情报杂志,2011,30(12):99－107.

[168]袁梅,张良,田联刚．民族基础教育政策变迁历程、逻辑及展望[J]．西南民族大学学报(人文社会科学版),2020,41(5):219－225.

[169]袁同凯,朱筱煦．发展民族地区教育事业 铸牢中华民族共同体意识[J]．西北师大学报(社会科学版),2020,57(1):22－29.

[170]张艾力．论民族关系和谐视阈下的教育公平[J]．民族教育研究,2011,22(5):35－38.

[171]张国兴,高秀林,汪应洛,等．政策协同:节能减排政策研究的新视角[J]．系统工程理论与实践,2014,34(3):545－559.

[172]张恒山．党的领导与执政辨析[J]．中国社会科学,2004(1):4－17,205.

[173]张锁庚．从问题导向、过程导向到主体导向——公共政策研究的新视角[J]．南京社会科学,2008(3):44－49.

[174]张筱峰,刘剑．加强和优化我国教育投资的财政支持政策研究[J]．中国软科学,2003(4):19－24.

[175]张序,方茜．民族地区基本公共服务均等化分析[J]．经济体制改革,2009(4):138－141.

[176]张宇燕．理解百年未有之大变局[J]．国际经济评论,2019(5):4,9－19.

[177]张学敏,石泽婷．民族教育发展与中华民族共同体意识建设的内生逻辑——新中国70年民族教育及其政策回溯与前瞻[J]．西南大学学报(社会科学版),2019,45(4):5－18,197.

[178]赵刚．民族政策与中华民族共同体意识的建构[J]．学术界,2017(2):86－96,323－324.

[179]赵利堂,谢长法．我国民办职业教育政策变迁的内在逻辑——基于

倡导联盟框架(ACF)的视角[J]. 教育发展研究,2016,36(23):15-21.

[180]赵彦俊,卢政婷. 我国发展少数民族学前教育的成就、问题与建议——基于政策的视角[J]. 民族教育研究,2015,26(1):5-11.

[181]郑毅. 论民族区域自治法治发展的“因地制宜”和“与时俱进”[J]. 云南社会科学,2019(6):86-94.

[182]中国行政管理学会课题组,贾凌民. 政府公共政策绩效评估研究[J]. 中国行政管理,2013(3):20-23.

[183]周平. 民族区域自治制度的内在逻辑[J]. 学术界,2019(6):5-18.

[184]周振江,何悦,刘毅. 深圳科技创新政策体系的演进历程与效果分析[J]. 科技管理研究,2020,40(3):27-31.

[185]朱光,鲍曙光. 转移支付与地方政府公共支出偏向——基于面板门槛效应的分析[J]. 运筹与管理,2019,28(12):153-161.

[186]朱旭峰,吴冠生. 中国特色的央地关系:演变与特点[J]. 治理研究,2018,34(2):50-57.

[187]朱亚鹏,孙小梅. 政策学习与政策变迁:以人才住房政策为例[J]. 广东社会科学,2020(5):178-188,256.

[188]庄爱玲,朱盈盈. 基于泰尔指数的我国学前教育服务均等化水平实证研究[J]. 教育与经济,2018(6):65-73.

[189]左宏愿. 民族地区政治稳定理论探析:内涵、特征与影响因素[J]. 广西民族研究,2011(2):17-23.

四、其他类

[1]丹珠昂奔. 沿着中国特色解决民族问题的道路前进[N]. 中国民族报,2014-11-07(5).

[2]高小平. 行政管理体制改革的关键是转变政府职能[N]. 人民日报,2008-02-27(2).

[3]肖楠. “世界处于百年未有之大变局”[N]. 北京日报,2019-01-14(13).

[4]中央民族工作会议暨国务院第四次全国民族团结进步表彰大会[EB/OL].

(2005－05－28)[2021－10－10]. https://www. gmw. cn/01gmrb/2005－05/28/content_240705. htm.

[5]内蒙古自治区国民经济和社会发展第十一个五年规划纲要内蒙古自治区教育事业“十一五”发展规划[EB/OL]. (2006－07－17)[2021－07－16]. http://fgw. nmg. gov. cn/ywgz/fzgh/202103/t20210326_1314927. html.

[6]内蒙古自治区“十三五”教育事业发展规划[EB/OL]. (2017－09－27)[2021－09－12]. https://www. nmg. gov. cn/zwgk/zfxxgk/zfxxgkml/ghxx/202012/t20201208 _312925. html.

[7]自治区人民政府关于统筹推进县域内城乡义务教育一体化改革发展的实施意见[EB/OL]. (2017－07－04)[2021－09－12]. http://www. nx. gov. cn/zwgk/qzfwj/201801/t20180115_669372. html.

[8]习近平主持召开中央全面深化改革委员会第十六次会议强调 全面贯彻党的十九届五中全会精神 推动改革和发展深度融合高效联动[EB/OL]. (2020－11－03)[2021－12－01]. http://jhsjk. people. cn/article/31916195.

[9]习近平:高举中国特色社会主义伟大旗帜 为全面建设社会主义现代化国家而团结奋斗——在中国共产党第二十次全国代表大会上的报告[EB/OL]. (2022－10－25)[2023－01－15]. http://www. gov. cn/xinwen/2022－10/25/content_5721685. htm.

[10]习近平:决胜全面建成小康社会 夺取新时代中国特色社会主义伟大胜利——在中国共产党第十九次全国代表大会上的报告[EB/OL]. (2017－10－27)[2021－10－10]. http://www. xinhuanet. com/2017－10/27/c_1121867529. htm.

[11]习近平:各民族要一起推动中华民族的发展[EB/OL]. (2019－07－16)[2021－05－10]. http://www. xinhuanet. com/politics/leaders/2019－07/16/c_1124758540. htm.

[12]教育部部长陈宝生:办好人民满意的教育是我们奋斗目标和前进的动力[EB/OL]. (2018－03－14)[2023－07－15]. http://www. moe. gov. cn/jyb_xwfb/gzdt_gzdt/moe_1485/201803/t20180314_329998. html.

[13]汪洋在广西壮族自治区成立60周年庆祝大会上的讲话[EB/OL]. (2018－12－10)[2021－10－10]. http://www. xinhuanet. com/2018－12/11/

c_1123834115. htm.

[14]百年未有之大变局,总书记这些重要论述振聋发聩[EB/OL]. (2021 - 08 - 27)[2023 - 07 - 15]. http://www. qstheory. cn/zhuanqu/2021 - 08/27/c_1127801606. htm.

[15]第七次全国人口普查主要数据情况[EB/OL]. (2021 - 05 - 11)[2021 - 7 - 11]. http://www. stats. gov. cn/ztjc/zdtjgz/zgrkpc/dqcrkpc/ggl/202105/t20210519_1817693. html.

[16]民族自治地方[EB/OL]. (2021 - 12 - 01)[2021 - 12 - 01]. https://www. neac. gov. cn/seac/ztzl/mzzzdf/index. shtml.

[17]政府工作报告——2021 年 3 月 5 日在第十三届全国人民代表大会第四次会议上[EB/OL]. (2021 - 03 - 12)[2021 - 05 - 01]. http://www. gov. cn/premier/2021 - 03/12/content_5592671. htm.

[18]中共中央关于党的百年奋斗重大成就和历史经验的决议[EB/OL]. (2021 - 11 - 16)[2022 - 11 - 10]. http://www. gov. cn/zhengce/2021 - 11/16/content_5651269. htm.

[19]习近平出席中央民族工作会议并发表重要讲话[EB/OL]. (2021 - 08 - 28)[2021 - 12 - 01]. http://www. gov. cn/xinwen/2021 - 08/28/content_5633940. htm.

[20]中华人民共和国国民经济和社会发展第十四个五年规划和 2035 年远景目标纲要[EB/OL]. (2021 - 03 - 13)[2021 - 07 - 15]. http://www. gov. cn/xinwen/2021 - 03/13/content_5592681. htm.

[21]国务院关于印发“十三五”推进基本公共服务均等化规划的通知[EB/OL]. (2017 - 03 - 01)[2021 - 11 - 10]. http://www. gov. cn/zhengce/content/2017 - 03/01/content_5172013. htm.

[22]国务院关于加快发展民族教育的决定[EB/OL]. (2015 - 08 - 17) [2021 - 07 - 15]. http://www. gov. cn/zhengce/content/2015 - 08/17/content_10097. htm.

[23]中华人民共和国国民经济和社会发展第十一个五年规划纲要[EB/OL]. (2006 - 03 - 14)[2021 - 09 - 10]. http://www. gov. cn/gongbao/content/2006/content_268766. htm.

[24]教育部关于贯彻落实《国务院实施〈中华人民共和国民族区域自治法〉

若干规定》的通知[EB/OL].(2015-12-06)[2021-10-15]. http://www. moe. gov. cn/s78/A09/s7046/201006/t20100609_171610. html.

[25]国家中长期教育改革和发展规划纲要(2010—2020年)[EB/OL].(2010-07-29)[2021-09-10]. http://www. moe. gov. cn/srcsite/A01/s7048/201007/t20100729_171904. html.

[26]2006年全国十大教育新闻[EB/OL].(2006-10-30)[2021-10-05]. http://www. chinanews. com. cn/edu/news/2006/12-30/846731.

[27]中共中央办公厅 国务院办公厅印发《关于建立健全基本公共服务标准体系的指导意见》[EB/OL].(2018-12-12)[2021-05-15]. http://www. gov. cn/xinwen/2018-12/12/content_5348159. htm.

[28]习近平出席全国教育大会并发表重要讲话[EB/OL].(2018-09-10)[2021-11-16]. http://www. gov. cn/xinwen/2018-09/10/content_5320835. htm.

[29]习近平在全国民族团结进步表彰大会上发表重要讲话[EB/OL].(2021-09-27)[2021-12-01]. http://www. gov. cn/xinwen/2019-09/27/content_5434024. htm.

[30]中共中央 国务院关于新时代推进西部大开发形成新格局的指导意见[EB/OL].(2020-05-17)[2021-05-15]. http://www. gov. cn/zhengce/2020-05/17/content_5512456. htm.

[31]教育部关于贯彻落实科学发展观进一步推进义务教育均衡发展的意见[EB/OL].(2010-01-04)[2021-09-10]. http://www. gov. cn/gongbao/content/2010/content_1653849. htm.

[32]中共中央关于全面深化改革若干重大问题的决定[EB/OL].(2013-11-15)[2021-09-15]. http://cpc. people. com. cn/n/2013/1115/c64094-23559163. html.

[33]中共中央关于构建社会主义和谐社会若干重大问题的决定[EB/OL].(2006-10-11)[2021-09-15]. http://www. gov. cn/govweb/gongbao/content/2006/content_453176. htm.

[34]在全国教育工作会议上的讲话[EB/OL].(2010-07-13)[2021-09-15]. http://www. gov. cn/ldhd/2010-09/08/content_1698579. htm.

[35]国务院批转教育部国家教育事业发展“十一五”规划纲要的通知[EB/OL].(2007-05-18)[2021-10-11]. http://www.gov.cn/gongbao/content/2007/content_660411.htm.

[36]中华人民共和国妇女权益保障法[EB/OL].(2018-11-05)[2021-10-11]. http://www.npc.gov.cn/npc/c12435/201811/d28b0dc10bea4beaab8b3a6d956e07be.shtml.

[37]中华人民共和国残疾人保障法[EB/OL].(2010-12-05)[2021-10-11]. http://www.scio.gov.cn/32344/32345/32347/33466/xgzc33472/Document/1449134/1449134.htm.

[38]中共中央 国务院关于打赢脱贫攻坚战的决定[EB/OL].(2015-12-07)[2021-10-11]. http://www.gov.cn/zhengce/2015-12/07/content_5020963.htm.

[39]发改委关于印发西部大开发“十三五”规划的通知[EB/OL].(2017-01-13)[2021-10-11]. http://www. gov.cn/xinwen/2017-01/23/content_5162468.htm.

[40]中共中央 国务院关于建立更加有效的区域协调发展新机制的意见[EB/OL].(2018-11-29)[2021-10-11]. http://www.gov.cn/zhengce/2018-11/29/content_5344537.htm.

[41]中共中央、国务院印发《中国教育现代化2035》[EB/OL].(2016-02-23)[2021-10-11]. http://www.gov.cn/zhengce/2019-02/23/content_5367987.htm.

[42]中共中央关于坚持和完善中国特色社会主义制度 推进国家治理体系和治理能力现代化若干重大问题的决定[EB/OL].(2019-11-05)[2021-10-11]. http://www.gov.cn/zhengce/2019-11/05/content_5449023.htm.

[43]国务院关于印发国家基本公共服务体系“十二五”规划的通知[EB/OL].(2012-07-11)[2021-11-10]. http://www.gov.cn/zwgk/2012-07/20/content_2187242.htm.

[44]2004—2010年西部地区教育事业发展规划[EB/OL].(2004-09-23)[2021-10-11]. http://www.moe.gov.cn/s78/A03/ghs_left/moe_1892/s6616/moe_630/201006/t20100602_88628.html

[45]国务院关于印发国家教育事业发展“十三五”规划的通知[EB/OL].

(2017－01－10)[2021－10－11]. http://www.moe.gov.cn/jyb_xxgk/moe_1777/moe_1778/201701/t20170119_295319.html

[46]中共中央关于加强党的政治建设的意见[EB/OL]. (2019－02－27)[2021－09－10]. http://www.gov.cn/zhengce/2019－02/27/content_5369070.htm.

附　录

访谈提纲[①]

1. 从自身角度出发，您觉得民族地区现有的基本公共教育发展水平高不高、质量好不好？

2. 从您经历的教育阶段而言，您认为民族地区基本公共教育政策有没有朝更好的方向发展？体现在哪些方面？

3. 您认为有哪些因素推动了民族地区基本公共教育政策的发展？

4. 近年来，您对民族地区提供的基本公共教育服务满意吗？您认为还有哪些地方您仍然感觉不满意？有哪些地方做得比较好？请您列举。

5. 您觉得有哪些因素影响了您对民族地区基本公共教育的满意度？请结合您的个人经历或者工作经历，讲讲为什么这些因素会影响您的满意度？

6. 从您自身的角度出发，您认为民族地区基本公共教育政策可以从哪些方面进行完善？

7. 您认为民族地区的地方政府有没有采取一些创新措施提高基本公共教育的质量？

---

① 注：为使受访者更好地理解并回答关于基本公共教育政策的问题，在访谈时提前告知基本公共教育政策定义以及包含的内容。

后　记

本书围绕民族地区基本公共教育政策变迁“何时变、如何变、为何变”这一主线核心问题展开研究，从宏观图卷和微观缩影揭示了其变迁历程，并且展现了在不同维度上的政策样态、作用机理、政策效果、驱动因素、演进脉络等方面的问题，最终在借鉴西方经典的研究政策变迁“间断－均衡”理论的基础上，对“间断－均衡”理论分析框架的民族地区情景进行了修缮。

一、对“间断－均衡”理论分析框架的再构建

再构建是基于对“间断－均衡”理论分析框架在具体实践中的再认识，并结合民族地区基本公共教育政策变迁分析，在对适用性、差异性、共同性等方面进行辨析、探讨和分析后，尝试对该理论分析框架进行符合民族地区公共政策变迁情景下的“一点”修缮。

一方面，“间断－均衡”理论分析框架适应于民族地区公共政策变迁。本书运用该理论分析框架，发现民族地区基本公共教育政策符合“间断－均衡”这一路径。“间断－均衡”理论分析框架起源于西方政治制度，与我国的政治环境大不相同。以民族地区基本公共教育政策为例，对“何时变、如何变、为何变”三个关于公共政策变迁的核心问题进行分析，发现其适用于中国特色社会主义制度，并且适应于民族区域自治制度，这或许可为揭示民族地区其他公共政策变迁的一般规律提供借鉴。

另一方面，制度环境差异造就了理论分析框架的差异性。尽管民族地区基本公共教育政策变迁历程符合“间断－均衡”规律，但其路径同“间

断 - 均衡”理论分析框架又有所差异。这离不开中国特色社会主义制度的影响，民族区域自治制度赋予了民族地区在基本公共教育方面更多的自主权，为确保民族地区基本公共教育在统一制度体系下发展的共性和特性提供了制度支持，同时也对政策变迁路径产生了特定影响。因此，这也提醒我们，西学中用的理论分析框架，需要置于大的制度环境中加以考虑，从而实现对理论分析框架科学的“再构建”。

二、民族地区基本公共教育政策变迁具有多维层次

民族地区基本公共教育政策由中央层面和民族地区层面的基本公共教育政策组成，中央层面的统一规划和指导为基本公共教育确定了发展方向，民族地区层面的政策是地方政府结合本地特色的具体执行和创新。基本公共教育政策变迁处于多重关系中，想要把握民族地区基本公共教育政策变迁，需要从多维层次入手。

第一，民族地区基本公共教育政策变迁是“间断 - 均衡”形态下螺旋式上升的过程。政策变迁历程符合“间断 - 均衡”规律，但是政策总目标变化是每个变迁阶段的逐步提升，而政策总目标又指引着下一阶段政策变迁的趋势。因此，民族地区基本公共教育政策变迁的总体形态是“间断 - 均衡”中的螺旋式上升。

第二，民族地区基本公共教育政策变迁在宏观图卷和微观缩影下有着不同层次的政策样态。从宏观图卷而言，民族地区基本公共教育政策呈现出逐步覆盖、适度调整、稳步提升和优质发展的政策变迁样态，而微观缩影中的注意力、政策主题和政策工具，在中央层面和民族地区层面呈现出不同的政策变迁样态。尽管两个维度呈现出了不同的政策变迁样态，但是从政策变迁趋势来看，微观层面服务于宏观层面政策变迁样态，宏观层面政策变迁样态是微观层面的聚焦和凝练。因此，政策决策者不仅要关注宏观的历史时刻，也需要对政策的微观层面分配相应的注意力，才能不断完善民族地区基本公共教育政策。

第三，民族地区基本公共教育政策实现了中央对地方治理的嵌入，也实现了地方政府对中央治理的影响。民族地区基本公共教育政策是党中央

主导的，对全国范围内的基本公共教育发展进行统一部署和安排，体现了大国治理统一规划的特定路径。民族地区地方政府相关政策同国家发展规划相契合，但是在每一个政策变迁阶段后，中央层面会根据一个时期的政策效果进行调整，相应的民族地区也会根据民族地区实际情况调整，而产生的政策效果会在下一时期的政策变迁阶段，促使中央层面于宏观站位进行相应的部署，此时体现了地方政府一些具体的政策行为对中央治理的影响。

第四，理解民族地区基本公共教育政策变迁，需要理论结合实践，并在实践中回归理论。本书基于“间断－均衡”理论分析框架，对民族地区基本公共教育政策进行文本分析，揭示出政策变迁的样态和作用机理。同时也在实际中对民族地区基本公共教育政策效果从客观数据和主观感受层面进行了分析，揭示取得的政策效果、存在的不足和影响因素。将理论层面同政策实践进行结合，理论指导实践，实践完善理论。公共政策离不开在理论中完善，在实践中检验，作为政策文本它是“理论”层面的，作为具体案例分析和政策效果它又是“实践”层面的，只有将理论与实践结合认识，才能较为全面和科学地把握民族地区基本公共教育政策历程，才能从“实践”回归“理论”，构建起相对完善的理论分析框架。

三、民族地区基本公共教育政策变迁是稳定与变动的统一作用

民族地区基本公共教育政策变迁的稳定性与变动性，是我国经济、政治、社会等方面塑造的稳定环境，与经济不断发展、政治制度不断完善、社会不断进步等方面的动态变化的有机结合。在稳定中为动态变化提供发展环境，在变动中为稳定性筑牢安定屏障。当经历了一段时间的稳定后，在动态化的环境中变动性的产生会促使政策变迁在稳定与变动的共同作用下发生。

一方面，中国特色社会主义制度的优越性，体现出的稳定性确保了政策“均衡期”的环境稳定，也确保了政策功能的稳定发挥，能够保障政策总目标在一个阶段的政策变迁历程中得以实现。体现在新时代的一段时期内，民族地区基本公共教育政策变迁经历了由稳步提升到优质发展的变

迁。当政策总目标实现时，也伴随着社会经济、人民需求、领导者注意力等方面由“量的积累”转向“质的飞跃”，即长期的稳定促使驱动因素达到了量变引起质变的过程，此时民族地区基本公共教育政策的动因开始具有“质”的变动性。

另一方面，中国特色社会主义制度的优越性，在不断自我完善的变动中为民族地区基本公共教育政策提供了更多活力以及进步发展的空间。如新时代在党的领导下，民族地区基本公共教育政策实现了由稳步提升向优质发展的转变。再如社会经济发展、政治制度改革、焦点事件聚集等，大部分体现了动因的变动性，体现于政策中便是“间断点”。政策发生“间断”意味着政策总目标将发生变化，走向更高水平的发展阶段。

因此，民族地区基本公共教育政策变迁历程是稳定与变动的作用统一，也是由“量变到质变”再进入下一个“量变到质变”的过程。在党的领导下，在稳定与变动的作用统一中，民族地区基本公共教育政策能够始终紧紧围绕铸牢中华民族共同体意识、人民至上、民族交往交流交融、民族团结等主线开展。因此，民族地区基本公共教育政策变迁历程，从深层次探究而言，“不变”的是对这些主线的紧紧围绕，“变”的则是通过多种行动实现对这些主线的不断深化与提升。可见，这个过程并非停留在同上一个政策变迁阶段相一致的水平，而是在此阶段上更进一步的“质变”，在不断量变到质变的循环中，民族地区基本公共教育政策变迁的总体形态呈螺旋式上升。

四、著作撰写过程

本书从政策变迁视角，基于“间断－均衡”理论，结合民族发展理论和制度变迁理论，构建了民族地区基本公共教育政策变迁的理论分析框架。通过政策文本分析、TOPSIS 法、半结构访谈等方法，揭示并展现了政策变迁“何时变、如何变、为何变”的核心问题主线，以及民族地区基本公共教育政策变迁历程中呈现的政策形态、政策效果、影响因素、驱动动因和演进脉络等。在民族地区具体实践分析中对“间断－均衡”理论分析框架进行民族地区情景的“再认识”，为民族地区其他公共政策变迁提供借鉴，为优化民族地区基本公共教育政策提供路径选择。

民族地区公共政策变迁是一个值得探讨和研究的问题，尤其是民族地区有着民族区域自治的制度环境，并且基本公共教育既是基本公共服务的重要内容，也事关一个民族和国家的未来发展。随着百年未有之大变局加速演进和我国已经进入新时代，基本公共教育也根据时代变化而不断发展。在如此错综复杂的时代环境下，展现民族地区基本公共教育政策的变迁历程，对于后续完善、落实各项政策以及提升民族地区发展能力与水平具有重要意义。本书选择民族地区基本公共教育政策作为政策变迁的研究对象，运用“间断－均衡”理论分析框架从不同维度展现了政策变迁的演进逻辑，并试图为民族地区其他公共政策变迁研究提供参考依据。

但是，理论的验证与完善需要在实践中不断重复“理论—实践”这一循环的过程，比如民族地区情景下的“间断－均衡”理论分析框架，需要在民族地区其他更多的公共政策实践中被检验；还有政策变迁历程中“间断－均衡”理论分析框架中的命题、假设、要素、环节等是否可以从量化的维度，为它们之间的关系紧密程度、影响程度等方面提供支持；尽管民族地区政策变迁受到了民族区域自治制度的影响，但是在我国统一的制度环境中，它与其他地方的政策变迁又有何差异。这些公共政策变迁的复杂性与重要性议题，在民族地区日渐复杂的环境中越发重要，笔者将在以后的工作和学习中拓展对以上议题的探讨、分析与实践，以期形成更加规范、完善和更具解释力的民族地区公共政策变迁理论分析框架。

本书是国家自然科学基金项目“公共服务协同供给的演化博弈、决策优化与绩效评估研究”（71864025）的阶段性成果，并受到内蒙古大学公共管理学院资助。本书基于笔者长期研究的成果总结，在撰写过程中，得益于恩师郭喜以及内蒙古大学苏敏、任维德、白维军、王芳、何生海、阿拉坦宝力格，内蒙古农业大学郭世英，内蒙古工业大学长青，内蒙古师范大学乌日陶克套胡等专家学者的指导，也离不开课题组兄弟姐妹的帮助，他们都为本书的撰写提供了宝贵的建议和意见，衷心感谢他们的付出。

本人的研究能力有限，但尽最大可能保证了研究的客观性和科学性。真诚期望本书能够为民族地区政策变迁及基本公共教育研究提供参考，为地方政府治理实践提供借鉴，为人民获得满意的教育助力。书中难免有偏颇和不足之处，期待各界前辈、同人予以批评指正，在深入交流中共同推进政策变迁研究。

微薄之力以尽学术报国衷心，谨以此书献给在中国式现代化道路上为之奋斗的人民！

笔者于桃李湖畔

2022 年 12 月